Erna Ewert – Marga Pollmann – Hannelore Müller

Frauen in Königsberg 1945-1948

Erna Ewert – Marga Pollmann – Hannelore Müller

Frauen in Königsberg
1945-1948

mit einer Einführung

von

Hans Rothe

Kulturstiftung der deutschen Vertriebenen

Umschlag vorn: Aufzeichnungen von Erna Ewert, Blatt 1
Umschlag hinten: Brief von Lotte Schwokowski vom 24. April 1947

Gedruckt mit Unterstützung des Bundesministeriums des Innern

Die deutsche Bibliothek – CIP-Einheitsaufnahme

Frauen in Königsberg 1945 – 1948 / Kulturstiftung der Deutschen Vertriebenen. Erna Ewert ; Marga Pollmann ; Hannelore Müller. Mit einer Einf. von Hans Rothe. – 4. Aufl. Bonn : Kulturstiftung der Dt. Vertriebenen, 1999

ISBN 3-88557-173-0

4. Auflage

Kulturstiftung der deutschen Vertriebenen
Bonner Talweg 68, 53113 Bonn

ISBN 3-88557-173-0

Herstellung: Druckerei Plump KG , Rolandsecker Weg 33
53619 Rheinbreitbach

Inhalt

Einführung

Vor drei Jahren haben wir das Tagebuch der Emma Kirstein herausgebracht, das deren Tochter in Mecklenburg aufbewahrt hatte.[1] Es verzeichnete durch das erste Nachkriegsjahr die Erlebnisse einer geflüchteten Bauernfamilie in der ostpreußischen Provinz bis zur endgültigen Austreibung in die vier Besatzungszonen Deutschlands Ende 1945. Jetzt übergeben wir dem Publikum noch einmal drei solcher Berichte. Sie beziehen sich diesmal auf Königsberg und seine nächste Umgebung und auf die Zeit vom Februar 1945, als die sowjetischen Truppen vor Königsberg erschienen, bis Frühjahr 1948, als auch diese Deutschen vertrieben wurden.

1

Nachdem das Bändchen mit den Aufzeichnungen der Emma Kirstein überwiegend mit wohlwollendem Interesse aufgenommen war[2], hatten wir nicht vor, noch einmal solchen Bericht zu bringen. Wir meinten, daß die Kirstein-Blätter für sich und für das Ganze wirken konnten. Die Zahl ähnlicher Berichte hat seit 1992 zugenommen[3], die Zeitgeschichte[4], ein Politikwissenschaftler[5], sogar das

---

1 Emma Kirstein, „Aus schwerer Zeit". Tagebuch – Ostpreußen 1945, Bonn (Kulturstiftung der deutschen Vertriebenen) 1995; 3. Aufl. 1996.

2 Rezensionen sind bekannt geworden von: Peter Maser in: OKI vom 11. 10. 1995; Hartmut Syskowski in: Ostpreußenblatt vom 2. 9. 1995, S. 11; in der Kulturpolitischen Korrespondenz vom 25. 9. 1995, S. 7 (Hinweis auf 2. Aufl.); Barbara Loeffke in: DOD Nr. 1 vom 5. 1. 1996, S. 11; Friedrich Benninghoven in ders., Zur Geschichte des Deutschen Ordens, der Stadt Danzig, des Klosters Oliva und zur Eroberung Ostpreußens 1945. Unzensierte Beiträge, Berlin (Selbstverlag) 1996, S. 45 f.; Friedrich Richter in: Rotary-Club Bad Homburg vom 1. 10. 1996; Esther Knorr-Anders, in: Kulturpolitische Korrespondenz Nr. 1004 vom 25. 4. 1997, S. 25; Helmuth Mosberg in: Das Historisch-Politische Buch. Jg. 45, 1997, H. 3-4, S. 15. Viele Zuschriften sollen nicht verschwiegen werden, darunter auch zwei kritische aus dem Sauerland. Anzeigen aus der Tagespresse fehlen.

3 Vgl. z.B. Ernst-August Brenneisen, Stationen eines Lebens. Ein ostpreußischer Bauer erzählt, Dortmund, 2. Aufl.1994 (Forschungsstelle Ostmitteleuropa, Dortmund); Siegfried Zimmermann (Hrg.), Flucht aus dem deutschen Osten. Erinnerungen an 1944/45. Heimatverlust und Neuanfang. Erlebnis- und Augenzeugenberichte, o.O. 1994 (Selbstverlag der Kreisgemeinschaft Goldap Ostpr. e.V.); Gerhild Luschnat, Die Lage der Deutschen im Königsberger Gebiet 1945 – 1948, Frankfurt a.M., Bern (Peter Lang), 2. Aufl. 1996; Schwester Berta Zimmer, Und ob ich schon wanderte im finstern Tal. Eine Diakonissin aus Ostpreußen erinnert sich, o.O. 1996; Ursula Lachauer, Paradiesstraße. Lebenserinnerungen der ostpreußischen Bäuerin Lena Grigoleit, Hamburg (Rowohlt) 1997; Ruth Kibelka, Wolfskinder. Grenzgänger an der Memel, Berlin (Basis Druck), 2. Aufl. 1997; Anneliese Kreutz, Leben war schwerer als Sterben, o.O. o.J. Freya Klier, Verschleppt ans Ende der Welt. Schicksale deutscher Frauen in sowjetischen Arbeitslagern, Berlin (Ullstein) 1997.

Fernsehen[6] hatten sich der Sache angenommen, und es drohte beim deutschen Lesepublikum, das ohnehin in einer Umformierung ins Uniforme begriffen zu sein scheint und nicht gerne an deutschen Dingen leiden möchte, eine Erschlaffung einzutreten, die der ganzen Sache abträglich werden kann. Inzwischen hat aber der Bundespräsident Frauen und Freya Klier empfangen, „die während des Zweiten Weltkriegs von sowjetischen Truppen deportiert worden waren".[7] Es ist auch jetzt nicht zu übersehen, was noch alles ans Licht kommen kann. Registriert muß das freilich alles werden; ob auch publiziert, ist fraglich.

Wir haben uns indessen, trotz den genannten Bedenken, zögernd entschlossen, auch die hier folgenden Berichte noch zu veröffentlichen. Das möge nicht als die Absicht mißverstanden werden, nun automatisch alles, was etwa noch bekannt wird, nach und nach zu drucken. Zwei andere Überlegungen haben uns bewogen, unsre Absicht aufzugeben.

Die eine gilt der Herkunft der Autorinnen. Emma Kirstein war Bäuerin und hatte immer nur auf dem Land gelebt und gearbeitet. Ihre Lebensauffassung war, im Osten Deutschlands mehr noch als anderswo, in Jahrhunderte alten Erfahrungen fest gefügt. Diese Auffassung löste sich langsam, schwerfällig im Sturm der Ereignisse auf. Aber aufs ganze Ostpreußen gesehen ist das doch wohl einseitig. Erna Ewert, Marga Pollmann und Hannelore Müller entstammen der urbanisierten Bevölkerung der Provinzialhauptstadt Königsberg und ihrer Umgebung. Lebenshaltung und Lebenserwartung waren da anders, zwar auch fest gefügt, aber leichter erschüttert. Die Beteiligten reagierten schneller.

Es waren aber auch die Schicksale der Königsberger Bevölkerung andere; ungleich schwerer. Bei den Kirsteins handelte es sich um Einzelschicksale, die zwar gleichartig alle erleben mußten, aber doch abseits und allein, fast individueller. Hier ist es nun Massenschicksal. Die Betroffenen erleben es in großen Gruppen, sie sind nie ganz allein. Eine besinnliche Abendstunde, in der man die Natur trotz allem mit Freude betrachtet, wie Emma Kirstein und ihre Tochter, wird nicht vermerkt. Natur kommt nur wüst und bedrohend vor.

---

4 Manfred Zeidler, Kriegsende im Osten. Die Rote Armee und die Besetzung Deutschlands östlich von Oder und Neiße 1944/45, München (Oldenbourg) 1996.

5 Frank-Lothar Kroll (Hrg.), Flucht und Vertreibung in der Literatur nach 1945. (Im Auftrag der Kulturstiftung der deutschen Vertriebenen), Berlin (Gebr. Mann), 1997.

6 Klaus Bednarz, Fernes nahes Land. Begegnungen in Ostpreußen, Hamburg (Hoffmann und Campe), 1995, 6.Aufl. 1997.

7 Vgl. FAZ vom 18.3.1998, S. 4. Gemeint kann nur sein: die Deportationen *während und nach* der Eroberung Ostpreußens und der anderen deutschen Ostprovinzen; dazu: Das Wort „Schande" lag über den Frauen. Gespräch mit der Schriftstellerin Freya Klier, in: KK 1010/1011 vom 10.7.1997, S. 3-6.

Die zweite Überlegung gilt uns, den heute Lebenden. Wir sind vielleicht nicht gerade übersättigt mit solchen Berichten. Aber in den Jahren seit dem sog. Wirtschaftswunder, das ja verspätet und verkleinert, aber fast noch eindrucksvoller, auch in der DDR eingetreten war, sind wir immer leidensunwilliger geworden. Nicht allgemein. Erstaunliches bringen die Deutschen zustande im Spenden und im Mitempfinden mit weit entferntem Unglück, von dem man eigentlich nicht direkt betroffen ist; das stellt uns, was man auch dagegen sagen mag, doch ein schönes Zeugnis aus. Doch wenn wir in unsrer eignen Sache betroffen sind, sieht es oft anders aus. Ist denn aber, was diese drei Frauen berichten, nur ihr eigenes Schicksal allein gewesen, oder lag, wenn auch besonders schrecklich, das deutsche überhaupt darin?

In einem Tagebuch berichtet eine junge Mutter, Jahrgang 1919 aus Cranz. Eine andere Mutter mit drei Kindern, Jahrgang 1901, berichtet unmittelbar nach ihrer Austreibung über dieselben Jahre 1945 bis 1947 in Königsberg. Eine ältere Frau schließlich, die damals ein zwölfjähriges Mädchen war, dessen Mutter, Jahrgang 1900, verhungerte, hat ihre Erinnerungen jetzt niedergeschrieben. Einige der Personen müssen sich damals in Königsberg begegnet sein. Doch Erlebnisse und Berichte sind unabhängig voneinander.

Dennoch ergänzen sie sich. Nach der Notierung unmittelbarer Eindrücke, überhastet, zerfahren, wild, fast ohne Nachdenken, kommt die kurze Aufzeichnung einer Geretteten, die wirkt, wie die Äußerung einer Schiffbrüchigen, die, das tobende Meer noch vor Augen, gerade das rettende Ufer erreichte. Und schließlich ein später Erinnerungsbericht, sorgfältig aufgeschrieben, immer bemüht, möglichst sachlich zu sein, spätere Eindrücke auszuschließen, mit umständlicher Genauigkeit zu prüfen und wiederzugeben, was die Erinnerung bewahrte.

Die Ereignisse, die Gleichartigkeit der Erlebnisse machen es, daß die Berichte dennoch innerlich zusammenhängen. Leser können sie von dem ursprünglichen Schrecken, über die erste Äußerung nach eben erfolgter Rettung bis zur Nachdenklichkeit unsrer Tage wie den Weg einer Person verfolgen. Es ist der Weg der Selbstprüfung und der Wahrheitsfindung, auf dem man erkunden will: was ist eigentlich wirklich geschehen? Was geschehen ist, ist am Ende die Veränderung und Bewahrung unsrer Lebenswerte, hier nur eindrücklicher. Sind es aber wirklich nur drei Einzelfälle? Was ist an ihnen nicht nur ostpreußisch, sondern deutsch? Ist etwas von unserem Leben, dem der Alten und dem der Jüngeren, in diesen Fällen enthalten und ist es in dem Gedenken von 1995 angemessen gewürdigt worden?

Der erste Bericht ist ein Tagebuch. Es wurde in unregelmäßigen Abständen von Erna Ewert, geb. Karp, aus Cranz in den Jahren 1945 bis 1947 geführt. Sie war 1919 geboren, hatte vor dem Krieg den Wilhelm Ewert geheiratet und mit ihm zwei Kinder, Bärbel und Peter. Ihr Mann blieb 1943 in Stalingrad. Sie lebte in Cranz zusammen mit ihrer Mutter. Eine jüngere Schwester Else war im „Reich", aber es gab jetzt keine Nachricht von ihr. Der Vater und ein jüngerer Bruder waren zum Volkssturm eingezogen und kamen in den Kämpfen um, „von den Russen erschossen", wie es hieß. Nur Frauen waren nun übrig geblieben.

Am 3. Februar abends waren die deutschen Soldaten abgezogen, wollten aber morgens noch einmal kommen und dann alle mitnehmen. Es kamen „die Russen". Es begann ein Schicksal, das so noch nicht bekannt und nicht beschrieben ist. Auch Erna Ewerts Notizen beschreiben es nicht. Ihr Bericht wirkt nicht wie ein zusammenhängendes Tagebuch, es sind nur Bruchstücke, wie Überreste eines Dokuments, das als ganzes verloren ist und dessen Teile verweht waren und nun neu zusammengesetzt werden. Kein Vergleich mit dem ziemlich genauen Tagebuch der Emma Kirstein. Fast immer fehlen Datenangaben. Wir haben deshalb die einzelnen, meist unzusammenhängenden Eintragungen mit laufenden Nummern innerhalb der Jahresangaben von 1945 bis 1947 versehen.

Während Königsberg eingeschlossen, belagert und zerschossen wird, werden am 17. Februar „Frauen und Kinder, Säuglinge, Wöchnerinnen, Gebärende und Greise, alles was noch Mensch ist und lebt" aus Cranz abtransportiert (1945, 7). In tagelangen Märschen durch den Winter, z.T. auf Strümpfen oder barfuß, werden sie bis nach Pillkallen an der Ostgrenze getrieben. Sie treffen auf Frauen aus Allenstein, die schon wochenlang unterwegs waren (1945, 10). Bei Pillkallen – kaum die Namen scheinen den Städtern bekannt zu sein (1945, 21) – geht es nicht weiter. Sie kommen in Lager und fallen sadistischen Bewachern in die Hände. Dieser merkwürdig sinnlose Marsch wurde von Vielen beschrieben.

Die Frauen beschließen zu fliehen (1945, 25-31). „Am 28. Mai 45 1 Uhr nachts gehen wir los" (25). Am 16. Juni sind sie wieder in Cranz; eine Strecke von etwa 150 km. Hier und in der Umgebung bleiben sie bis zu ihrem Abtransport „nach Deutschland" im November 1947.

Die meisten der Daten müssen erschlossen werden. Denn mit der Ankunft der Russen hört die Zeit auf; niemand hat mehr eine Uhr. „Ich weiß nicht, der wievielte heute ist. Ich hatte mich nach der letzten Vergewaltigung versteckt" (1945, 3). Und dann immer wieder: „ich weiß kein Datum mehr" (1945, 24.31), „für Tag und Stunde haben wir keinen Sinn" (1946, 1,1947, 27). Übriggeblieben ist der Name Weihnachten: „für uns gibt es hier kein Weihnachten“ (1945, 47); „es ist Weihnachten gewesen. Wir haben nicht viel davon gemerkt“ (1946, 30). Und dann der Schluß: „Erstes Weihnachten in Deutschland“ (1947, 78).

Wie die Zeit unmeßbar, so ist der Raum unbekannt geworden; vertraute Signale gibt es nicht mehr. Wo man ist, das ist nicht Deutschland, obwohl ja immer noch Reichsgebiet. Es heißt, man hoffe „nach Deutschland“ zu kommen (1946, 16.22; 1947, 48.49.64). Dann ist man „in Deutschland“ (1947, 77), d.h. in der sowjetischen Besatzungszone. Die Orte, an denen man ist, kennt man nicht (1945, 13: Ebenrode; 20: Schloßberg). Und später ist man in Orten und Häusern mit den alten Namen, aber man ist nicht zu Hause. Es sind fremde Orte. Unmittelbar nach Ankunft der Roten Armee war Cranz – ohne daß Kampfhandlungen stattgefunden hatten – „ein Flammenmeer“ (1945, 2), und als sie zurückkamen, war es die „Hungerhölle von Cranz“ (1947, 9).

Man ist auch keine Person mehr, kaum ein menschliches Wesen. Nach der ersten Vergewaltigung: „ich bin kein Mensch mehr“ (1945, 2). Jeder braucht einen sowjetischen Paß, schon im Frühjahr 1946; aber sie haben keinen (1946, 15.18; 1947, 27). Sie sind „unkenntlich“ (1947, 54). Eines Tages kommt Post von der Schwester Else (1946, 22), später sogar „viel“ (1947, 60). Erna Ewert möchte antworten, hat aber kein Geld für eine Briefmarke. Eine Verbindung nach außen, wo es Zeit, Ort und gleichartige Geschöpfe gibt (was ist das?), kann nicht zustande kommen: „ade, Elschen, lebe wohl“ (1947, 60). Sie haben „kein Recht“ (1946,1). Sie sind wie Fabelwesen. Für zweieinhalb Jahre führen sie das Leben von Troglodyten.

Es kommt alles über sie. Im Augenblick der Eroberung schon die Vergewaltigungen, zuletzt wohl noch im Sommer 1945. Jetzt wird Erna Ewert schwanger (1945, 13.23). Sie kommt vorzeitig in die Wehen (1945, 38-40) und bringt ein seltsames Wesen zur Welt: „wie eine verhungerte Katze“, das bald stirbt (1945, 46).

Dann die Plünderungen, die auch sofort begannen (1945, 6.18) und die bis zum Schluß anhalten. Ende 1945 hat die Mutter „wieder eine ganz nette Wohnung zusammengetragen“ (1945, 34). Doch schon kurz darauf, nachdem sie tagüber zur Arbeit oder Nahrungssuche unterwegs waren, finden sie sie völlig demoliert, „alles ist gestohlen“ (1945, 36), und später zwingt sie der Hunger, das Bett zu versetzen (1946, 26).

Erna Ewert sucht sich Arbeit, so gut das ohne Paß geht. Mal findet sie etwas in dem früheren Altenheim (1946, 11), mal in einem Hospital (1945, 333; 1946, 12), dann übernimmt sie für eine Russin die Wäsche, kann sie aber nicht trocken kriegen (1947, 14). Immer wird sie wieder entlassen (1945, 34, 1946, 13), arbeitet in der früheren Kurverwaltung (1946, 18) – der Name steht natürlich für ganz was Andres. Sie geht zur Arbeit in die nächsten Orte, Bledau und Sarkau (1946, 23). Sie findet „ein bißchen Arbeit“ (1947, 7). Einem Polizeiobersten, der in seiner Wohnung einen Hühnerstall eingerichtet hatte, säubert sie den Raum: „und Hühnerdreck ist nicht das Ekelste“ (1947, 35). Dann hat sie „drei Arbeitsstellen“ auf einmal (1947, 33). Aber alles ist illegal, ohne Lebensmittelmarken, die man nur mit Paß bekommt, und immer nur kurz.

Krankheiten. Sofort nach Eintreffen der Roten Armee bricht die Ruhr aus (1945, 10), an der alle furchtbar leiden (1945, 15.16.36). Später kommt Hungertyphus (1945, 25.38.42). Und dann die Läuse. Zuerst bringt sie der kleine Peter (1945, 29), und man wird sie nicht mehr los (1946, 4.25; 1947, 12.31.62): „Läuse, Läuse“ (1947, 37), „oh diese Läuse“ (1947, 41). Sie wurden offenbar auf die Dauer als das Schlimmste erlebt: „sollte ich noch einmal von Läusen frei werden?“ (1947, 62). Freiwillig tut sie, was früher für Frauen Erniedrigung war, jetzt eine Erleichterung ist: „ich habe mich geschoren“ (1947, 53). Noch auf dem Abtransport, in Schneidemühl, das jetzt polnisch ist: „wenn wir nur die Läuse nicht hätten“ (1947, 67). Und dann, „in Deutschland“: „wir sind entlaust“ (1947, 71). Weniger „die“ Russen, mehr die Läuse bringen die Erniedrigung, schließen sie von den Menschen aus. <u>Sie</u> sind die eigentlichen Eroberer von Ostpreußen.

Schon nach einem Jahr heißt es: „ich möchte stehlen“ (1946, 29); „ich habe gestohlen. 100 Rubel“ (1947, 8); „ich stehle weiter“ (1947, 11) – Geld, Nahrung, Holz. Wenn sie erwischt wird, schleppt man sie in einen Keller, wo sie mit Stangen verprügelt wird: „das Blut war mir bis in die Kniekehlen gerannt. Im Kriechen bin ich nach Hause“ (1947, 40). Wenn sie über Land gehen, um etwas zu erbetteln, in den Wald, um Holz zu suchen, werden sie von russischen Kinderbanden angefallen und geprügelt (1947, 55). Und dann: „ich gehe betteln“ (1947, 12); „wir gehen Rubel betteln“ (1947, 28); „wir leben nur vom Betteln“ (1947, 32). – Während wir im sicheren Westen von den Greueln des vergangenen Krieges erfuhren, erlebten die Deutschen nach dem Kriege in Ostpreußen solche Greuel am eigenen Leibe (1945, 24).

Vergewaltigung. Ausplünderung. Ohne Arbeit. Krankheiten. Läuse. Stehlen, Betteln. Prügel.

Und in allem der Hunger. Schon auf dem Marsch an die Ostgrenze schneiden sie von einem toten, aufgeblähten, grün angelaufenen Schwein sich ein Stück heraus und essen es (1945, 23). Später, als der Hunger sie überwältigt: „Mama ißt das Fleisch roh“ (1947, 4). Aus Regenpfützen am Wege trinken sie. „Der Hunger hat uns zu Unmenschen werden lassen“ (1947, 12). Das gilt im Äußeren und auch moralisch. Troglodytische Wesen.

Doch einen Halt gibt es: „an Mama klammern sich alle“ (1945, 6.16.17). Sie erhält die Familie und Andere. Sie besticht, drängt sich an einen Herd, versteht es, auf dem Rückmarsch durch die verwüstete Provinz irgendwo ein Brot zu backen, macht später weite Gänge, um etwas zu besorgen, geht für Erna Ewert, als die mit hohem Fieber krank liegt, zur Arbeit, ist aber rechtzeitig zur Stelle, um sie zu entbinden. Wir sehen sie auf einer alten Photographie und können uns diese Kraft vorstellen.

Doch schließlich sind sie alle geschwächt, physisch und moralisch. „Mama ist hart und reizbar“ geworden (1945, 50). Sie stirbt hungers: „Sie wird sterben“ (1947, 12); „Mama ist tot“ (1947, 20). Die folgenden Einträge sind wie ein unbeholfener Versuch, mit der toten Mutter noch zu sprechen. Erna Ewert will auch sterben. Wenn sie aus dem Schlaf erwacht, „weine ich, daß ich noch lebe. Sonst weine ich nicht“ (1947, 44). Dann der Sohn Peter: er „wird auch sterben“ (1947, 37), „er verkommt mehr und mehr“ (1947, 39), er ist auch tot (1947, 46). Und dann das Grausigste, als sie den kleinen Leib, den sie nicht hatte vergraben können, weil man ihr keinen Spaten lieh, nur mit Steinen hatte bedecken können, nicht mehr fand ---(1947, 48).

In all dem, auch das ist real gesehen und aus dem unmittelbaren Erlebnis notiert, gibt es auch anständige Russen (1945, 28). Ein Soldat ist gut (1945, 5). Ein anderer nimmt sie im Auto mit und gibt ihr Brot, ohne ihr etwas anzutun (1945, 32). Ein russischer Sergeant ist sehr anständig, sogar „spaßig“, bringt sie zum Lachen (1946, 6-9); aber dann ist er plötzlich wieder weg (1946, 10). Nichts ist verläßlich. Es kommen 1947 viel „Zivilrussen“ (1947, 21), und auch unter ihnen findet sie Mitleidige (1947, 56), die manchmal „die Deutschen beschämen“ (1947, 27).

Sie beobachtet die mitleidenden Deutschen. Anfangs sind „die Menschen gut zu uns“ (1945, 4). Aber dann sind „die Weiber Bestien“ (1945, 11). Erna Ewert weiß nicht, wen sie mehr hassen soll, die Russen oder „die deutsche Regierung, die den Krieg vom Zaun brach“ (1946, 1); die deutschen Fischer, die ihnen nichts abgeben, so daß auch die Russen sich darüber wundern (1947, 27). „Je größer die Not, desto größer wird der Haß unter den Deutschen“ (1947, 47); „ich verfluche, daß ich ein Deutscher bin“ (1947, 27). Und dann in vollkommener Verlorenheit: „oh du Deutschentier“ (1947, 27). So realitätsstark im Ausdruck liest man es in keiner späteren Erinnerung.

Und sie selbst? „Haß und Wut“ ergreifen sie (1946, 20), „Haß und Rache“ (1947, 48). Ihre Mutter möchte sie nicht verlieren, lieber ihre eigenen Kinder opfern (1947, 20). Sie möchte „Morde begehen“ vor Hunger (1947, 12), ihrem Quäler „die Gurgel aus dem Hals reißen“ (1945, 24), ihn „langsam zu Tode quälen“ (1945, 24). Man bemerkt keinen Schrecken in der Selbstbeobachtung: „es ist dabei verwunderlich, was eine Frau in ihrem Haß für Grausamkeiten in ihrem Hirn erdenken kann“ (1945, 24). Eine bestürzende Wahrhaftigkeit liegt in allen ihren Notizen. Als sie dann später „in Deutschland“ ist, da scheint das vorbei wie ein Fiebertraum der vergangenen Nacht: „Wir haben uns gut in Deutschland erholt. Ich glaube wieder an mitleidige Menschen. Auch den Glauben an uns Deutsche hatte ich in der Internierung verloren“ (1947, 77).

Aber so troglodytisch sie in dieser Unterwelt geworden war, zerlumpt, verlaust, kahl geschoren, ausgeschlossen von der Möglichkeit zu fraternisieren wie die Fischer – so wenig war sie unterzukriegen. Sie erfährt, „was ein Mensch auszuhalten vermag“ (1946, 2). „Ich ergebe mich nicht“ (1947, 54); „ich will leben“ (1947, 48). Und auffällig ist eine seltsame Beobachtungslust: „und zuletzt sind wir doch noch jung genug, um sehen und erleben zu wollen, wie es einmal enden würde“ (1945, 24).

Je schlimmer es wird, desto zäher, fast fanatisch schreibt sie ihre Notizen auf: „die Blätter trage ich stets bei mir“ (1947, 48), „schleppe sie immer mit mir rum“ (1947, 46). Warum sie eigentlich schriebe? wird sie von zwei deutschen Frauen gefragt, vor denen sie sich fürchtet (1947, 52); wenn sie eines Tages im Walde tot liegen bliebe, „fressen es doch die Würmer“ (1947, 59). Es ist wohl letzten Endes ihr seltsamer Lebenshunger, der sie auch hierzu treibt: „diese Blätter darf keiner finden, und wenn ich erst tot bin, dann sollen sie alle lesen. Ich wünschte, sie kämen nach Deutschland. Die ganze Welt müßte erfahren von diesem „‚russischen Paradies'“ (1947, 9), und später: „ich wünsche, daß sie nach meinem Tod nach Deutschland gelangen und den Bolschewismus anklagen“; aber da denkt sie nicht bloß antisowjetisch, etwa wie die frühere Propaganda (von der neuen kann sie noch nichts wissen), denn sie fährt fort: „und überhaupt alle kriegsgierigen Länder oder besser gesagt die ‘Geschichtemacher’“ (1947, 46); etwas muß sie nun doch mitbekommen haben. Doch sie will sich nichts mehr vormachen lassen. Auch in der Unterwelt bleibt das Bewußtsein: „aber einer wird schon weiterleben“ (1947, 59).

Auch in ihrer Welt bleibt es nicht aus, daß Zweifel sie beschleicht: wird man denn glauben, „daß dieses alles Wahrheit ist, mein eigenes Erlebnis, daß es nicht etwa eine Erfindung ist eines schon krankhaften Gehirnes?“ oder wird man „gar darauf kommen, es wäre Lügenhetze über die Behandlung Internierter in Ostpreußen?“ (1947, 48). Das Wort ‘interniert’ deutet so etwas wie einen Rechtszustand an, den es doch nicht mehr gibt.

Ist dieser Zweifel, der kurz vor dem Ende ihrer ostpreußischen Tage die Erna Ewert beschlich, behoben? Sie kam Ende November 1947 in die sowjetische

Besatzungszone und blieb mit ihrer Tochter Bärbel in Sachsen. Ein Jahr zuvor hatte sie sich gesagt und aufgeschrieben: „ich will leben", und vermutlich hatte sie nun das frühere, glücklichere Leben wieder aufnehmen und fortsetzen wollen. So sieht sie uns von dem ersten Nachkriegsphoto an. Sie begann auch ein neues Leben – man steckte sie in den Uranbergbau des Erzgebirges. Das letzte Photo zeigt eine alte Frau mit aufmerksamen, kühl beobachtenden Augen. Sie hat nicht vergessen, was geschah. 1986 ist sie in der DDR gestorben. Ihre „Blätter" bewahrte die Tochter auf. Jetzt nach 1989 kann sie den Wunsch der Mutter erfüllen: „wenn ich erst tot bin, dann sollen sie alle lesen."

Alle?

3

Die gleichen Erlebnisse hatte Marga Pollmann: „die Russen"; der Wintermarsch nach Osten; die Rückkehr; Hunger; Königsberg; fast nur Frauen; die untergeordnete Rolle der Männer, die lebenserhaltende der Kinder beim täglichen Schwarzhandel; die ersehnte Zwangsaussiedlung.

Doch Marga Pollmann bringt ihre Erlebnisse erst unmittelbar danach zu Papier. Ihre Aufzeichnungen sind ebenso knapp, doch ruhiger, etwas distanzierter. Dabei nicht ohne Würde; was ihr selbst zugefügt wurde, steht nicht so stark im Licht. Einige weitere Einzelheiten: Auf dem Wintermarsch stirbt am 9. März 1945 ihre Mutter. Sie wird an einem Zaun verscharrt. Kranke werden nicht versorgt, ein russischer Arzt konstatiert bei der Visite mit einem „gut", wenn jemand gestorben ist. Frauen werden vor den Pflug gespannt. Die Kinder, inzwischen alt, erinnern sich: ein zurückgebliebener Bauer habe das getan. (Pferde hatte er sicher nicht mehr; er glaubte wohl, daß er auf seinem Hof bleiben könne, und die Frühjahrsbestellung mußte irgendwie besorgt werden).

Es ist dennoch ein besonderes Schicksal. Auf dem Rücktransport fällt sie in Insterburg unter einen anrückenden Zug. (Züge rückten ständig hin und her; man hielt das für Absicht und Schikane.) Die rechte Hand wird ihr abgefahren. „Ich hatte keinen Augenblick die Besinnung verloren. Ich überlegte klar: 3 Kinder und keine rechte Hand, da ist es besser, den Kopf dazuzulegen. Der Versuch glückte nicht." Der elfjährige Sohn kriecht zu ihr unter den Zug: „wenn du sterben willst, bleibe ich bei dir." „So mußte ich das Leben wieder anpakken." Sie schreibt wirklich: anpacken. Mit dem älteren, an Gelbsucht erkrankten Sohn (elf Jahre) kann sie in einem riesigen Lazarett in Insterburg bleiben, die beiden anderen Kinder (zwölf und vier Jahre alt) müssen weiter nach Königsberg, wo sie sich allein durchschlagen. Man verabredet, bei dem früheren

Wohnhaus schriftlich Nachricht zu hinterlassen, und es muß als ein seltsamer Rest von zivilisierter Kommunikation gelten, daß die Mutter, als sie noch nicht ausgeheilt in Unruhe vorzeitig das Lazarett verläßt und nach Königsberg fährt, ihre Kinder dort auf die verabredete Weise auch findet.

Ähnlich wie bei Erna Ewert ist das Streben, das verwüstete Ostpreußen zu verlassen. Geringe Unterschiede zeigen aber eine andere Geistesart bei der Älteren an. Marga Pollmann sagt nicht, daß sie „nach Deutschland" will, sondern sie sagt „nach Zentraldeutschland", obwohl sie deutlich bemerkt, daß Ostpreußen jetzt nach dem Krieg täglich wüster wird. Hierin liegt ihre Anklage gegen „die Russen" begründet. Freilich genügt die kurze Zeitspanne von vielleicht nur Tagen, nachdem sie Ostpreußen dann 1947 verlassen hat und ihre Erinnerungen aufzeichnet, um etwaige günstigere Erlebnisse mit ihnen nicht mehr zu vermerken. Es gab sie ja auch bei ihr: „man dachte zuerst, 'mal ein anständiger Kerl', aber irgendwie kam dann immer der Pferdefuß zum Vorschein. Die Russen sind Halbwilde, Tiere"; sie zerstören nur. Das blieb haften. Aber es bleibt auch wahr, daß sie im Insterburger Lazerett behandelt werden durfte, vielleicht gerettet wurde.

Und doch war Marga Pollmann anders. „Ich habe immer Glück". Das gibt es. Aber es liegt darin, daß sie es so sieht. Sie spricht deshalb auch nicht von Haß und Rache. Eben deshalb wirken ihre Urteile ruhiger. Sie trifft Bekannte, denen „ich einmal von meinem Überfluß <was konnte das damals für ein Überfluß gewesen sein?> abgegeben habe", und „jetzt machten sie uns satt." Ein anderer Charakter also. Wer war Marga Pollmann?

Sie war 1901 in Pillupönen, Kreis Stallupönen geboren. Ihr Vater war Maurermeister. In Königsberg besuchte sie die Mittelschule, danach bis 1917 eine private Handelsschule. 1916 fand sie Arbeit bei Agnes Miegel, die damals eine Versicherungsagentur betrieb. 1918 war sie für kurze Zeit Gutsrendantin, 1919 Protokollführerin beim ostpreußischen Provinzialrat, später bei dem verdienstvollen sozialdemokratischen Oberpräsidenten von Ostpreußen, August Winnig. 1923-1929 arbeitete sie als Sekretärin beim Landschaftsverband Ostpreußen. In den Jahren 1930-1934 lebte sie in Bad Godesberg, wo sie 1932 geheiratet hat. Dann kehrte sie nach Königsberg zurück und arbeitete in der Stadtverwaltung. 1947 war sie zunächst in der sowjetischen Besatzungszone, ging aber bald nach Bonn „zurück". 1951 wurde sie im Deutschen Bundestag angestellt. Im Dezember 1978 ist sie in Bonn gestorben.

Ihr Leben war durch Arbeit bestimmt. Von Hause aus werden ihr sozialdemokratische und gewerkschaftliche Gedanken vertraut gewesen sein. Deutlich ist Bildungsstreben erkennbar. Sie macht wenig Redensarten. Sie scheint das „alte

Königsberg" zu personifizieren, wie ihr Sohn Peter es charakterisierte, als er es 1992 noch einmal wiedergesehen hat: er meine „nicht nur die großen mittelalterlichen Bauten wie Dom und Schloß", Zeugnisse „einer ersten großen Blüte"; „nicht nur die alte Albertus-Universität" der Kantstadt und „auch nicht nur die königlich preußische Residenz- und Garnisonsstadt"; sondern er meine „vor allem die damals fast 700 Jahre alte deutsche Stadt, die zwar preußisch geprägt war, die aber das deutsche Tor zum Osten Europas war. Königsberg war eine Stadt des Geistes, der Bildung und Kultur. Der Liberalismus war wohl während des ganzen 19. Jahrhunderts in Königsberg/Pr. die dominierende Geisteshaltung." Das sei untergegangen und käme nicht wieder. Es ist wie eine Grabrede auf die Stadt seiner frühen Kindheit, die mit ihrer Kultur hoch und niedrig gleichermaßen geprägt hat. Das kann auch als Gedenkwort auf seine Mutter gelten.

Er und seine ältere Schwester Karola erinnern sich: die größte Angst ihrer Mutter sei es gewesen, daß ihre Kinder verrohen könnten. Marga Pollmann: „ ... war ich zu der Überzeugung gelangt, daß es besser wäre, die Kinder und mich auszulöschen, als zuzusehen, wie die absinkende Moral ins eigene Leben griff." Dort zu bleiben „wäre gleichbedeutend gewesen mit einem Leben unter Verbrechern. Die Kinder wären unfehlbar diesen Weg gegangen", und „so ist es zu begreifen, daß kein Tag verging ohne Gebet aus tiefer Not." Da kam die Ausweisung; das war für sie „die Befreiung". Was in der „Stadt des Geistes" vor der Verrohung bewahrt hatte, konnte in veränderten Verhältnissen in Westdeutschland wieder helfen. Es war dies aber gewiß vor allem die innere Kraft und Moral dieser ungewöhnlichen Frau, die es sich nicht hatte nehmen lassen, vom „deutschen Osten" zu sprechen. Beeindruckt sehen wir die Photographie der jungen Mutter vor dem Krieg und der alten Frau in Bonn: es ist derselbe Mensch, vor und nach den Leiderlebnissen sicher in sich ruhend, sicher und ohne Bitterkeit.

4

Hannelore Müller hat ihre Erinnerungen ein halbes Jahrhundert nach den Ereignissen verfaßt. Sie vermochte es wohl auch nicht früher. Dann „haben die öffentlichen Diskussionen zum 8. Mai 1995" ihr „die Motivation gegeben, meine Geschichte aufzuschreiben." Sie meint, die Geschehnisse hätten sich „in den damaligen Extremsituationen unauslöschlich in die Seele eingebrannt", und deshalb sei es möglich, sie auch jetzt noch genau wiederzugeben. Doch sind ihre Aufzeichnungen ebenso eine Quelle für die innere Verfassung, in der die Verfasserin – und mit ihr sicher die Deutschen nach der sog. Wiedervereinigung – sich befindet, wie für die Erlebnisse von 1945, die darin beschrieben sind.

Jedenfalls müssen Leser sich den Unterschied und diese doppelte Erlebnisebene fest einschärfen. Sie werden ihn nicht nur an der erkennbaren Bemühtheit um Objektivität und um eine auch stilistisch abgewogene Darstellung bemerken können, von der bei Erna Ewert naturgemäß keine Rede sein kann.

Für Hannelore Müller ist es „nicht hinnehmbar, daß eine Reihe von Medien“ die Kapitulation im Mai 1945 „als einen Tag der Befreiung für die Deutschen bezeichnete.“ Deshalb will sie „festhalten, was damals wirklich geschehen ist“ in Ostpreußen.

Sie trifft sich also in dieser Absicht mit Erna Ewert. Noch in einem anderen Punkt gehören beide enger zusammen. Beide fanden damals in den Schreckenstagen und den Elendsjahren Halt an ihrer Mutter, die eine als junge Frau, die andere als kleines Mädchen. Die zentrale Stelle in den Aufzeichnungen von Hannelore Müller ist deshalb der Abschiedsbrief, den ihre Mutter am 24. April 1947 an ihre Verwandten schrieb. Er hat diese nicht erreicht, aber Hannelore Müller gelang es, ihn mit einem kleinen Photo als einzige Dokumente aus jener Zeit zu bewahren. Wenige Wochen später, am 13. Mai starb die Mutter. Ihrem Andenken widmet die Tochter ihre Erinnerungen. Wie Erna Ewert sicher ist, daß ihre „Blätter“, sollte sie sterben, von ihrer Tochter Bärbel nach Deutschland gebracht würden (1947, 59), so will die Tochter von Lotte Schwokowski ein solches Vermächtnis erfüllen. Dieser Brief gibt ihrer Niederschrift die Echtheit einer Quelle.

Lotte Schwokowski spricht altertümlich auf ihrem Sterbelager vom „lieben Vaterland“. Aber es ist für sie verloren: „auf Wiedersehen droben im Himmel“. Und sie ist doch ohne Verstellung; sie hat den Tod und das Ende vor Augen. An diesem Brief messen sich die Aufzeichnungen der Tochter. Sie sind gewissermaßen um ihn herum gruppiert. Schon längere Zeit vor ihrem Tod hatte Lotte Schwokowski den Wunsch geäußert zu sterben; nicht aus Lebensüberdruß, sondern weil sie gesehen hatte, wie gut Waisenkinder in einem sowjetischen Waisenhaus aufgehoben zu sein schienen. Ihr Kind hat es später erfahren, wie es sich damit verhielt.

Auch bei ihr findet sich nichts von Haß, Wut oder Rache, die Echtheit und Unmittelbarkeit des Augenblicks bei Erna Ewert so beängstigend bezeugen. Was berichtet wird, ist wieder bekannt: Zusammentreibung; sinnlose Märsche hin und her, wenn auch hier nicht in Richtung Osten; Rückkehr in zerstörte Häuser; Unterkunft woanders in der verwüsteten Stadt (zeitweise mit den Kindern Pollmann zusammen); Hunger; Schwarzhandel; Tod; Kannibalismus; sittliche Verwahrlosung; schließlich Abtransport – das alles wird durch die anderen

Berichte beglaubigt und mag in seiner größeren Ausführlichkeit diese anschaulicher machen.

Auch hier kommen einige Einzelheiten hinzu: das Leben einer Waise, der indessen das Schicksal der „Wolfskinder“ erspart blieb; Betreuung durch andere Deutsche und durch Verwandte; das Waisenhaus[8].

Doch wichtiger erscheint etwas Anderes. Was gibt diesem Bericht in seiner Ereignisferne und in seinem anderen Quellenwert seine Eigenständigkeit gegenüber den realistischen und härteren der beiden anderen Frauen? Nicht nur in großen Darstellungen der Weltliteratur, sondern auch in ungeübten Notizen kann neben den Stoff, der sich in den Vordergrund drängt, weil er für überwältigend gehalten wird und auch überwältigt, zuweilen der Autor als Darsteller treten. Dann kann auch eine Schwäche und ein Unvermögen zur Eigenart werden, wie 1945 bis 1947 die Schwäche der Lotte Schwokowski und ihr Unvermögen, sich in *diesen* Verhältnissen eine rettende Grundlage zu schaffen. Und vielleicht gilt das auch für die Tochter. Das Paßphoto in dem für die Deutschen “außergewöhnlichen” Kleinformat, läßt zwar darauf schließen, daß Lotte Schwokowski, jedenfalls zeitweise, einen Paß erhalten habe und mit ihm das Recht auf eine Brotkarte. Dennoch verhungerte sie.

Man stellt die Frage der Erna Ewert: waren das wirklich ihre Erlebnisse? Hat das kleine Mädchen, von dem hier berichtet wird, das alles erlebt? Gewiß, sie war dort, sie mußte das alles sehen und hören und spüren. Aber drang es an sie wirklich heran? Gerade weil die Verfasserin sich so sehr bemüht, in der Distanz eines halben Jahrhunderts die Erinnerungen wieder und wieder sorgfältig zu prüfen, wirkt sie nun wie außerhalb der beschriebenen Ereignisse, wie es ja auch anders gar nicht sein darf. Gern wüßte man, ob sie sich selber in dem kleinen Mädchen, das von der sterbenden Mutter „Hanneli“ genannt wird, in dem verrohten Königsberg beim Schwarzhandel erkennt? Ob ihr, wenn sie mit einem eigenen Familienleben hier im Westen, nun ihrer Tochter die Wahrheit überliefern möchte, nicht ein fremdes Mädchen entgegentritt, deutlicher, je mehr sie das Zwielicht der Erinnerung aufzuhellen sucht? Ein Mädchen in der Fremde, dessen Spuren so schwer zu finden sind. Und auch nur Spuren bleiben.

Niemand darf und will in Zweifel ziehen, daß das Furchtbare erlebt wurde. Doch liegt ein merkwürdiger Zug in der Person von Lotte Schwokowski, der sie

---

[8] Im Oktober 1945 eröffnete Pfarrer Dannowski aus „eigener Initiative und unter Überwindung allerschwerster Hindernisse“ das erste Waisenhaus in Königsberg-Maraunenhof. 1947 sollen nach diesem Vorbild 15 Waisenhäuser im gesamten Königsberger Gebiet existiert haben, s. Hans Deichelmann, Ich sah Königsberg sterben, Sonderdruck „Altpreußische Geschlechterkunde, Bd. 25, S. 219, 321.

von den anderen Frauen unterscheidet, und das scheint auch über ihren Tod hinaus zu wirken. Es stellt sich die Vermutung ein, daß alles, was so breit geschildert wird, in seinem furchtbaren Tatsachengehalt die Mutter in ihrem Innersten wohl erschütterte, aber dadurch die Tochter, zu ihrem Besten, nicht wirklich erreichte und durchdrang. Nach einem halben Jahrhundert werden alltägliche neben ungeheuerlichen Dingen gleichartig berichtet.

Wäre es so, hätten wir hier ein Dokument unsrer Tage vor uns, das bezeugen kann, daß die Deutschen von ihren führenden Schriftstellern und Rednern über fünfzig Jahre lang in einer Grundfrage ihres Schicksals im Stich gelassen worden sind. Was Hannelore Müller geschrieben hat und was vor ihr viele Andere, unter ihnen Erna Ewert und Marga Pollmann, berichteten, harrt weiter der Durchdringung und der verstehenden Darstellung, die man wohl mit einem schlechten Wort „Aufarbeitung" nennt. Da es die nicht gab, können diejenigen, die das erlebt haben, es nicht anders wiedergeben, als sie es tun. Sie stellen für geübte Schriftsteller das Material zur Verfügung; und natürlich jetzt schon für jeden, der verstehen will. Zu lange, im Grunde seit dem Kriege lebten die Deutschen in ihrer Mehrheit von Leidensverweigerung. Ein fremdes, vorgefertigtes Leid, das von außen als Schuld ihnen vorgelegt wurde, haben sie wie eine Fertigware genommen und sich an ihren Verbrauch gewöhnt. Es hängt wohl diese Gewöhnung an eine Schuld, die man sehr häufig nicht versteht, und die Abneigung gegen ein Schicksal, das man nicht gehabt haben möchte, irgendwie zusammen.

Wir können in jüngster Zeit bei Polen und Russen eine Bereitschaft zu einer solchen „Aufarbeitung" feststellen. Lassen wir denen, die in ihrem schweren Schicksal, im Vertrauen auf eine spätere Gerechtigkeit jedenfalls unter Deutschen, uns ihr letztes Wort zurufen wollten, Gerechtigkeit zukommen. Hören wir ihre Stimme, erwägen wir die Wege unsrer Geschichte, halten wir den Gedanken an die Leiden im verlorenen Land wach.

Erna Ewert

Cranz: Aufzeichnungen 1945 – 1947

Hochzeit von Else Karp Ende 1943. Sitzend: Johanna Karp (links), neben ihr Tochter Else; stehend: Hermann Karp, Ehemann von Johanna K. (links), neben ihm Erna Ewert mit Tochter Bärbel auf dem Arm.

3. Febr. 1945

[1] Die letzten Soldaten sind abmarschiert. Es ist unheimlich still. Wir[1] warten auf das Sprengkommando, das aus Sarkau kommen soll, dann wollen wir mit. Ich habe ordentlich Leibschmerzen. Sicherlich vor Angst. Ob die Russen wirklich schon so nah sind? Was wird mit uns? Ob sie uns erschießen und vergewaltigen? Kein Artilleriefeuer mehr. Es ist still, still als ob der Krieg aus wäre. Aber was wird nun kommen?

Wenn morgen die Gewehre abgeholt werden, werden wir bestimmt mitfahren! Nun wollen wir schlafen gehen. Vor Aufregung und Angst frieren wir nicht mehr. Elschens[2] Foto haben wir in unseren Wohnkeller runtergenommen. Wo bist du Elschen? Mein Gott, ich habe Angst!

– – –

[2] Es liegen viele Tage hinter mir, an denen ich nicht schreiben konnte und will daher alles kurz aufschreiben.

Wir haben traumlos bis 7.00 Uhr geschlafen. Ich habe die Koffer noch einmal gepackt, wenn die Autos kommen, dann aber los. Mama ist mit Peter und Bärbel beschäftigt. Wir wollen Feuer machen. Draußen Totenstille. Kein Laut von Krieg oder Soldaten dringt zu uns herein. Plötzlich Stimmen im Flur über uns. Mama gehst du sehen? Vielleicht sind es unsere Soldaten. – Vielleicht auch schon die Russen!! Es waren die Russen. – Mein Gott, mein Gott stehe uns bei. Wir allein im großen Haus. Im ersten Stock sind noch die beiden alten Gutzeits. Ich als einzige junge Frau in dem großen Haus allein. [...]

Ein russischer Leutnant benimmt sich uns gegenüber sehr anständig. Beruft seine Leute. Spricht gut deutsch. Verläßt uns aber gleich wieder. Wir sind mit den Horden wieder allein. „Faschist, Faschist?“ „Nein, nein“, geben wir zur Antwort. „Wo deutscher Soldat?“ „Gestern fort“, sagen wir. Unsere Koffer lassen sie unberührt. Ich schäle vor Angst und Aufregung Kartoffeln. Ich möchte schälen und schälen, nur daß ich Beschäftigung habe. [?] den Kindern Bonbons. Plötzlich ist ein ganzer Haufen Russen [?] groß wie ein Bär [?] ; wie alt ich bin. Ob das meine Kinder sind. [?] Küsse Mama und die Kinder, ziehe meinen Mantel über und gehe mit. Nebenan haben sie mich dann vergewaltigt. Erst zwei. Dann kamen immer mehr, die mich rausholten.

---

1 Gemeint sind: Erna Ewert, geb. Karp, (1919 – 1986), Sohn Peter (1942 – 1947), Tochter Barbara (= Bärbel = Pippi), geb. 1941, Johanna Karp, Mutter von Erna E., (1894 – 1947). Der Ehemann von Erna E., Wilhelm Ewert, war seit 1943 vermißt, s. S. 10. D. H.

2 Elschen = Else (1921 - 1985), Schwester von Erna E. D. H.

Ich versuche mich zu verstecken, werde entdeckt und der Tanz fängt von vorne an. Werden sie mich noch erschießen? Endlich komme ich in unseren Wohnkeller zurück. Mama und Peter sind nicht da. Bärbel liegt und schläft. Vollständig angezogen. Wo ist meine Mama und Peter, ihr Hunde, rufe ich den Russen zu. „Ich nicht weiß". Die Russen rücken ab. Unser Hof ist leer. Mein Gott, wo ist Mama? Ich schleiche mich nach oben. Großer, gütiger Gott im Himmel, ich hör Mamas Stimme. Sie kocht Kaffee, bringt Wurst und Brot. Ich habe keinen Hunger. Nur rauchen, rauchen. Nachts holen sie mich raus. Schlagen mich, vergewaltigen mich, brennen mir die Schamhaare mit Talglicht ab und wir haben Ruhe bis zum Morgen um 9 Uhr. Ich bin kein Mensch mehr. Ich will mir das Leben nehmen. Mama tröstet mich. Unser Haus völlig zerschlagen, geplündert und gebrandmarkt. Dieser Dreck geht nie ab. Niemand könnte den jemals abwaschen. Es ist alles aus. Es ist alles vorbei. Vor uns, über uns nur Rauch, Feuer, Gestank, Lärm und Gröhlen der Russen. So habe ich mir den Dreißigjährigen Krieg vorgestellt und jetzt erlebe ich ihn selbst. Ganz Cranz scheint ein Flammenmehr zu sein.

[3] Ich weiß nicht, der wievielte heute ist. Ich hatte mich nach der letzten Vergewaltigung auf dem Boden versteckt. [...] Mama kommt rauf, ich soll sofort runterkommen. Unten wäre ein russischer Feldgendarm, wir sollen unser Haus räumen. Der alte Gutzeit ist vor Aufregung zusammengebrochen. Der Russe ist nicht brutal. Läßt uns in Ruhe anziehen. Ich weiß nicht, wo mein Mantel ist, nehme schnell einen Mantel, der von Ruth Albrecht noch da ist.

Wir nehmen unsere Rucksäcke und die Kinder. Schnell, schnell raus. Der Schnee ist fast fortgeschmolzen. Wir müssen den Schlitten stehen lassen. Ich bin verzweifelt. Will den Rucksack fortwerfen. Mama macht mir wieder Mut. Vor Bolliens Geschäft ist Sammelplatz, dort finden wir Tante Liese, Onkel Fritz, [?] und andere Cranzer. Wir werden bis zum Hotel Königsberg gebracht. Dort sagt man uns, wir sollen in unsere Häuser zurückgehen. Was hat man mit uns vor? Ich habe Angst, nach unserer Wohnung in die Hohenzollernstr. zurückzugehen wegen der Vergewaltigungen. Nehrenheims Töchter nehmen uns mit in ihre Wohnung. Ich möchte vor Angst und Aufregung am liebsten sterben. Wenn etwas laut wird, fahren wir auf und starren aus überwachten, entzündeten Augen nach der Tür. Mama hat aus der Hohenzollernstr. etwas [zu] essen geholt. Wir kochen und essen etwas. Dann bereiten wir ein Lager und legen uns alle auf den Fußboden, zwischen uns die Kinder. Die Nacht bleibt ruhig und wir haben am anderen Morgen ausgeschlafen.

[4] Ich habe Angst im Haus zu bleiben. Ich gehe zu den Leuten, die auf der Straße arbeiten müssen. Wir werden nach Hause geschickt. Vor unserem Haus, in dem wir jetzt wohnen, steht ein Russe, ich wage nicht hineinzugehen und

gehe zur Hohenzollernstr. zurück. Endlich, nach Stunden, gelingt es mir mit anderen Frauen wieder zur Mama und den Kindern zu gelangen. Mama ist unten. Ich esse etwas. Frau Wachmanski [?] ist übernervös. Nichts zu rauchen! Mama kommt rauf und sagt, wir sollen runter zum Hauswirt Barkowski. Die Menschen sind gut zu uns. Wir essen und schlafen zusammen.

[5] Wir haben noch Fettöpfe in der Hohenzollernstr. stehen [?]. [?] den russischen Kommandanten bitten, er möge uns militärischen Schutz bis zu unserem Haus gewähren, damit wir uns Essen holen. Er läßt sich alles verdolmetschen und gibt uns einen Soldaten mit. Der Soldat ist gut. Läßt uns einen Mantel und genug Kartoffeln mitnehmen. Nun haben wir wieder Fett, aber das Brot wird knapp. Mama findet in einem Keller 30 Pfund Margarine und 30 Pfund Butterschmalz. Wir tauschen uns dafür Zucker und Haferflocken ein. Ich finde in Neumanns Bäckerei echte Schokoladenkrümel. Wir kochen Bonbons. Ich bekomme von der Aufregung meine Gallenschmerzen und Nesselfieber. Ich fiebere stark und bin sehr schwach. Mama ist tapfer und gut. Wir Frauen werden untersucht auf Geschlechtskrankheiten. Ich bin gesund und bekomme auch mein Unwohlsein. Gott sei Dank, die Vergewaltigung ist ohne Folgen geblieben.

[6] Eine Horde stürzt ins Zimmer, wir alle auf einen Haufen gedrängt. Sie werfen alles um. Schränke, Diwan, Tisch, Kisten und Stühle. Sie suchen Schmuck und Wertgegenstände, uns junge Frauen lassen sie ungeschoren. Unsere Mama hat nicht Angst und tröstet uns alle immer wieder nach so einem brutalen, rohen Überfall. An Mama klammern sich alle. Sie, diese kleine Frau, gibt allen Kraft. Wo Frau Karp ist, da scheint Sicherheit zu sein, so sagen alle. Nachts haben wir Ruhe. In diesem Quartier haben wir nicht eine einzige Nacht Überfälle. Tante Minna, Brigitte, Frau Kristandt, Frau Hinz und Tochter wohnen in ihrer Wohnung und Frau Ackermann ist dort, was Mama bei uns ist: Unser Schutzherr. Frau Kristandt gibt mir Zigaretten. Mama, die Kinder und ich gehen die geplünderten Geschäfte nachrevendieren. Wir nehmen alles, was nur irgend zu essen geht. Einen halben Zentner Roggenmehl holen wir uns zum Brotbacken. Ich mache viel Schokoladenbonbons.

[7] Es ist ein Sonnabend, der 17. Februar. Es ist nicht sehr kalt. Mama hat für mich ein Paar schöne leichte, schwarze Schuhe gefunden. Ich kann darin zwei Paar dicke Männersocken tragen. An diesem Sonnabend kommt Befehl, wir sollen die Stadt Cranz am kommenden Tag verlassen. Frauen und Kinder, Säuglinge, Wöchnerinnen, Gebärende und Greise, alles was noch Mensch ist und lebt. Wir fangen zu packen an. Ich nähe die Rucksäcke und packe das Allernotwendigste ein. Mama ist auf Fresseraschejagd. Wir tauschen Fett gegen Zucker. Backen Purzeln [= Krapfen, kleine Berliner], ich koche Schokoladenbonbons und Gebäck aus Haferflocken. Wir ziehen uns schön warm an und

legen uns dann zum kurzen Schlaf nieder. Wir sind 19 Personen in einem nur mittleren Raum. Wir schlafen die letzte Nacht in unserer Heimat.

[8] den 18.2.45

Wir sind zum Abmarsch fertig. Es ist trocken draußen und nicht sehr kalt. Gott sei Dank. Wir haben keine Handwagen mehr, unseren Kinderwagen, in dem fahren wir Peter. Bärbel muß laufen. Wer weiß, wohin wir sollen. Nach Sibirien? Mit unsern Kindern?

[9] Nachschr.

Wir liegen in [der Ortschaft] Sand. Stundenlang haben wir gestanden in Schneesturm und Kälte. Mama fand bei Warienen [?] einen Handwagen. Bärbel wird nun gefahren und auch unser bißchen Gepäck. Der Handwagen ist leicht und Mama geht sehr schnell. Ich komme mit dem Kinderwagen langsam vorwärts. Bis Sand war ein weites Ende. Frauen blieben auf der Landstraße in Verzweiflung mit ihren Kindern liegen. Sand ist überfüllt. Mama verschenkt Bonbons, Fett und Brot, damit wir mit unseren Kindern in die Stube dürfen. Vor Vergewaltigungen sind wir durch die russischen Posten einigermaßen geschützt. Vorläufig wohl nur?

[10] Der andere Tag:

Es ist furchtbar. Ich möchte mich irgendwo hinlegen, um ein bißchen zu schlafen. Aber man ist nirgends sicher. Ich verlor die Nerven. Hier liegen Frauen aus Allenstein schon wochenlang von der Flucht her. Alle sind hungrig. Sie wollen stehlen und stehlen auch, wo sie können. Mama ist tapfer. Drängt sich mittels Bestechungen an den Herd, um zu kochen. Die Ruhr ist ausgebrochen.

[11] der 20. Febr.

Wir sind fort von Sand. Gott sei Dank. Die Weiber waren Bestien. Wir gehen und gehen. Wann wird ein Ende sein? Daß wir verschleppt werden, wissen wir schon.

Um Königsberg brandet die große Schlacht. Flieger und Granaten über uns. Kommen unsere Truppen zurück? Ob man uns denn leben läßt?

Wir sind in Lablacken. Wir haben einigermaßen Quartier. Nachts war Ruhe. Hier möchte ich bleiben. Mama hat Fleisch gefunden. Wir haben Zucker, Fett, Kartoffeln, auch etwas Brot.

[12] der 22. Febr.

Weiter gehts. Kilometer um Kilometer. Mama mit Handwagen voran und Bärbel darin. Peter schreit immer, fahren, Mama, fahren. Sonst ist er ruhig.

der Weg nach der schrecklichsten Nacht die ich seit Kreuz erlebt habe.
Ebenrode heißt der Ort an dem wir jetzt liegen. Wir haben in einem großen
Haus Quartier genommen und machen uns Essen kochen. Dann bereiten wir uns wieder unser
Lager. Zwischen uns die Kinder. Wir haben schon ein wenig geschlafen. ~~…~~ [illegible] und
alle [illegible]. „Habt ihr gehört? Russen kommen." Wir zittern vor Angst. Wer wird wieder mit
gehen müssen. Ich war so überkommen und habe mir diese Nacht mein Gesicht unkenntlich
gemacht u. mir auch die Hände ausgezogen. Sie stürmen herein. Wie kleine [illegible] lüst-
gierigen Wölfe. Die 13jährige. Auch wollen sie rausholen. Die Mütter stecken den Russen
alle Ringe zu und sie lassen ab. Plötzlich steht der Kerl vor mir. „Komm Frau!" –
„Nein!" Er will mir den Jungen erschießen. „Schieß doch du Hund" rufe ich ihm zu.
Als er merkt, daß mir alles gleich ist steckt er den Revolver ein u. packt mich bei
den [illegible]. Bärbel hängt sich an mich u. ruft: „Laß meine Mutti sein. Laß meine
Mutti allein." Mama spricht mir Mut zu und ich gehe mit. Draußen im Flur
hat man mich vergewaltigt. Dann kommt der Teufel wieder zurück u. sagt ich
soll schlafen gehen. Wir schlafen bis zum Morgen nicht mehr. Ich habe das untrügliche Gefühl, daß ich von dieser Nacht an schwanger bin. Den nächsten Tag geht der Tanz
von morgens an los. Unsere Stube lassen sie ungestört. Es wird geplündert aber
Frauen aus unserer Stube holen sie nicht fort. Oben drüber eine Fr. [illegible], die Tochter [illegible],
Fr. Bojowitz, Fr. Berger u. a. m. müssen tagsüber immer daran glauben. Die
nächste Nacht aber ist ruhig. Den ~~…~~ Mittag geht's weiter. Weg durch Frost u.
Eis gehen nun wieder eine Nacht u. [illegible] v. Höllenbanden. Wir ist ~~…~~
u. ~~…~~ erwärmt zu ~~…~~. Wir hatten die Ruhe

Niederschrift Erna Ewert, Bl. 4.

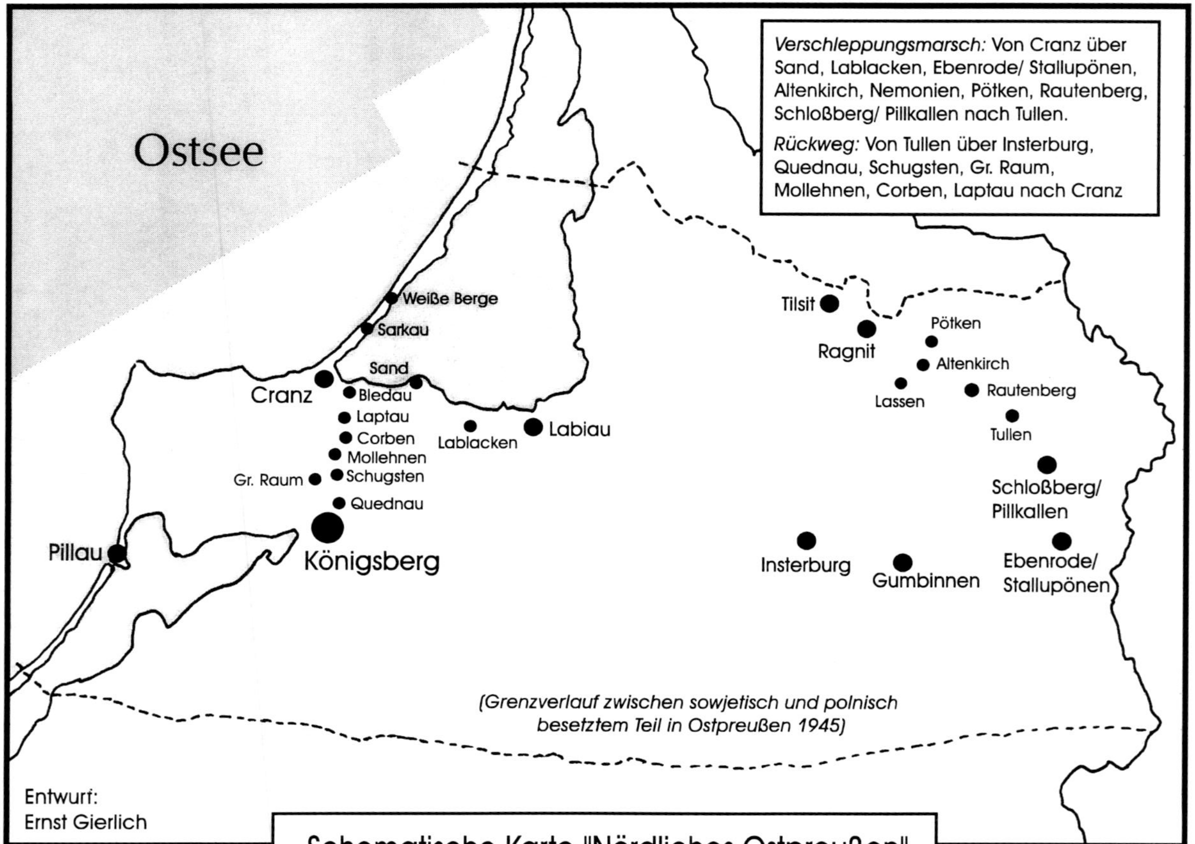

Schematische Karte "Nördliches Ostpreußen"

[13] Der Tag nach der schrecklichsten Nacht, die ich seit Cranz erlebt habe.

Ebenrode [= Stallupönen] heißt der Ort, in dem wir jetzt liegen. Wir haben in einem großen Haus Quartier genommen und machen uns etwas zu Essen. Dann bereiten wir uns wieder unser Lager. Zwischen uns die Kinder. Wir haben wohl schon ein wenig geschlafen. Plötzlich sind alle hellwach. „Habt Ihr gehört? Russen kommen". Wir zittern vor Angst. Wer wird wieder mitgehen müssen. Ich war so unbesonnen und habe mir diese Nacht nicht das Gesicht unkenntlich gemacht und mir auch die Schuhe ausgezogen. Sie stürmen herein. [...] Die 13jährige Ruth wollen sie raushaben. Die Mutter steckt den Russen echte Ringe zu und sie lassen ab. Plötzlich steht der Kerl vor mir: „Komm Frau!" – „Nein". Er will mir den Jungen erschießen. „Schieß doch, du Hund", rufe ich ihm zu. Als er bemerkt, daß mir alles gleich ist, steckt er den Revolver ein und packt mich bei den Füßen. Bärbel hängt sich an mich und ruft: „Laß meine Mutti sein. Laß meine Mutti sein". Mama spricht mir Mut zu und ich gehe mit. Draußen im Flur hat man mich vergewaltigt. Dann kommt der Teufel wieder zurück und sagt, ich soll schlafen gehen. Wir schlafen bis zum Morgen nicht mehr. Ich habe das untrügliche Gefühl, daß ich von dieser Nacht an schwanger bin.

[14] Den nächsten Tag geht der Tanz von morgens an los. Unsere Stube lassen sie ungeschoren. Es wird geplündert, aber Frauen aus unserer Stube holen sie nicht fort. Oben, über uns, Frau S.[3] die Töchter H., Fr. B., Fr. Be. u.a.m. müssen tagsüber immer daran glauben. Die nächste Nacht über ist es ruhig.

[15] Am frühen Mittag gehts weiter. Mag es durch Frost und Eis gehen, nur nie wieder eine Nacht mit diesen r.[ussischen] Höllenbanden. Mir ist schlecht und krank, sehr krank zumute. Ich habe die Ruhr.

In einem Quartier, wo wir alle zu sterben glauben, denn die Ruhr und Cholera herrschen sehr. Hier kamen wir an. Fast nichts mehr zu rauchen. Die Gier nach Zucker ist groß. Mama hat noch Fett und backt kleines Gebäck. Ich liege teilnahmslos am Ofen und glaube, es ist das letzte Quartier für mich. Die Ruhr wühlt in meinen Eingeweiden und das Fieber schüttelt mich.

[16] Den nächsten Tag heißt es weiter. Wir machen dem Posten klar, daß wir ruhrkrank sind und wir in diesem Schneesturm nicht weiter können. Er läßt sich verdolmetschen. Aber es geht nicht nach dem Posten, er hat den Befehl, uns bis zu einem Zeitpunkt bis zur russ.[ischen] Grenze zu schaffen. Also weiter gehts.

Wir warteten und warteten vor Altkirch [= Altenkirch], der r.[ussische] Kommandant ist nicht zu sprechen. So haben wir auf freier Chaussee 3 Stunden

---

3 Im Original stehen die vollständigen Namen, die Abkürzungen erfolgen durch den Herausgeber.

gewartet. Es ist Ende Februar und der Schneesturm fegt. Es friert Stein und Bein. Endlich dürfen wir Quartier machen. Mama voran, wie eine kämpfende Löwin. Sie findet gutes Quartier und auch noch Mehl in einem Kasten. Wir haben kalte Kartoffel, auch Fett und wollen uns Bratkartoffel machen. Ich bin müde, krank und völlig teilnahmslos. Ich möchte sterben. Die Ruhr hat mich unterhöhlt. Ich bin fertig. Wenn Mama nicht wäre, möchte ich irgendwo liegenbleiben. Peterchen läßt unter sich gehen. Der Ort heißt hier Nimunien [= Nemonien].

[17] Am nächsten Morgen gehen Mama und noch jemand auf „Entdekkungsfahrt“ aus. In der Zeit bekommen wir Befehl zum Abmarsch. Wir zögern so lange heraus, bis Mama zurück ist. Es scheint die Sonne und wir frieren nicht. Eine junge Frau hat ihr vierjähriges Töchterchen dort begraben müssen. Auch ein Opfer der Ruhr. Daß ich noch lebe, habe ich allein meiner Mutter zu verdanken. Sie ist auch sehr gereizt und nervös, aber dafür opfert sie sich auch für uns auf. Für alle, die sie um sich hat. Auch alle wissen dieses und klammern sich fest an Mama. Mama findet die besten Quartiere und besitzt Resolutheit genug, um sich stets Platz am Herd zu verschaffen. Ich habe sie so noch nie in meinem Leben gesehen.

[18] Nun sind wir in Pöttken [= Pötken]. Wir haben Kartoffel gefunden und Korn. Doch nicht ein Krümchen Fett oder Zucker. Peterchen ist ganz apathisch. Nur „Brauts“ ruft er. Er meint damit Brot. Er kann nicht gehen und stehen. Läßt unter sich gehen. Wir liegen hier wochenlang. Mama kocht für 13 Menschen. Immer wieder fordert die Ruhr Opfer. Der alte Barkowski ist tot. Nun sind nur noch 12 Menschen satt zu machen. Ich werde schwerkrank. Darauf legt sich Mama hin. Mein Gott, was wird aus uns? Eines Nachts Russenkontrolle. Sie plündern, aber Frauen holen sie nicht raus. Ich habe 41° Fieber. Am Abend kommt der Befehl zum Weitermarsch. Mama hat noch nasse Wäsche liegen. Wir müssen uns fertigmachen.

[19] Am nächsten Morgen: Mit Mühe und Not konnte ich auf. Wir gingen und gingen. Bis nach Rautenberg. Ich finde Sirup und Honigwaben. Mama holt Kartoffel und Stroh. Wir machen Feuer. Es räuchert sehr.

[20] Am nächsten Morgen weiter. Wir sollen ins Schloßberger Lager [Schloßberg = Pillkallen]. Wir wollen nach Hause und sinnen auf Flucht. Die Kinder sind zu klein, also für uns ist vorläufig noch eine Flucht unmöglich. Aber nur "vorläufig", sagt Mama.

[21] Es ist Karfreitag 1945. Wir stehen in Schloßberg, eine Ruinenstadt, vor der russischen Kommandantur. Wir warten auf Registrierung. Regen nieselt ganz fein. Es ist empfindlich kühl. [...] Am liebsten möchten wir zurück in ein verlas-

senes Haus. Haben aber Angst vor plündernden Russen. Die Nacht bricht an. Man bringt uns ins völlig zerschossene Lazarett. Der Wind fegt hinein. Peter liegt in seinem Dreck schon die zweite Nacht. Pippi hat sich ebenfalls naßgemacht. Ein paar Alte schmieren sich Schmalzbrote und essen Wurst dazu. Wir haben nur noch einen kleinen Kanten hartes schwarzes Brot für die Kinder. Im geeigneten Moment stehle ich den beiden Alten Schmalz und stecke es sofort den Kindern in den Mund.

[22] Am nächsten Tag werden wir nach langen, stundenlangen Warten registriert. Ein deutscher Jude ist dabei. Er haßt uns Deutsche [...] und möchte uns [...] ausrotten. Erwachsene sowie die Säuglinge. Am Nachmittag geht es sechs Kilometer zurück. Nach Tullen [= Kl. Tullen?, Gr. Tullen?] ins Lager. Wir mit Kucks zusammen. Im Nebenzimmer wohnen Jungkeits. Zweimal haben hier deutsche Truppen mit Russen gewechselt. Zuletzt blieb es in russischer Hand. Überall sind die Spuren des unerbittlichen Kampfes zu sehen.

[23] Wir machen etwas sauber und besorgen uns dann Stroh. Bis jetzt haben wir noch keine Läuse. Ostern über brauchten wir noch nicht zur Arbeit. Am nächsten Tag müssen wir antreten, um nach Schloßberg zu gehen. Sechs Kilometer hin und dasselbe wieder zurück. Ich bin schwanger. Habe entsetzliche Rheumaschmerzen im Knie und kann kaum gehen. Ich gehe aber mit nach Schloßberg. Wir schleichen uns, sobald der russische Posten uns verläßt, von der Arbeit fort und gehen uns Nützliches zusammensuchen. Vor allen Dingen Salz. Wir finden ein erschossenes dickes, sehr dickes Schwein. Es liegt schon monatelang. Es ist grün. Aber wir schneiden davon und bringen es nach Hause. Mama kocht es aus und wir haben 1 1/2 Pf. Schmalz.

[24] So vergeht Woche um Woche. Ich weiß kein Datum mehr. Wir haben keine Uhr. Sondern richten uns nach der Sonne. Unser Lagerführer trägt unter seiner Jacke einen Wecker. Der Lagerführer ist der Gemeinste und Brutalste, den es im Umkreis gibt. Ich stelle mich mit ihm gut, indem ich strikt seine Befehle ausführe und dem Anschein nach tue ich es ja auch. So habe ich mir oft für meine Kinder eine Schaufel Korn erschwindelt. Anderen Frauen gebe ich denselben Rat. Wie oft habe ich es ihnen klargemacht: daß jetzt nicht die Zeit wäre, den Kopf hochzutragen. Man soll sich zur rechten Zeit ducken können. Es geht um Sein oder Nichtsein. Es geht um unsere Kinder, um unsere Mütter und zuletzt sind wir doch noch jung genug, um sehen und erleben zu wollen, wie es einmal enden würde. Viele haben es mir nachgemacht und [dem] Lagerteufel Sand in die Augen gestreut. Der Kerl war ja viel zu dumm, um hinter unsere Schliche zu kommen. Er prügelte Greise und wehrlose Weiber halbtot. Schleppte Jugendliche in den Keller und trat ihnen mit Füßen die Eingeweide kaputt. Ich habe von nicht einem einzigen so grausamen Fall gehört aus Schloß-

berg aus den GPU-Kellern, als was sich bei uns der deutsche Lagerführer erlaubte. Hochschwangere Frauen, die in derselben Nacht niederkamen, zwang er den 6 Kilometer langen Weg nach Schloßberg zu gehen. Wir hassen diesen Teufel in Menschengestalt. Nur wie man heiß hassen kann. Ich hätte zuspringen mögen und ihm die Gurgel aus dem Hals reißen können. Es gab verschiedene mutige Frauen, die sich ihm entgegen stellten, die dann zwar auch seinen harten Stock gehörig zu fühlen bekamen. Unser Haß wuchs von Tag zu Tag und wir wünschten mit heißem Herzen die Stunde herbei, wo wir ihn langsam zu Tode quälen könnten. Es ist dabei verwunderlich, was eine Frau in ihrem [...] Haß für Grausamkeiten in ihrem Hirn erdenken kann.

[25] So kam der Frühling ins Land. Das Essen wird knapp. Der Hungertyphus bricht aus. Solange wir Pferdefleisch fanden, starb so bald niemand. Da jetzt aber die Kartoffeln ausgehen und der Teufel uns kein Getreide gibt, muß Mama sich 30 – 40 Kilometer im Umkreis tummeln, bis sie etwas zu essen für uns findet. Ich gehe Pfingsten zum letzten Mal nach Schloßberg. Wir wollen fort nach Cranz. Wir wollen flüchten und beratschlagen in Heimlichkeit, wie und wann wir ausbrechen. Es ist nur nachts möglich. Am 28. Mai 45, 1 Uhr nachts gehen wir los. Es sind 3 Familien. Der Mond steht noch am Himmel und ich habe Schlaf in den Augen. Die Kinder werden aufgenommen. Bärbel muß zuerst laufen. Peter fahre ich im Kinderwagen. Der Reif liegt auf den Butterblumen und ganz hinten im Osten wird der Himmel gelblich. Vorwärts, vorwärts ehe die Sonne aufgeht, müssen wir aus Tullens Reichweite sein. Wir gehen querfeldein. Es geht langsam vorwärts mit dem Wagen. Es gibt Stellen, die morastig sind. Darin versinken die Räder bis zu den Achsen. Dann wird in Angst und Verzweiflung gerissen, daß man glaubt, die Lungen reißen und es gibt rote Kreise und Lichter vor den Augen. Endlich haben wir glatte Chaussee erreicht und wir wandern und wandern. Das Essen wird knapp.

[26] Mama backt unterwegs noch ein Brot. Kartoffel finden wir genügend. Wir brauchen so nötig Brot. Vor allem für die Kinder. Erna B.[4] wird vergewaltigt. 4 Mann. Frau A. wird vergewaltigt und entgeht nur so ihrer Erschießung, weil der Kerl entdeckt hat, daß sie geschlechtskrank ist. Wir wollen schlafen. Machen uns aber auf und gehen zu einer alten Bäuerin, die uns über Nacht behält.

[27] Am nächsten Morgen gehts weiter. Es regnet. Nach fünf Kilometern hört der Regen auf. Wir setzen uns alle in den Graben, um uns auszuruhen. Dann gehts weiter. Immer weiter.

---

4 Siehe Anm. 3.

[28] Wir haben viele Quartiere gehabt. Wir haben gute Russen angetroffen, die uns Essen und auch Arbeit gegen unseren Willen gaben. Sie wollten uns junge Frauen gern dabehalten und versuchten alles Mögliche, nur [um] uns in Markthäusern zu behalten.

Wir ziehen los. Margeretchen blühen uns am Weg und der starke Duft steigt uns betäubend in den Kopf und sofort werden Erinnerungen in uns wach und ein großes Verlangen nach Seife mit Maiglöckchenduft. Mama hat die erste Laus gefunden. Ich möchte mich waschen.

[29] Unser Handwagen geht in Insterburg kaputt. Bärbel muß laufen. Zehn Kilometer geht ein Rad vom Kinderwagen ab. Ich kann ihn nicht mehr reparieren. Weit und breit kein Haus, um Quartier zu machen. Wir sehen von weit Rauch aufsteigen. Wir bekommen neuen Mut. Wir fahren den Wagen jetzt gemeinsam auf drei Rädern. Bärbel weint und ist sehr müde. Endlich sind wir am „rauchenden Haus". Die kleine Bruhn läuft uns entgegen. Hier liegen Deutsche. Russen sind auch. Nähern sich aber den deutschen Frauen selten. Wer weiß, wie es zur Nacht wird. Mama tauscht sich Erbsensuppe gegen Brot und wir essen. Mama findet auch ein Rad für den Kinderwagen, den ich gleich repariere und öle. Dann schlafen wir. Wir haben jetzt auch Läuse wie alle anderen. Eine Sehnsucht erfüllt uns und die ist Cranz. Da werden wir auch die Läuse loswerden.

[30] Am nächsten Morgen gehen wir allein weiter. Oft machen wir Rast. Ich bettle viel um Brot und der Pippi gaben die Soldaten auch stets Brot. Mama bekommt von einem r.[ussischen] Viehhüter eine gefallene Kuh und meine Kinder ein Kochgeschirr Milch. Wir schneiden uns Fleisch. Ein junger Mann mit einer jungen Frau kommt daher. Sie holen sich auch Fleisch. Und unter Reden nehmen sie uns mit bis nach [?].[5] Wir sind an diesem Tag 32 Kilometer gelaufen.

[31] Ich weiß noch immer kein Datum, aber es muß Mitte Juni sein. Wir haben gut geschlafen und bleiben hier in diesem Quartier 3 volle Tage. Es ist schön hier. Die junge Frau und ich packen unsere Kinder ein und fahren uns die Kuh holen. Wir bringen alles nach Hause, auch Milch. Nun haben wir Fleisch und kein Brot. Mama tauscht wieder. Brot ist überall knapp. Selbst der r.[ussische] Soldat hat wenig Brot.

Wir machen am vierten Tag weiter. In Quednau gibt man uns gutes Essen. Ich konnte es nicht glauben, daß es noch solche Wohnungen für Deutsche gibt.

---

[5] Die folgenden Worte sind unleserlich, anschließender Satz beginnt mit „gefahren". Der Rückweg erfolgte vermutlich teilweise mit dem Auto. D.H.

Aber die jungen und auch wirklich bildschönen Frauen und Mädchen mußten auch für die russischen Kommandeure herhalten. Wir gehen weiter bis nach Schuksten [= Schugsten]. Wieder Russenüberfall. Hier sind viele krank und wo Krankheit ist, sind auch viel Läuse. Wir verschenken gekochtes Fleisch und Sülze.

Am nächsten Morgen gehts weiter. Bis zum Weg. Hier halte ich einen Russen mit Wagen an und bitte ihn, uns mitzunehmen. Ich leide schon wieder an Ruhr. Der Russe nimmt uns mit bis zur Bahnstr.[ecke] Groß Raum. Der weiterfahrende Wagen nimmt uns dann bis Mollehnen mit. Wir sind durchgefroren und wollen uns etwas Kaffee wärmen. Wir bleiben aber länger bei Frau Riemann. Dort ist [es] sauber und wir schlafen gut. Wir finden Fett und Mostrich. Mama geht nach Cranz Fische einhandeln. Eines Tages sagt sie mir, als ich zurück kam: Ich soll nach Cranz, Erna B.[6] hat für mich eine Stelle in einem Hospital. Ich werde schon am nächsten Morgen nach Cranz gehen.

[32] Jetzt bin ich schon drei Tage in Cranz. Auf dem Wege von Mollehnen nach Cranz hatte ich noch ein Erlebnis: Nach Abschied von Mama und den Kindern mache ich mich auf die Socken. Es ist der 19. Juni. Bärbel hat heute Geburtstag. Ich bin ein Stück gegangen, holt mich ein Kinoauto ein. Es hält. Heraus steigt ein r.[ussischer] Soldat und winkt schneller zu kommen. Ich habe Angst. Ach was, mache ich mir Mut, fertig bist sowieso, was kann dir sonst noch blühen. Der Soldat fragt mich, ob ich nach Cranz will: Ja, zum Arbeiten. Bitte, wenn ich will, darf ich einsteigen und schon sitze ich zwischen zwei Soldaten. Ich habe erst recht Angst. Irgendwo werden die schon anhalten und mich vornehmen. Aber es geht weiter. Wir sind zwischen Laptau und Bledau. Sie rauchen und geben mir auch zu rauchen. Sie fahren weiter. Nun brauche ich nicht mehr Angst zu haben. Kurz vor der alten Försterei hält das Auto und der Soldat sagt, ich möchte aussteigen. Dann gibt er mir ein Brot, verabschiedet sich und ich gehe meines Weges.

[33] Ich arbeite nun im russischen Offiziershospital. Ich bekomme gutes Essen. Manchmal genug, manchmal zu wenig. Durch Tändeleien mit russischen Natschalniks bekommen wir Vergünstigungen. Wir sind gezwungen dazu, wollen wir unsere Kinder vor dem Hungertod bewahren.

[34] Mama hat uns wieder eine ganz nette Wohnung zusammengetragen. Es ist in diesem Sommer sehr heiß. Am 8. Juli habe ich Geburtstag. Ich bin arbeitslos geworden, denn das Hospital ist aufgelöst und so fängt der Hunger wieder an. Ich gehe in einem russischen Restaurant Kartoffel schälen. So bekomme ich

---

[6] Siehe Anm. 3.

etwas zum Essen. Oftmals auch Milch und Brot für die Kinder. Auch dieses Restaurant wird aufgelöst, fährt nach Königsberg und ich bin wieder arbeitslos. [?]. Mama handelt mit allem auf den Kolchosen.

[35] Wir müssen wieder unsere Wohnungen räumen, wie schon so oft. Das gehört so ganz zum Russen, ewig die Deutschen hin- und herzujagen, daß man nur immer in Angst und Sorgen bleibt.

[36] Wir kommen eines Morgens vom Lande zurück und finden unser Quartier völlig geplündert vor. Mein großer Gott im Himmel lebst du noch, daß du so etwas mit ansehen kannst. ... Herrgott im Himmel, wenn du uns noch hörst: ... halt ein. Ist es denn noch immer nicht genug?

Sie haben uns alles gestohlen: Betten, Stühle, Tische, alles was sie gebrauchen konnten. Nun sind wir fertig. Ich bin jetzt im 6. Schwangerschaftsmonat und mir ist alles schon so schwer. Wir werden in die Blumenstraße geschickt. Ich bin ruhrkrank. Peterle auch. Er ist so schwach, kann schlecht gehen. Mama ist gesund, fährt über Land, um uns zu ernähren. Wenn ich mit Peter sterben könnte, wäre sie erlöst und hätte es nicht so schwer.

[37] Nachts viele Überfälle. Wir müssen von unten nach oben ziehen. Mein Gott, bin ich krank. Ob ich sterbe?

[38] Viele Wochen sind vergangen. Wir sind im Oktober. Peter liegt an Typhus. Wir haben kein Licht zum Brennen. Nachts immer im Dunkeln mit dem Schwerkranken.

Peterle ist wie ein mageres Käferchen. Nur Haut und Knochen. Er läßt unter sich gehen. Mama opfert sich auf. Durch meinen Umstand bin ich unwillig und unerträglich. Wenn ich es nur bald überstanden hätte. Ich habe große Angst. Ich habe wochenlang an Typhus gelegen.

[39] Mama ist mit Bärbel unterwegs. Ich bekomme heftiges Ziehen im Leib. Wenn Mama doch nach Hause kommen würde. Es ist heute Donnerstag.

[40] Mama kam nicht nach Hause. Ich bin mit Peter allein. Die Schmerzen werden heftiger. Heute wird Mama kommen. Ich warte und warte. Peterchen hat Angst, weil ich stöhne. Kartoffelklöße habe ich noch gekocht, weil Mama die gern ißt.

[41] Mama ist gekommen, hat die Frau Moser [= Ehefrau des Cranzer Arztes Elimar Moser] geholt und nun ist vorläufig nichts zu tun als zu warten.

[42] Es ist alles vorüber. Nach langer Qual bin ich nun erlöst. Mama hat so tapfer mir beigestanden und hat mich entbunden. Meine gute Mama hat es so

sehr schwer. Ich liege im Wochenbett. Bärbel liegt am Typhus und Peterle ist auch noch so schwach. Vor allem muß sie weite Wege laufen, um für uns Essen zu holen.

[43] Wir essen Pilze. Mama bekommt Gries von Schneidermeister Hinz. Ach mein Gott, eine ewige Qual wegen des Essens. Wir haben nun noch das Kleine. Der r.[ussische] Kommandant kümmert sich nicht um die neugeborenen Russenkinder. Es ist unter uns Deutschen eine große Hungersnot. ... Oft geht Mama zu den Inselfischern nach Fischen.

[44] Seitdem ich entbunden bin, fühle ich mich stark und gesund. Bärbel und ich gehen nach Holz. Wir reißen eine Laube ab. Nun haben wir wieder für eine Weile Holz. Mama hat Wäsche gewaschen. Morgen ist Sonntag.

[45] Das Kleine ist so verhungert, daß es wohl in einigen Tagen sterben wird. Ich habe zu diesem Kind keine Liebe, nicht einmal Mitleid.

[46] Nun ist es tot. Mama hat es in eine Kiste eingenäht. Morgen holt es der Totengräber ab. Es war so aufgezehrt, daß es aussah wie eine verhungerte Katze. Wir hatten für das Kind nichts weiter zu essen als Wasserschleim vom groben Mehl. Nicht ein Gramm Zucker.

[47] Es ist Dezember und nicht so kalt. Es wird Weihnachten werden. Für uns gibt es hier kein Weihnachten. Nichts zu essen, kein Licht, keine Streichhölzer, keine Uhr, keine Wasserleitung. Von weit müssen wir uns unser tägliches Wasser herschleppen.

[48] Sehr traurige Weihnachten. Kein Brot. Wo mag Elschen heute sein? Wir denken an frühere Zeiten und können es nicht glauben, daß wir in unserer Heimat leben und es uns so elend ergeht.

[49] Wir sind über Land gewesen. Haben in Korben Lessaus kennengelernt. Die alte Frau mit ihrem Sohn. Die haben noch zu essen. Er ist bei den Russen gut angesehen. Sie geben gut. Die alte Frau hat ein mitleidiges Herz. Ja, wenn wir in Korben wohnen könnten. Es würde für uns in allem besser werden.

[50] Mama ist nie krank. Doch hart und sehr reizbar geworden durch diese Zeit. Sie darf nie sehen, daß ich schreibe oder gar lese. Sie tut alles für uns, doch muß ich auch gehorchen wie ein kleines Schulmädel und darf keinen eigenen Willen haben. Ich begleite sie jetzt immer auf ihren Wegen über Land. Es sind oft 30 Kilometer, die wir mit schwerbepacktem Handwagen gehen. Oftmals bin ich auch schon allein gegangen. Einmal mit Bärbel. Es war sehr kalt und Bärbel hat sehr geweint.

[1946]

[1] Wir schreiben schon Jahr 46. Für Tag und Stunde haben wir keinen Sinn. Wir haben keinen Kalender. Wir leben ... nach Sonne und dem Hahnenschrei... Nur bei uns gibt es kein Hühnervolk. Der Deutsche hat hier überhaupt kein Recht. Er hat ausschließlich zu arbeiten und kann er dieses nicht mehr, dann soll er sterben. Oft denke ich darüber nach, wen soll ich hassen, die Russen oder unsere Regierung, die den Krieg vom Zaun brach?

[2] Wir sind endlich zu Hause. Mein Gott, daß du uns noch einmal nach Hause zu meinen Kindern geführt hast. Ein entsetzlicher Schneesturm setzte ein. Wir konnten nicht [die] Hand vor Augen sehen. In Laptau haben wir den Wagen mit einem Schlitten vertauscht. Mamas Schuh brach entzwei. Gestern meiner. Ich bin 5 Kilometer auf Strümpfen gelaufen. Meine Füße brannten wie Feuer. Endlich bei Bledau teilten sich die Wolken. Da habe ich erfahren, was ein Mensch auszuhalten vermag, wenn es um sein Leben geht. Wir haben mit dem Unwetter gekämpft wie Verzweifelte und nun haben wir alles überstanden. Unterwegs verloren wir den Sack mit Mehl. Wir mußten noch einmal zurück und fanden ihn auch.

[3] So pendeln wir zwischen Mollehnen, Korben, Laptau und Cranz. Ich bin wieder zurück. Mit Kartoffeln, etwas Brot, etwas Mehl, etwas Grütze. Unterwegs wurde ich von Soldaten angehalten. Ich habe Angst, daß sie mir die Kartoffel wegnehmen oder mich mitschleppen. Sie lassen mich aber wieder ziehen. Es war kurz vor Cranz. An der Ziegelei. Mama kam mir entgegen. Ich hatte etwas Gebackenes. Auch Korn. Mama war so gut zu mir. Meine Mama hatte sogar für mich Tabak besorgt.

[4] Wir haben Kopfläuse. [?] Die Kleiderläuse hatte Peter eingeschleppt... Nun haben wir die Plag [?]. Wer weiß, wie lange. Es gibt ja so wenig Bereinigungsmittel.

[5] Es wird jetzt wärmer. Wir brauchen nicht mehr so viel Licht zu brennen. Wir haben eine Ölfunzel, die räuchert, daß wir am nächsten Tag schwarze verklebte Gesichter haben. Seife gibt es nicht. Wir waschen für eine Russenfrau, da fällt manchmal ein Stück Seife ab.

[6] Es ist Ende März. Durch Zufall verschneit sich ein russischer Sergeant in unser Haus: Er spricht ein gutes fehlerfreies Deutsch. Er will tauschen und kaufen, Bestecke, Kristall usw. Er ist aber Kaufmann, nein, er ist ein Halsabschneider. So bringt er uns r.[ussische] Offiziersfrauen ins Haus. Sie sind alle gut zu uns. Bezahlen aber nicht immer gut.

[7] Durch die r.[ussische] Frau Ira komme ich zur r.[ussischen] Frau Vera. Sie ist herzensgut. Gibt mir 4 Pfund weißes Mehl; denn im April ist Ostern. Wir haben durch den Handel mit dem r.[ussischen] Sergeanten, der nach Rußland fuhr und seinen Kameraden zu uns brachte, viel Mehl verdient. Mama konnte für mich ein Kleid besorgen und zum 1. Mai will sie eine Decke auf dem Tisch besorgen. Der r.[ussische] Sergeant ist stets anständig uns gegenüber. Spricht sehr gut deutsch und wird mich in keiner Weise belästigen. Es ist einer unter Hunderttausenden. Wir haben schon andere traurigere Erfahrungen mit russ.[ischen] Offizieren und Soldaten machen müssen.

[8] Ein spaßiges Erlebnis für mich mit dem russ.[ischen] Sergeanten. Oft mußte ich ihm erzählen von unseren Filmen und Theatern. Dann erzählte er mir einen russischen Film. Es war ein Trauerstück. In seinem Deutsch hörte sich das aber oft so komisch an, daß ich oft zum Lachen gereizt wurde. Da es nun aber etwas Trauriges war, konnte ich um Gottes Willen doch nicht lachen. Unter anderem sagte er: „Da sitzt das Frau auf das Bank und weint und weint“. Ich war glücklich, als der Trauerfilm abgelaufen war.

[9] Zum ersten Mai schenkte er Mama Hirse und mir Zigaretten. Er selber rauchte nicht. Am 19. Mai kam er sich verabschieden; denn er zog nach Rußland und wurde somit aus dem Militärdienst entlassen. Er schenkte den Kindern Bonbons und uns Heringe.

[10] Es scheint so, als ob das Glück uns verlassen will, seit der russ.[ische] Sergeant fort ist. Wir haben keinen Tabak mehr einzutauschen.

[11] Ende Mai 46. Wir haben jetzt russ.[ische] Zivilverwaltung. Ich werde zur Arbeit geholt. Saubermachen. Das frühere Altersheim. Dann werde ich zur Nachtwache eingeteilt. Ich habe keine anstrengende Arbeit, doch sind es 16 Stunden durchgehend, die man da durchsitzen muß. Ich nähe in der Zeit auch manchmal für uns. Doch es geht nicht immer. Ich bekomme 130 Rubel und für mich und die Kinder [Lebensmittel]Karten.

[12] Mama geht über Land und ich gehe zum Nachtdienst. Wir bekommen jetzt auf Karten Schmalz, Graupen, Zucker, Fleischknochen und Brotmehl. Wie lange? Wir sind mißtrauisch geworden. Und Brotnot haben wir noch immer.

[13] Ich bin vom Nachtdienst entlassen. Ich sprach nicht genügend russisch. Nun gehe ich aufs Feld. Wir mähen mit Sensen. Es fällt uns allen sehr schwer. Die Sonne brennt unbarmherzig auf unsere ausgemergelten Körper. Ich bin auf dem Rücken dunkelrot.

[14] Seit Wochen schon habe ich ein zerschlagenes Schienbein. Es schmerzt sehr. Doch ich habe nur einen Tag ausgesetzt. So lange es geht, muß man raus.

Rubel bekommen wir wenig. Die russ.[ischen] Natschalniks verbrauchen alles für sich selbst. Zu Schnaps usw.

[15] Es wird immer schlechter mit der Bezahlung. Wir brauchen einen russ.[ischen] Paß[7], sonst gibt es am nächsten Ersten keine Karten mehr. Er kostet 30 Rubel.

[16] Alle sind unzufrieden und wollen kündigen. Wir gehen jetzt in den Wald Bäume fällen. Bis Kl. Thüringen. Nun haben wir Gelegenheit, für uns Holz zu besorgen, denn für uns Deutsche ist es verboten, in die Wälder zu gehen oder uns aus den zerschlagenen Häusern Holz zu holen. Wir müssen aber für uns kochen und uns und die Kinder bereinigen. Warum leben wir noch? Wann wird es nach Deutschland gehen? Oder sollen wir wirklich, wie schon so unendlich viele hier, elendig umkommen?

[17] Sie streikten und sind dann kurzfristig entlassen worden. Es ist alles aus, denn ich bin ja mit darunter. Wenn ich zur Kurverwaltung gehen muß, dann ist alles aus. Dort kennt mich niemand und das Arbeiten ist dort so schwer, daß man es nicht lange aushält.

[18] Ich bin nun doch bei der Kurverwaltung [?] angenommen. Ich habe keinen russ.[ischen] Paß und bekomme keine [Lebensmittel]Karte. Mama fährt unermüdlich über Land. Am Sonntag fahre ich mit. Es ist eine Qual für mich, dauernd Lessaus anzulügen wegen Brot. Die alte Frau ist immer mitleidig, doch er will uns nicht mehr helfen. Er weiß ja auch nicht, wie es ist, wenn man Brothunger hat und die Kinder nach Brot verlangen.

[19] Ich habe es sehr schwer bei der Kurverwaltung. Die Promenadenbalken fortschaffen zum Bauplatz. Das frühere Karstadthaus wird zum Hotel umgebaut. Der gute Parkettboden wird rausgerissen und dafür kommt ein Zementboden rein. Am Abend bin ich so müde, daß ich fast zusammenbreche.

[20] ... Vor Haß und Wut ist mir rot vor den Augen. Es ist zu schwer, die Verpflegung und Kleidung zu schlecht und notdürftig. Sie beschimpfen uns auf Russisch in der gemeinsten Weise, weil sie glauben, wir verstehen sie nicht. Wir haben es uns verbeten; denn wir tun unsere Arbeit... Der Russe... arbeitet am liebsten nachts und kommandiert nur zu gern deutsche Frauen, kritisiert und sagt in einem fort: „Puh, deutsch Kultur schlecht, russisch Frau besser arbeiten. So, so, tak, tak. Hm, hm" – eine halbe Stunde lang. Aber nicht 10 Stunden an

---

[7] Im Sommer 1946 lösten Pässe die zuvor geltenden Registrierkarten für Deutsche ab. Paß und Arbeit waren Voraussetzung für den Erwerb von Brotkarten, später Lebensmittelkarten; eine Garantie für den Erwerb von Lebensmitteln war damit jedoch nicht verbunden. D.H.

einem Tag. Wir meutern und sagen mit seinen Worten zurück: „Bitte, bitte, russisch Frau besser arbeiten." Sie holen uns zurück und drei Tage ist Ruhe.

[21] Im November bekomme ich 250 Rubel, das sind im Verhältnis zum deutschen Geld 14 Mark. Ein Brot auf Schwarzpreis, denn auf Karten wirst du bei der Arbeit nicht satt, kostet 100 Rubel. Also rechne man sich aus, es ist ein Hungerlohn. Wenn man nicht noch etwas zum Vertauschen hat, gehst vor die Hunde.

[22] Erste Post[8] von Elschen. Es ist nicht zu glauben, daß Else lebt. Alles läßt sich auf einmal leichter ertragen. Wir spielen mit dem Gedanken, wann wir entlassen werden sollten nach Deutschland. Wann wird das sein? Else würde uns von den Läusen saubermachen. Sie wird uns bestimmt sattmachen. Wie gut, daß sie noch lebt.

[23] Ich muß jetzt nach Bledau arbeiten gehen. Das große Bledauer Batokkischloß[9] wird als russ.[isches] Sanatorium umgebaut. Ich arbeite als Maurerhandlanger und es geht alles von unseren paar Kräften ab; denn das Sand- und Wasserschleppen 2 – 3 Treppen hoch geht in die Arme. Am Abend sind es dann 3 Kilometer bis nach Hause.

[24] Nun arbeite ich als Maurer. Meine Hände sind vom Kalk zerfressen und die Daumen eitern. Ich bin hundemüde. Mama muß eines nach dem anderen versetzen. Wie gut, daß ich noch meine Mama habe. Abends finde ich immer mein Essen.

[25] So geht es nun wochenlang. Wir waren oft unterwegs. Wir haben nichts mehr zum Versetzen und die Hungersnot wird immer größer. Ich esse am Morgen 1 – 2 Teller Kartoffelschlunz [= Kartoffelbrei], dann bis 6 Uhr abends nichts. Meine Glieder hängen in den Lumpen. Wir haben Läuse.

[26] Mama hat das Bett versetzt. So geht eines nach dem anderen. Ich sehe unser offenes Grab schon.

[27] Ich habe erbärmlichen Hunger, daß ich vor Schwäche vom Gerüst stürze. Mir wurde schwindlig.

---

8 Erste Postsendungen wurden in Königsberg im Mai/Juli 1946, in Cranz wohl erst im November ausgeliefert. Geregelte Postverbindungen existierten auch danach nicht: Postsperren, Postvernichtung, -auslieferung wechselten einander ab. Siehe Deichelmann, Königsberg, S. 248, 261, 285; Hugo Linck, Königsberg 1945-1948, Leer (Ostfr.) 1952, S. 98-103. D.H.

9 Bledau gehörte den Batocki seit 1821. Hier wurde 1868 Adolf Tortilowicz v. Batocki-Friebe geboren, Oberpräsident von Ostpreußen 1914-1916, 1918-1919, sein Nachfolger war August Winnig, Oberpräsident v. Ostpreußen 1919-1920 (vgl. S. 16, 62). Das Gutshaus steht noch heute und wird als Kinderheim genutzt. D.H.

[28] Ich bleibe zwei Tage zu Hause. Mama geht mich vertreten. Wenn sie am Abend nach Hause kommt, habe ich etwas gekocht. Doch wir gehen alle sehr hungrig schlafen. Holz ist auch immer sehr wenig. Wir können nicht mehr weinen. Ich möchte mein Herzblut, mein Augenlicht, alles hergeben, könnte ich für uns Essen besorgen.

[29] Was soll ich machen. Was werden wir essen. Wo kann ich was stehlen? Ja, ich möchte stehlen und koste es mein Leben. Ich will essen und für die Kinder Brot haben.

[30] Es ist Weihnachten gewesen. Wir haben nicht viel davon gemerkt. Mama war über Land. Hat Brot und Sauerkraut gebracht. Wir waren glücklich, daß wir es hatten. Ein Weihnachtsstollen könnte nicht besser schmecken.

[1947]

[1] Es ist furchtbar kalt. Wenig Heizung. An den Füßen keine Schuhe. Ich trage Soldatenkleidung. Die Russen hassen mich in dieser Kluft wie einen Schakal.

[2] Wir haben alle vier Hunger wie reißende Wölfe. Wenn man Holz anfressen könnte. Kartoffelschalen, Kartoffelschalen.

[3] Mama und ich gehen in den Wald nach Holz. In dieser Kälte ist niemand draußen. Wir begegnen Jungs mit Pferdefleisch. Wir holen uns am nächsten Morgen auch.

[4] Jetzt haben wir Fleisch, viel Fleisch. Mama ißt es roh, obwohl ich sie warne. Sie sagt, ich gönne es ihr nicht. Der Hunger hat sie unterhöhlt. Der Hunger macht stumpfsinnig und unempfindlich. Man vergißt, daß man Mutter ist. Es gibt nichts Schlimmeres als Hunger. Und wer einen verhungernden Menschen hat sterben sehen, wird es sein Lebtag nicht vergessen!

[5] Wir verkaufen Fleisch und machen uns dadurch ein paar Rubel, um uns Brot zu kaufen. Durch Zufall gelingt es mir, 250 Rubel zu stehlen. Wir haben kein Gewissen und andere auch nicht. Die Menschen sind schwarz vor Hunger und fallen auf der Straße tot um wie die Spatzen von den Bäumen in diesem harten Winter.

[6] Mama wird immer dünner. Sie kann sich in ihrem Rock nun schon dreimal einwickeln. Sie ist nur Haut und Knochen. Heute habe ich ihre Augen gesehen. Augen, in denen der Tod steht. Mein Gott, mein Gott, laß mich nicht allein. Mein Herz, mein Augenlicht, meine Kinder nimm, nur nicht meine Mutter!

[7] Ich habe ein bißchen Arbeit bei der Russin. Ich werde versuchen zu stehlen, um für Mama und die Kinder Brot zu kaufen; denn sie gibt mir fast nichts zu essen, und was ich bekomme, nehme ich nach Hause. Ich rauche und rauche.

[8] Heute haben wir nach unendlich langen Wochen zu essen. Ich habe gestohlen. 100 Rubel. Brot und Mehl gekauft. Mama hat das Brot gegessen, als ob es der feinste Kuchen wär. Am Abend haben wir gebetet. Eine Russin gab mir für Holz Kascha [= Grütze] und Rinderknochen. Wie waren wir satt.

[9] Es hat alles einmal ein Ende. Auch Grütze mit Rinderknochen, wenn nichts dazu kommt. Ich gehe nach Holz. Die Axt ist jetzt unser Ernährer. Ich verdiene wenig und wir hungern, hungern. Ich stehle, wo ich kann, und wer macht es nicht. Diese Blätter darf keiner finden, und wenn ich erst tot bin, dann sollen sie alle lesen. Ich wünschte, sie kämen nach Deutschland in Elschens Hände. Die ganze Welt müßte erfahren von diesem „r.[ussischen] Paradies". Von der Hungerhölle von Cranz.

[10] Mama wird immer elender und schwächer. Sie kann jetzt gar nicht mehr auf. Man hat mich heute getroffen beim Holzstehlen und mir die Axt fortgenommen. Mein Herrgott im Himmel, so Du kannst dieses ansehen.

[11] Ich stehle weiter. Nur reicht alles nicht hin noch her. Wir sind zu ausgehungert.

[12] Ich gehe betteln für Mama und für uns. Bald wird Ostern sein. Mama wird sterben. Sie glaubt es selbst nicht. Doch ich sehe es ihr an. Die Läuse nehmen überhand. Der Hunger hat uns zu Unmenschen werden lassen. Wir haben kein Gefühl für Sauberkeit noch Ordnung. Ich könnte Morde begehen um ein Brot.

[13] Heute war ich wieder betteln. Ein bißchen Zucker, ein bißchen Tee, ein bißchen Brot, Kartoffelschalen. Wenn ich doch Holz zu Mehl machen könnte.

[14] Ich habe Wäsche übernommen für eine Russin, kann sie nicht trocknen, weil es immer regnet.

[15] Gott sei Dank, die Wäsche ist fort. Ich habe sie naß fortgebracht.

[16] Ich habe Hunger, Hunger. Ich fühle nichts, ich höre nichts, ich weiß nur, daß ich Hunger habe – Brot.

[17] Wir haben nun auch nur wenig Kartoffelschalen.

[18] Meine Mama hat nichts gegessen, weil wir nur Kartoffelschalen essen. Sie hat nun schon drei Tage nichts über ihre Lippen bekommen. Sie sagte, daß sie morgen tot sein würde. Dann bin ich allein. Dann ist ein Esser weniger. Aber Mama war ja kein Esser mehr. Mein Gott, mein Gott, laß mich dann auch ster-

ben. Wenn Hunger nicht weh tun würde. Es tut jetzt nicht mehr so weh als am Anfang. Wir essen jetzt nur einmal, das ist am Abend. Und dann ist es nur Schalen oder verf.[aulter] Abfall. Wir haben schon Sägespäne gekocht. Es ist kalt, obwohl schon April ist. Die Läuse sind furchtbar. Ich habe nebenbei die Dielen der Kammern aufgerissen, um Holz zu haben. Viel Lärm mit Jonas. Die haben Arbeit, Brot und Mehl und keine Kinder. Wenn Mama stirbt, dann weiß ich nicht weiter. Ich werde zum Verbrecher werden, bis sie mich im Bunker tot prügeln.

[19] Ich möchte Else schreiben. Aber ich habe keinen Rubel, um Briefmarken zu kaufen. Und wozu auch, sie könnte uns doch nicht helfen. Und wenn ich ihr einen Tag vor meinem Tode schrieb, es hilft uns doch nichts. Und ihr machts ein schweres Herz. Soll sie uns beweinen. In einem anderen Leben sehen wir uns wieder.

[20] Mama ist tot. Ich habe viele Tage nicht geschrieben, weil so viel zu erledigen war. Ich habe Mama begraben, verscharrt wie einen Hund. Das Loch war nicht tief genug. Mama, Mama, warum starbst du. Nun bin ich mit beiden Kleinen allein. Nie im Leben, und werde ich hundert Jahre alt, werde ich diesen Tag vergessen, an dem du mich allein ließest. Du bist erlöst. Du hattest die Augen groß auf. Dein Sterben war so schwer. Du wolltest mich gewiß nicht allein lassen. Ich hätte Kinder und alles, was mir teuer war, für dich opfern können. Mama, hol uns bald.

[21] Die Qual geht weiter. Kein Essen, kein Brot. Ich mache weiter Holz klein. Viel Zivilrussen ziehen in Cranz ein. Wenn welche in unser Haus ziehen, ist es aus mit Holz kleinmachen; denn Holzholen ist verboten.

[22] Zivilrussen sind in unserem Haus. Man hat mir gleich das Holz fortgenommen. Ich versuche zu stehlen, werde geschnappt. Bekomme sehr viel Prügel im Bunker und muß mich mit den Kindern vor der Polizei verstecken.

[23] Wir wohnen jetzt in Montuas Haus am Walde. Wir sägen und hacken hier Holz. Es ist für unsere Kräfte zu schwer. Doch was soll ich machen? Die Gier nach Essen ist in uns.

[24] Es muß August sein, denn wir gehen mit Frau Hinz nach den Weißen Bergen nach Kratzelbeeren [= Brombeeren]. Wir finden große und ordentlich dicke. Wir sind barfuß.

[25] Bärbel hatte am Sonntag Glück. Sie bekam von zwei russ.[ischen] Frauen viel Fisch, auch Brot. Wir haben uns sattgegessen.

[26] Man beschuldigt mich, Gemüse gestohlen zu haben. Aber es ist nicht wahr. Ich muß hier fort, sonst schlagen sie uns tot. Ich habe wahrhaftig nicht gestohlen.

[27] Viele Tage habe ich nicht geschrieben. Ich habe für Zeit und Tag keine Berechnung mehr. Wir sind nun in Cranz und ich gehe auch nie wieder nach Sarkau; denn lange geht es mit mir doch nicht mehr. Ich gehe betteln mit Bärbel zu den Russen, denn die Deutschen geben uns nichts. Viele haben noch, überhaupt die Fischer.[10] Die Weiber haben dicke Hintern bekommen und meine Mama mußte elend umkommen und sie war so tapfer und fleißig. Aber wer eine große Schnauze hat, wird immer wieder der Erste sein. Es kommt heute hier gar nicht mehr darauf an, ob er was kann und fleißig ist. Wer gut brüllen kann, sich mit den Russen gut stellen, der hats geschafft. Oh, du erbärmliches Deutschentier! Mir kommt das Wasser in die Augen, weil ich verfluche, daß ich ein Deutscher bin. Da fällt mir noch etwas ein aus Sarkau, was ich hier aufschreiben will.

Morgens um 3 Uhr kommen die Fischer vom Haff mit ihrem Fang an Land. Es sind 20 – 25 Kähne. Jeder Kahn hat seinen russ.[ischen] Brigadier, der auch die Verteilung der Fische vornimmt. Davon bekommen alle deutschen Fischer mit dem russ.[ischen] Brigadier auf gleiche Teile. Es sind große Edelfische darunter bis zum kleinsten Weißfisch. Die ganz kleinen werfen die Fischer zurück ins Wasser und wir Armen und die Kinder holen sich die Fische wieder. Ich darf nicht zum Strand herunter, sonst schnappt mich der Granitzer (russ. Zoll) und ich wandere ins Loch, weil ich keinen russ.[ischen] Paß habe. (Zweimal habe ich drin gesessen, einmal Prügel bekommen). Ich muß mich vorsehen. Wir haben aber an diesem Morgen nichts zu essen. Ich gehe runter ans Haff. Dort sehe ich den russ.[ischen] Brigadier. (Er ist der Mann von der r. Frau, die uns oft satt machte). Er erkennt mich und ich bitte in russischer Sprache um Fische. Er gibt mir 6 gute Edelfische. Groß und sehr fleischig. Darauf fordert er die 4 deutschen Fischer auf, mir auch von ihrem reichen Fang drei kleine Fische zu geben. Wie sie mich ansahen mit ihren kalten Fischaugen, diese Menschen, von denen man sagen konnte, sie hätten genug zum sattessen. Sie brieten sich ihre Fische in Butter und bucken sich Kuchen. Es gab mir von diesen Fischern nicht einer einen kleinen Fisch. Selbst der Russe schüttelte darüber den Kopf und ging dann vor sich hinsprechend nach Hause. Ich werde diesen Russen auch nicht vergessen, er hat die Deutschen beschämt. ...

---

[10] Vgl. Hannelore Müller, S. 156-161. D.H.

Ja, die Fischer in Sarkau leben einen guten, herrlichen Tag. Die Weiber werden immer dicker und vergessen in ihrem dummen Hochmut, wie sie uns früher die Fische mit viel Anpreisen und Getue ins Haus schleppten. Jetzt buckeln sie vor den Russen und können sich nicht genug tun mit „Herr Brigadeur hier und da". Doch eines Tages wird diese Herrlichkeit auch ein Ende haben, auch wenn ich es nicht erleben sollte.

[28] Heute bin ich auf eine neue Tour gekommen. Wir gehen Rubel betteln. Wenn jedes zweite Haus uns einen Rubel gibt, haben wir bald 15 – 20 Rubel zusammen. Dann kaufen wir uns Brot und Mehl.

[29] Weil wir Glück hatten, gehen wir heute wieder. Wir hatten 17 Rubel. Zwei Glas Mehl kosten jetzt nur 5 Rubel und ein Brot 30 Rubel. Außerdem bekamen wir Kartoffel, auch Brotreste.

[30] Wir hatten heute fünfzehn Rubel. Wir wohnen jetzt bei Frau Funk.

[31] Ich war sehr krank. Einige Tage lebten wir bei Frau R.[11] Sie ist unerträglich. Dort liefen die Ratten über uns weg. Wir schliefen auf der Erde und haben wieder viele Läuse.

[32] Wir leben nun nur vom Betteln. Verschiedene Russen kennen uns schon und geben uns jeden Tag etwas. Andere weisen uns wie räudige Hunde ab. Wenn wir viel Gurken zusammenhaben, verkaufe ich sie auf dem schwarzen Markt und dafür kaufen wir uns Brot oder Mehl.

[33] Ich habe drei Arbeitsstellen nun. [Für] 2 muß ich Wasser schleppen und [für] eine muß ich Holz holen und saubermachen. Auf dieser Stelle bekomme ich manchmal viel, oftmals sehr wenig. Hier stehle ich mir oftmals Kartoffel.

[34] Heute haben wir Glück gehabt und wir haben Brot, Grütze, Kartoffel, was wollen wir mehr. Ich war Waschen und ich habe gut verdient.

[35] Gestern war Sonntag, heute ist Montag. Ich bin auf derselben Stelle Waschen gewesen. Nun habe ich viel Kartoffel zusammen. Bei einem Polizeioberst war ich saubermachen. Diese vornehme Familie hatte sich ja ein Zimmer als Hühnerstall eingerichtet und dieses Zimmer mußte ich saubermachen. Es ist ja so egal, wo ich arbeite, und Hühnerdreck ist nicht das Ekelste.

[36] Kartoffel habe ich verkauft und ich hatte 30 Rubel zusammen. Zum ersten Mal nach 3 Jahren habe ich Milch gekauft.

---

[11] Siehe Anm. 3.

[37] Peterchen ist in der alten Wohnung in der Blumenstraße und ist so verhungert. Er wird auch sterben, dann ich, und dann wird Bärbel allein sein und wird dann wohl auch irgendwo in einer Ecke verkommen, umkommen. Wir haben Läuse, Läuse.

[38] Man hat mich heute wieder ertappt beim Holzholen. Bald wäre es wieder in den Keller gegangen. Bärbel hat mich losgebettelt.

[39] Peter verkommt mehr und mehr. Mit Bärbel und mir ist es nicht besser. Sind wir noch Menschen? Das erleben wir wirklich alles in Cranz? Sind wir nicht irgendwo in Rußland? In einem verkommensten Winkel der Erde?

[40] Man hat mich in den Bunker verschleppt, weil ich Holz stahl. Meine Erklärungen halfen mir nichts. Sie schlugen auf meinen ausgemergelten Körper wie auf kalt[es] Eisen. Das Blut war mir bis in die Kniekehlen gerannt. Im Kriechen bin ich nach Hause. Ich wußte nicht, lebe ich noch oder bin ich schon tot? Die Kinder hatten Essen von Frau Funk bekommen. Mama willst du uns denn nicht holen?

[41] Ich flüchte jetzt ganz in das Haus am Walde. Peter nehme ich mit. Es ist ein Dreck und Unrat. Morgen werde ich saubermachen. Werde ich dazu kommen? Oh, diese Läuse!

[42] Peter hat Hunger, immer Hunger. Ich weiß nicht mehr aus noch ein. Morgen gehe ich nach Sarkau Fischabfall holen.

[43] Von Sarkau zurück. Mit Fischköpfen und anderem Abfall, Gott sei Dank. Viele waren gut, andere gehässig. Wir haben uns sattgegessen. Wenn ich es schaffe, gehe ich jetzt oft nach Sarkau. Viele sterben und sind elend. Wann sind wir dran?

[44] Die Teller muß ich waschen. Ich weiß nicht, wie viele Wochen sie nicht gewaschen sind. Ich bin nur müde, müde. Oft weine ich am Morgen, daß ich noch lebe. Sonst weinen wir nicht. Nur Angst habe ich, daß sie mich wieder beim Holzhacken antreffen.

[45] Ich bin mit Bärbel in Sarkau gewesen. Sehr wenig bekommen. Eine Deutsche gab uns dicke Grütze und guten Fisch. Peterchen konnte ich wieder einmal zu essen geben, aber ich glaube nicht, daß er satt wurde.

[46] Mein Peter ist tot. In Säcke habe ich ihn gewickelt und in eine kalte Ecke gelegt, bis ich ihn begraben kann. Ich schleppe diese Blätter immer mit mir rum. Weil ich wünsche, daß sie nach meinem Tod nach Deutschland gelangen und den Bolschewismus anklagen und überhaupt alle kriegsgierigen Länder oder besser gesagt die „Geschichtemacher“.

[47] Nun habe ich meinen Jungen verscharrt. Ich kann nicht schreiben: begraben, denn kein Deutscher gab mir einen Spaten, damit ich für Peter ein Grab schaufle. Je größer die Not, desto größer wird der Haß unter den Deutschen. Ich habe den Glauben an uns Deutsche verloren. Der Deutsche muß in der Not immer den größten Feind unter sich selbst suchen.

Mit meinen Händen habe ich für Peter ein Loch gescharrt. Ich werde ihn morgen, wenn ich wieder Kraft habe, mit Steinen bedecken.

[48] Bin ich Mutter, habe ich noch Gefühl? Warum wirft es mich nicht um, daß ich meinen Jungen nicht mehr fand? Ich wollte ihn bedecken und da fand ich Grausiges vor, was ich mein Lebtag nie vergessen werde. Es schrie in mir nach Rache, vor meinen Augen wurde es Rot und glaubte irr zu sein oder zu träumen. Mein Kind war von Ratten oder den wildernden Hunden fortgeschleppt worden. Gibt es einen Gott im Himmel? Was habe ich denn in meinem doch noch gar nicht so langen Leben Sündiges begangen, daß ich so gestraft werde? Trotz allem wünsche ich mir jetzt das Weiterleben. Ich möchte erleben, daß ich nach Deutschland komme und mich eines Tages, sollten fünfzig Jahre vergehen, rächen könnte. An allen, an denen, die den Krieg machten und an denen, die kein Herz mit Kindern haben. Die ihre Hunde besser füttern, die das Brot in den Abort werfen, ehe sie es einem bettelnden deutschen Kinde in die Hand drükken. Alles, was ich fühle, ist Haß und Rache. Die Blätter trage ich stets bei mir im Mantel, wenn sie doch nach Deutschland gelangen würden. Ich will leben. –

Wenn jemals eine richtige Mutter, die ihr Kind liebt, wie man nur sein Kind lieben kann, diese Zeilen liest, wird sie glauben, daß dieses alles Wahrheit ist, mein eigenes Erlebnis, daß es nicht etwa eine Erfindung ist eines schon krankhaften Gehirnes? Eine schauerliche Erzählung eines vom Hunger unterhöhlten Menschen? Oder wird sie gar darauf kommen, es wäre eine Lügenhetze über die Behandlung Internierter in Ostpreußen?

So ihr es nicht glaubt, die einmal diese Blätter lest, fragt nur herum, es sind schon viele nach Deutschland geflüchtet, die Gelegenheit hatten, sie werden euch erzählen von unserer Qual, von unserem ...Zug mit Mutter und Kind in die Zivilgefangenschaft.

[49] Es geht herum, daß wir nach Deutschland kommen. D.h. diejenigen, die Geld haben. Wir haben keines. Jedoch wir trösten uns schon mit dem Gedanken, daß wir dann erben von denen, die losmachen. Wir leben ja doch nicht mehr lange.

[50] Ich gehe viel nach Sarkau. Dort bekomme ich Fische. Bärbel geht bei den Russen betteln. Einmal mit Erfolg, ein anderes Mal wird sie fortgejagt.

[51] Wir haben von Frau Schuster Buchholz noch gute Sachen bekommen zum Anziehen. Wir haben jetzt dadurch nicht so viele Kleiderläuse. Ja, wenn ich jetzt ein richtiges Quartier hätte, würde noch manches besser werden. So muß ich zurück nach Sarkau. Dann wollen wir weitersehen. Einige von den Sachen muß ich vertauschen, damit wir was zu essen haben.

[52] Wir sind in Sarkau und wohnen bei einer alten Fischerfrau mit Pflegekind. Sie hat eine Tochter. Manchmal habe ich Furcht vor dem Blick der Jungen. Als ob sie Menschen umbringen könnte. Sie sehen in mir einen, den sie nach Strich und Faden ausnutzen wollen. Ich muß nun froh sein, daß ich ein Unterkommen habe für mich und das Kind.

[53] Die Hölle wird immer schlimmer, die Qualen immer größer. Ich habe keine Gelegenheit, mir den Kopf sauberzumachen. Ich habe mich geschoren. Das bißchen, was wir zum Anziehen brauchten, haben sie mir gestohlen.

[54] Wir gehen nach Beeren in den Wald und vertauschen sie bei den Russen gegen Fisch und Brot usw. Viele geben gut, die anderen wenig. Ich bin bis zum Knie sehr geschwollen, ebenso mein Gesicht. Ich bin unkenntlich. Doch ich ergebe mich nicht. Was soll dann aus Bärbel werden?

[55] Heute hatten uns russ.[ische] Jungens überfallen. Sie schlugen uns mit Ruten und warfen nach uns mit Steinen. Ich kann hier auch nicht bleiben. Ich muß zurück nach Cranz.

[56] Heute hatten wir Glück. Eine russ.[ische] Frau hatte großes Mitleid. Sie machte uns satt. Gab Brot, Fische, Geld und Seife, daß wir uns reinmachen konnten. Wir gingen heute nicht nach Beeren.

[57] Wir haben keine Schuhe an den Füßen. Keine Unterwäsche. So gehen wir in den Wald nach Beeren. Sehr tief hinein in den Wald. Bärbel ist sehr fleißig.

[58] Wir haben hohe geschwollene Leiber. Das kommt vom vielen Trinken, denn die Russen geben uns meist Salzfische und wir sind hungrig und essen die so und dann der große Durst. Wir trinken das Wasser vom Waldwege, das von gestern vom starken Regen noch da stand. Wir sind nicht krank geworden. Ruhr haben wir schon monatelang. Spindeldürr sind die Beine und die Leiber so hoch.

[59] Immer wenn ich schreibe, fragen beide Hexen, warum ich das tue. Wenn ich eines Tages im Walde liegen bleiben werde, fressen es doch die Würmer, meinen sie. Aber einer wird schon weiterleben. Bärbel wird sie dann nach Cranz bringen. Jemand wird sie dann an Else schicken. Einer der Geld hat zu einer Briefmarke.

[60] Von Elschen heute viel Post. Ich kann ja nicht schreiben, daß heißt, ich habe kein Geld zur Briefmarke. Ade, Elschen, lebe wohl.

[61] Wir haben uns beide etwas erholt. Die alte r.[ussische] Frau, die eine Deutsche ist, ist mit uns beiden sehr gut. Solange es nicht kalt wird, habe ich nicht Angst, aber den Winter hindurch halten wir nicht durch.

[62] Eine russ.[ische] Majorscha erzählte uns, daß wir im nächsten Monat nach Deutschland entlassen werden. Auch diejenigen, die kein Geld haben. Alle Deutschen sprechen davon und wir können es nicht glauben. Sollte ich doch noch einmal Elschen wiedersehen? Noch einmal von Läusen frei werden? Hat alle Qual, Angst und Sorge wirklich ein Ende?

[63] Es ist sehr kalt, denn es ist Novem.[ber]. November 47. Läuse haben wir wie Bohnen. Es gibt auch nichts zum Bereinigen. Allein im kochenden Wasser gehen sie nicht kaputt. Wir wohnen wieder bei Frau Funk und malen uns aus, wenn wir nach Deutschland kommen sollten. Die alte r.[ussische] Frau spricht viel davon.

[64] Es geht los nach Deutschland. Es war nun doch eine große Überraschung und Freude. Am Anfang sah es aus, als ob wir nicht mitkönnten, denn mein russ.[ischer] Paß ist weg. Doch die russ. Majorscha, bei der Bärbel täglich etwas zu essen bekam, hat dafür gesorgt, daß wir mit diesem Transport mit nach Deutschland kommen.

[65] Wir sitzen in Königsberg und warten auf den Weitertransport. Es sind 2 000 Menschen. Wir haben nichts zu essen. Bärbel geht zu Buchholz und bekommt ein Stück Brot. Frau Jonas gibt uns Fischklops und ein gr.[oßes] Stück Brot. Im Moment sind wir satt. Unsere Gier nach Brot kennt keine Grenzen. Was soll ich machen auf der Fahrt bis nach Deutschland hinein? Wir werden noch verhungern.

[66] Wir fahren nun schon 3 Tage. Nachts glaubt man, daß die Wagen auseinandergehen, so sausen sie mit uns los. Und dann stehen wir wieder Stunden um Stunden auf Bahnhöfen. Wir fahren jetzt durch polnisches Gebiet.

[67] Wir liegen in Schneidemühl. Ich hatte in Königsberg unter einem Bahnwagen 100 Rubel gefunden. Dafür habe ich hier in Schneidemühl für Bärbel Bonbons gekauft, Wurstbrötchen und Äpfel. Wir bekamen außerdem von den Russen aus Königsberg als Marschverpflegung: 5 Brote, Grütze, Fleisch, Zucker und Fett. Wir haben gegessen, gegessen. Wie das uns geschmeckt hat. Wenn wir nur die Läuse nicht hätten.

[68] Wir liegen in Pasewalk (Pommern). Wir werden eingestäubt mit Läusepulver, bekommen Kaffee und die Kinder Suppe. Ach, diese Läuse, es ist zum Verrücktwerden. Bis die nun erst abgestorben sind. Kartoffel werden verladen. Wir gehen hin und bekommen auch welche. Andere stehlen sich 20 – 25 kg. Morgen soll es weitergehen nach Kirchmöser ins Lager. Das Brot ist alle.

[69] Mein Schienbein war sehr geschwollen. Es eiterte sehr. Nun fängt es an zu heilen.

[70] Wir sind in Kirchmöser. Unsere Baracke ist die 34. Das Essen ist sehr wenig. Nach der Entlausung werde ich bestimmt durch den Zaun kriechen und in Kirchmöser betteln gehen.

[71] Wir sind entlaust, aber nun habe ich eine Knochenhautentzündung an der linken Ferse. Vorläufig wird nichts mit Ausfliegen. Viele sind schon gegangen.

[72] Das Telegramm an Else ist zurückgekommen. Wo mag sie sein? Karten habe ich geschrieben.

[73] Einen Brief erhalten von Elses Wirtin. Else wollte nach Ostpreußen. Sie wird nicht durchkommen.

[74] Gestern waren wir zur Untersuchung nach Kirchmöser. Bärbel nahm ich mit. Sie hatte sich Brot gebettelt. Als ich von der Untersuchung raus kam, steht sie mit einem 15jährigen Jungen. Er brachte mir Kartoffel, Karotten und einige Scheiben Brot von seinen Eltern.

[75] Sonnabend will ich durch den Zaun gehen.

[76] Wir haben unverschämtes Glück gehabt. Wir bekamen zu essen. Dann bekam ich mit, 1 Brot, Kartoffel, gelbe Steckrüben und 1 1/2 Pfund Mehl. Das war eine Stelle. Andere Leute gaben uns Brot, Kartoffel. So gingen wir nach Hause.

[77] Ich gehe jetzt immer auf Hamstertour. Meistens mit Bärbel. Es sind oft 40 km, die wir am Tag gehen. Wir haben uns gut in Deutschland erholt. Ich glaube wieder an mitleidige Menschen. Oder macht das hier nur der Menschenschlag? Auch den Glauben an uns Deutsche hatte ich in der Internierung verloren.

[78] Viele Menschen kommen ihre Verwandten holen oder besuchen. Zu uns kommt niemand. Wie habe ich auf Else gehofft. [1 1/2 Zeilen unleserlich] Es ist jetzt im Dezember [?] 1947. Bald wird wieder Weihnachten sein. Erstes Weihnachten in Deutschland.

Erna Ewert, oben links: 1949, Mitte rechts: 1951, unten links: im Alter

Marga Pollmann

Königsberg 1945 – 1947

Bericht 1947

Am 29.1.45 verließen wir im Morgengrauen zusammen mit Freunden unser Heim in Königsberg gemäß einer Aufforderung im Rundfunk „in Richtung See". Wir gingen zu Fuß nach Metgethen, um den Zug nach Pillau zu erreichen, von wo aus wir mit Schiff ins Reich zu kommen hofften. Unsere kostbarste und notwendigste Habe hatten wir in Koffern auf Schlitten festgebunden. An deutschen Kampfstellungen vorüber gelang uns der Durchschlupf, aber erst am Abend des 30. Januar konnten wir mit einem Güterzug abfahren, der etwa bis Mitternacht langsam rollte. Dann war Schluß. Wir hörten Schießen und Rattern in der Nähe. Die Tür war fest geschlossen, zudem war tiefe Nacht, wir wußten nichts. Nach Stunden fuhr der Zug ... langsam rückwärts, und wieder im Morgengrauen waren wir in Metgethen.

Rauhe, kehlige Rufe: Der Russe nahm uns in Empfang. Ein Teil der Menschen stieg aus, Kinder kletterten herab, da setzte der Zug sich in Bewegung, rollte ... hielt. Wieder Aussteigen, Abwerfen der Sachen, jetzt schon in Angst, der Zug könne wieder anfahren. Und das geschah. Der Zug fuhr, stand wieder. Wieder Hasten und Aufregung. Kinder, von den Angehörigen getrennt, schrien, Mütter rannten um ihre Kinder ... und wieder fuhr der Zug – eine grauenhafte russische Marter.

Auch ich war von Oma und den Kindern längst getrennt. Endlich kam auch ich heraus. Nur einen Teil unserer Sachen hatten wir noch, als wir uns zusammenfanden, dann ging es blindlings über die Schienen zu einem Sammelpunkt. Zahlreiche Russen kamen uns entgegen. Mit dem ersten Wort: Uhri, Uhri ergriffen sie unsere Hände, uns die Uhren vom Handgelenk reißend. Wo sie nicht gleich welche fanden, ging es brutal bis an den Oberarm. Ein Panzer fuhr mitten in die Menschenmenge, Gewehrkugeln pfiffen sausend um die Ohren; so gelangten wir endlich zu einem Menschenhaufen, wurden mit wüstem Schimpfen vorwärtsgetrieben, auf verlassene Häuser zu. Zu 30 und mehr Menschen in einem Raum, zunächst uns selbst überlassen.

Immerfort erschienen Russen und Polen unter Drohungen Schmuckstücke fordernd; nur die Trauringe gefielen ihnen zunächst nicht, weil sie deren Bedeutung nicht kannten. (Später, als sie den Wert des Goldes erkannt hatten und wie die „deutschen Kapitalisten" Gold im Munde zu haben wünschten, nahmen sie auch die Eheringe, und die Zahnärzte hatten viel Arbeit, über gesunde Zähne Goldkappen zu setzen). Mit zunehmender Dämmerung setzten dann die Besuche der Horden ein, die es auf Frauen und halb entwickelte Kinder abgesehen hatten. Je mehr sie betrunken waren, desto viehischer wurden sie, und in diesen ersten Tagen des Eroberertaumels war kein Russe nüchtern.

So blieben wir einige Tage zusammengepfercht in Angst und Ungewißheit, von unseren Vorräten lebend. Das Donnern der Geschosse und der Einschlag der Bomben schreckte uns nicht, wir wollten sterben. Mancher nahm Gift, schnitt mit Rasier- und Taschenmessern in die Pulsadern – vergeblich oder mit Erfolg. Wir, [auch] die Kinder, sahen zu, fast mit Neid, weil man den gleichen Mut nicht aufbrachte. Dazwischen hörten wir, oft von deutschsprechenden Russen selbst erzählt, bestialische Berichte.

Nach 3 Tagen wurden wir zusammengetrieben, und dann begann unser Treck, um Königsberg herum, mit nächtlicher Rast, schließlich quer durch die Provinz bis in den Kreis Pillkallen. Manchmal ließ man uns am Tage keine Ruhe, manchmal blieben wir an einem Ort 3, 14 Tage, einmal sogar 5 Wochen. Der Ort Metgethen ist noch einmal freigekämpft worden, Königsberg fiel erst im April. Da aber waren wir schon weit fort.

In einer Februarnacht mußten wir bei Schneeregen im Walde übernachten, selbst da wurden die Frauen vergewaltigt; wiederholt lagen wir in offenen Tennen, manchmal in verdreckten Stuben, immer von betrunkenen Russen bedroht, immer wieder ausgeräubert. Der Anruf „Frau Frau“ bedeutete immer die Vergewaltigung oder den rohen Versuch, der nicht selten von Schießen und Kolbenschlägen begleitet war. Mein Uli war damals 4 Jahre alt, er lag des Nachts immer auf mir, Peter in einem, Karola im andern Arm.

Gegen Abend betraten die Russen unsere Unterkünfte und beobachteten schweigend (nüchtern griffen sie selten die Frauen an, – aber sie sind ja selten nüchtern – taten oft kameradschaftlich). Als Frauen und Mädchen sich das Gesicht verschmierten, die Haare wirr ins Gesicht und die Tücher tief in die Stirn zogen, krumm und humpelnd sich bewegten, wußten sie oft nicht, woran sie waren. Des Nachts polterten sie dann mit ihren Taschenlampen herein, die Gesichter beleuchtend, die ihnen Zusagenden herauszuzerren. Die Kinder schrien, Schüsse gingen in die Wände und Decken, die Frauen jammerten. Das half selten. Oft spielten sich die ekelhaftesten Dinge mit den Müttern neben den Kindern ab.

Ich selbst bin verschont geblieben, da ich nach 8 Wochen etwa 50 Pfund abgenommen hatte und erbärmlich aussah. Karola war mit ihren 12 Jahren ziemlich entwickelt und einmal in Gefahr, ein junger Ukrainer rettete sie. Oma wurde schon Mitte Februar krank, sie hatte manchen harten Stoß von den Rohlingen bekommen; am 9. März starb sie, qualvoll und allein. Ich konnte sie noch an einem Zaun verscharren lassen.

Gerade zu der Zeit ließ man uns 14 Tage in einem Quartier, 47 Menschen in einem Raum. Die Kranken mußten in ein besonderes Quartier gebracht werden,

Marga Pollmann mit ihren drei Kindern Karola, Ulrich (links), Peter (rechts)
1944 in Königsberg.

Marga Pollmann im Alter.

sie lagen auf Stroh an der Erde. Diesem „Hospital“ stand ein russischer Arzt vor, der einmal am Tage durch die Krankenstuben ging, sich grinsend alles ansah, bei den Toten „choroscho“ (gut) sagte, aber keinen Finger für die Deutschen krümmte. In einer besonderen Stube hatte er für seinen persönlichen Gebrauch ein paar junge Mädchen eingesperrt. Sonst ging er durch die Unterkünfte und stahl, was er haben konnte. Wenn sich die kranken Männer ihre erfrorenen Zehen und Finger nicht selbst abschnitten, gingen sie eben am Brand zugrunde. So mancher starb an einer kleinen Blutvergiftung. Eine junge 26jährige Frau betreute ich eine Zeitlang, der ein junger Russe, weil sie sich gewehrt, den Schädel eingeschlagen hatte. Der Mann und 2 Kinder waren sogleich gestorben, und schließlich hatte der Russe das Haus angesteckt. Ein Ukrainer rettete die noch lebende Frau. –

20 bis 30 km sind wir an manchem Tage gejagt, manchmal in Trecks bis zu 4000 Menschen, immer durch verwüstete Gegenden, nirgends deutsche Menschen. Niemand hat in Ostpreußen auf seinem Besitz bleiben können. Wo noch ein heiles Gehöft stand, wurde gesprengt oder angezündet. Um unsere Ernährung kümmerte sich niemend. Durften wir irgendwo etwas länger rasten, gingen wir Frauen des Nachts kilometerweit, um Kartoffeln oder Getreidekörner zu suchen, immer in der Angst, von den Russen überfallen zu werden oder bei unserer Rückkehr [?] und damit unsere zurückgelassenen Kinder nicht mehr zu finden. Manchem erging es so, ich hatte immer Glück, wenn auch manchmal in unserer Abwesenheit geplündert war.

Am Tage wurden die Frauen mit Schießen und Peitschenschlägen „zur Arbeit“ geholt. Im Winter bestand diese darin, den Schnee von einem Hause fortzuschaffen, am nächsten Tage ihn wieder ans Haus heranzutragen oder Straßen vom Schnee zu befreien. Wie oft habe ich einen Misthaufen wegräumen und am andern Tage wieder in die alte Kaule zurückschaffen müssen.

Als wir ab 1. Mai im Kreise Pillkallen in verlassene Ortschaften eingewiesen wurden, um die Feldbestellung zu machen, waren wir froh, endlich sinnvolle Arbeit zu tun. Pferde gab es nicht, also wurden Frauen vor Pflug und Egge, vor den Kultivator gespannt und 10 Stunden am Tage ging es über Ackerschollen. Später mußten wir Gras mit Sichel und Sense mähen, das Roßwerk ziehen, d.h. 10 Stunden im Kreise gehen, wie zu normalen Zeiten die Pferde. Verpflegung suchten wir uns aus der weiten Umgebung in den Nächten zusammen. Vor den nächtlichen Überfällen hatten wir in dieser Zeit eine gewisse Sicherheit. Besondere Arbeitstrupps hatten aus den Bauernwirtschaften und von den Gutshöfen landwirtschaftliche Maschinen und Geräte zusammenzuholen, die fast alle zu den Zügen geschafft oder direkt in Autos über die Grenze gebracht wurden; der Rest wurde auf Haufen geworfen und gesprengt.

Anfang Juli 1945 sollte unser Treck zur Arbeit in den Kreis Bartenstein, wo jetzt der Pole sitzt (unser Heimatort Pillupönen ist polnisch, nicht russisch[1]). Auf dem Bahnhof Insterburg warteten wir 2 Tage und 2 Nächte auf unseren Zug, da die Menschen zum großen Teil so entkräftet waren, daß sie am Wege liegen blieben. Die Wartezeit mußte mit Arbeit ausgefüllt werden, u.a. hatten wir Züge zu beladen mit deutschem Gut, das über die Grenze geschafft wurde.

Bei dieser Arbeit fiel ich durch das Anrücken des Zuges (die bekannte russische Bestialität) zwischen 2 Wagen und wurde überfahren. Meine Kinder waren Augenzeugen. Ich hatte das Glück, daß Insterburg Lazarettstadt und unser Treck-Kommandant ein Mensch war. So konnte ich ins Lazarett gehen. Von deutschen Ärzten wurde ich im Kriegsgefangenen-Lazarett amputiert. Mir war an sich nur die rechte Hand am Gelenk abgetrennt, da aber das breite Eisenbahnrad zermalmt und gleichzeitig Schmutz tief in die Adern preßt, mußte fast bis zum Ellenbogen amputiert werden. Die Blutadern werden durch das Rad zusammengepreßt, so daß man nicht so schnell ausblutet. Ich hatte keinen Augenblick die Besinnung verloren und wußte sofort unter dem noch rollenden Zug um meinen Verlust. Ich überlegte klar: 3 Kinder und keine rechte Hand, da ist es besser, den Kopf dazuzulegen. Der Versuch glückte nicht gleich, und in dem Augenblick hielt der Zug. Ich war nicht das einzige Opfer, neben mir lag ein Kind ohne Kopf. Anderes habe ich nicht mehr sehen wollen. Auf dem Bahnsteig war Geschrei und Aufregung, meine Kinder suchten mich, und Peter kam zu mir unter den Zug. „Mutti, wenn du sterben willst, bleibe ich bei dir."

So mußte ich das Leben wieder anpacken. Der Kommandant des Trecks sorgte dafür, daß die Kinder zunächst auf dem Bahnsteig bleiben durften. Damit sie nicht durch räubernde Russen noch um die letzte Habe gebracht werden konnten, stellte er ihnen eine Soldatenwache, und ich begab mich ins Lazarett. Inzwischen hatte der Kommandant von Insterburg sich bereitfinden lassen, die Kinder einstweilen in die Kammandantur zu nehmen, wo sie einmal am Tage Suppe bekamen; Brot erhielten sie von russischen Soldaten, die im allgemeinen ein Herz für Kinder haben, sofern sie nicht selber hungern. Jeden 2. Tag durften sie mich im Lazarett besuchen, dann wurden sie gut verpflegt. Auch die russische Verwaltung war gut mit ihnen, die Zeit in Insterburg wurde ihre glücklichste Zeit unter den Russen.

---

[1] Irrtum der Verfasserin, Pillupönen, Kr. Stallupönen gehörte zu dem bereits am 17.10.1945 in die SU inkorporierten „Königsberger Gebiet". Der Irrtum der Mutter beruht nach Auskunft der Tocher Karola auf Gerüchten, die vielfach gezielt gestreut wurden. Die in Königsberg verbliebenen Deutschen besaßen nur vage Kenntnis über die Teilung Ostpreußens, der genaue Grenzverlauf wurde ihnen nicht bekanntgegeben. D. H.

Peter, der inzwischen Gelbsucht bekommen hatte, durfte bei mir im Lazarett und in meinem Feldbett bleiben. Er war bald der Liebling eines gutherzigen alten Russen und bekam manches Stück Zucker und Butterbrot. Karola mußte mit Uli nach 5 Wochen Insterburg verlassen, angeblich um nach Königsberg zu fahren. Da man den Russen niemals trauen konnte, war ich sehr in Sorge, und ich betrieb meine Entlassung, obwohl ich noch nicht ausgeheilt war.

Nach weiteren 5 Wochen kamen wir in Königsberg-Ponarth an. Ein betrunkener Kommandant schlug hier zunächst auf Peter ein: „Du Chitler", und als ich mich dazwischenschob, schlug er mich zusammen und ließ uns dann die Nacht in den Keller sperren. Am nächsten Morgen konnten wir ohne Erklärung für das Vorgefallene nach den Hufen wandern. An den Trümmern unseres Hauses (der Russe hat alle Häuser, die er nicht von Anfang an belegt hatte, ausgebrannt. Heute braucht und sucht er sie) fand ich von Karolas Hand die neue Adresse. Das war, als wären mir meine Kinder neu geschenkt. So fanden wir uns wieder zusammen, und ich mußte noch einmal für 3 Wochen ins Krankenhaus.

Karola hatte in der Zwischenzeit auch die allerletzte Habe an die Russen verkauft (es wurde nicht mehr so viel geplündert), um das Leben zu fristen, und bald lernten wir die bittere Not kennen. Ich versuchte, Arbeit zu bekommen, da der Russe den Nichtarbeitenden keine Brotkarte gab. Wir lebten bald ausschließlich von Abfällen aus Russenküchen: Kartoffelschalen, Knochen und Fischresten. Da die Deutschen nur in Trümmern und Kellerlöchern wohnen durften, fraß uns bald das Ungeziefer, stellte sich russische Krätze ein usw. Alles wurde überwunden.

Mit dem Frühling, der die Brennessel brachte und den Löwenzahn und anderes, erwachten auch die Lebensgeister wieder. Denn immer hofften wir auf die Befreiung, darauf, daß wir nach Deutschland fahren oder laufen dürften. An Parolen hat es in allen Jahren nicht gefehlt. Sie enttäuschten zwar immer, aber sie rückten gleich wieder neue Termine näher.

Die deutschen Menschen veränderten sich, die Not um den eigenen Fortbestand verfeindete Verwandte und zerstörte bewährte Freundschaft, innerhalb der eigenen Familien wuchs Neid und Mißgunst. Das Beispiel des russischen Gesindels, das unter der Devise „Zappzerapp" alles stiehlt, was es raffen kann, die Menschen nackt auszieht, um der paar Lumpen willen, brach sich allmählich Bahn auch bei den Deutschen. Alles Leben war zur Qual geworden. Da hatte ich das Glück, auf ein mir bekanntes Ehepaar zu treffen, das durch geschickte Verstekke vielerlei gerettet hatte und verhältnismäßig gut lebte. Diesen beiden Menschen hatte ich einmal von meinem Überfluß abgegeben, jetzt machten sie uns satt, gaben uns allerhand gute Dinge mit und hatten mich dadurch aufgerüttelt.

Ich verlegte mich auf den Handel, bald machten auch die großen Kinder mit. Wir haben Fettgebäck hergestellt und auf dem Markt verkauft und schließlich mit allem gehandelt, was nur denkbar ist: mit Eßwaren, Gebrauchs- und Genußmitteln. Das warf soviel Gewinn ab, daß wir einmal am Tage Mehl- oder Körnersuppe essen konnten, uns manchmal auch Kartoffeln leisteten, – wenn wir nicht durch Diebstahl oder Zerstörung des russischen Pöbels oder der Miliz Verluste hatten. Die Miliz oder Polizei ist in Rußland die Institution, vor der man am meisten laufen muß, weil sie nur räubert und es dabei auf die Deutschen abgesehen hat.

Zwischendurch habe ich – lanciert vom Antifa-Club[2], dessen Leitung mich und meine politische Einstellung kannte, aus der Zeit meiner Tätigkeit als Sekretärin des sozialdemokratischen Oberpräsidenten August Winnig – eine Ausbildung als deutsche Lehrerin für die nichtrussische Schule mitgemacht, auch kurze Zeit unterrichtet, bis es einer russischen Schulrätin auffiel, daß ich nur eine Hand hatte. Aber ich hatte eine Zeitlang Geld verdient, Brot- und Produktenkarte für mich und die Kinder erhalten. So haben wir uns an der Oberfläche gehalten.

Zu Beginn des Jahres 1947 wurden meine Großen krank, wir kamen wieder sehr herab, aber da tauchte dann im März das Gerücht auf, die Deutschen können nach Zentraldeutschland! Das gab wieder Auftrieb. Es war aber auch der letzte Flügelschlag; denn inzwischen war auch ich zu der Überzeugung gelangt, daß es besser wäre, die Kinder und mich auszulöschen, als zuzusehen, wie die absinkende Moral ins eigene Leben griff.

Bei den Russen verbleiben wäre gleichbedeutend gewesen mit einem Leben unter Verbrechern. Die Kinder wären unfehlbar diesen Weg gegangen, hart und erbarmungslos gegen fremdes Leid, ohne geistige Belehrung, ohne familiären Zusammenhang. (Wir hatten in all den Jahren nichts von unseren Familien in Deutschland und nichts von der Entwicklung der deutschen Verhältnisse erfahren, und was uns die Russen erzählten, glaubten wir nicht.)

Sechsjährige Jungen standen rauchend auf den Märkten, torkelten betrunken durch die Straßen, wie die Russenkinder auch. Der Russe hatte Freude daran,

---

2 Im Februar 1946 wurden in den Königsberger Stadtbezirken unter russischem Oberbefehl „Antifaschistische Klubs" gegründet. Dachorganisation bildete der „Zentrale Antifaschistische Klub". Wegen ausbleibender Resonanz in der Bevölkerung erfolgte im April 1946 die Umbenennung in „Deutsche Klubs", im Mai dann die Gründung einer nicht über den Gründungsakt hinaus gelangenden „Intelligenzsektion" des Deutschen Klubs. Im Juli 1946 sollten die Klubs in den Stadtteilen wegen mangelnden Erfolgs zugunsten von Schulgründungen aufgelöst werden, s. Deichelmann, Königsberg, S. 240 f., 244, 246 f., 255, 262; zur Schule: s. Hannelore Müller, S. 96 f., 173 f. D.H.

die deutsche Jugend zu zerstören. Waren meine Kinder zur festgesetzten Zeit nicht zu Hause, wußte ich nie, waren sie ausgeplündert, saßen sie im Bunker, waren sie abgeschlachtet. Denn auch der Handel mit Menschenfleisch tauchte auf. Noch im Juni wurden einige deutsche Mädchen und Russen dafür erschossen. Wir denken noch immer mit Grauen daran, daß wir solches Fleisch einmal selber gegessen haben. Wir hatten Klopse zum Verkauf hergestellt und selbst probiert, die bei der Zubereitung immer süßer wurden, selbst bei immer mehr verarbeiteten Gewürzen. Hinterher hörten wir dann von den Verhaftungen.

Endlich dann im Juni 1947 war unser Antrag[3] durch, wir wurden zum Abtransport aufgerufen. Zwar wurden wir bis zur Abfahrt noch gewaltig schikaniert, auch gelegentlich verprügelt, aber man hatte eine dicke Haut. Keine Träne haben wir bei unserer Ausreise vergossen, nichts, auch keine Freigabe dieses Gebietes wird uns bestimmen, zum Osten zurückzukehren, wo nur Trümmer und kein vertrautes Gesicht zu finden ist.

Kein Wald steht in Ostpreußen, alles ist abgeholzt und nach Rußland geschafft. Auf dem Lande ist nichts aufgebaut. Felder werden nur an den Bahnstrecken und Chausseen bestellt. Der Russe zerstört nur. Wenn er im Frühling Blumen braucht, bricht er die Obstbäume um; will er im Sommer Kirschen oder im Herbst Obst essen, schlägt er den Baum ab, wirft ihn auf den Lastkraftwagen und frißt ihn leer. Steht ein Kind irgendwo in einem zerstörten Garten, um Beeren zu pflücken, kann es passieren, daß von irgendwoher ein Schuß abgegeben wird, das Kind hin ist. Auf Störche im Fluge und auf der Wiese zu schießen, macht ihnen Spaß, wie überhaupt immer irgendwo geschossen, bellend ge-

---

3 Um „ausreisen" zu können, mußte die Königsberger Bevölkerung ein schwieriges, willkürlichen Regelungen und Eingriffen ausgesetztes Antragsverfahren durchstehen. Zunächst mußten die Pässe der Deutschen mit einem Sonderstempel versehen sein, der den Paßinhaber zur Antragstellung berechtigte. Der Antrag bestand aus einem Fragebogen, der einmal 29, einmal 33 Fragen enthielt, einem „Freistellungsbescheid" des „Arbeitgebers" und einer „Mietbescheinigung". Diese Papiere mußten von der jeweiligen Kommandantur gestempelt, danach bei der Miliz abgegeben werden. War der Antrag angenommen, wurden teilweise begrenzte „Aufenthaltsgenehmigungen" ausgestellt, die beispielsweise zur Folge haben konnten, daß bei Verlust der Papiere auf den Behörden die Arbeitsstelle verlorenging. Allgemein kam erschwerend hinzu, daß die erforderlichen Fragebogenformulare gar nicht gedruckt existierten, sondern nur in handschriftlicher Abschrift kursierten, die Öffnungszeiten der russischen Stellen beliebig gehandhabt wurden und die Ausreiseformalitäten Veränderungen unterlagen, die bis zu einem generellen Ausreisestop reichten, so daß dann alle Papiere für ungültig erklärt wurden und neu beschafft werden mußten. Die „Ausreisegenehmigungen" wurden durch Ausrufen der Miliz bekanntgegeben, so war es vielfach Glücksache, ob die Betroffenen davon erfuhren. Der „Ausreiseschein" mußte dann in einem eng befristeten Zeitraum abgeholt werden, andernfalls verfiel er. Zu Einzelheiten s. Deichelmann, Königsberg, S. 283, 288 f., 293, 298 f., 301, 304, 306 f.; Hugo Linck, Königsberg 1945-1948, Leer (Ostfr.) 1952, S. 138-146. D.H.

schimpft oder dreingehauen wird. Manchmal kam uns auch ein Russe ins Haus, für den wir zapp-zerapp gemachtes [= gestohlenes] Gut verkauften. Dann dachte man zuerst, „mal ein anständiger Kerl“, aber irgendwie kam dann immer der Pferdefuß zum Vorschein. Die Russen sind Halbwilde, Tiere, so ist es zu begreifen, daß kein Tag verging ohne Gebet aus tiefer Not.-

Schicksalsgenossen und eng mit unseren Erlebnissen verbunden waren:

Frau Inge Krause, Juliane Kroll, Gertrud Morscheck u. ihre Schwester Käte Ludigkeit, Maria Wichert, Gustav und Frau Lotte Borbe, Richard und Frau Grete Schulz, Walter Schulz.[4]

---

4 Inge Krause, Juliane Kroll, Maria Wichert, Richard und Grete Schulz, Walter Schulz gelangten 1947 mit Transporten aus Königsberg in die SBZ bzw. anschließend in die westlichen Besatzungszonen Deutschlands; Gertrud Morscheck, Käte Ludigkeit, Gustav und Lotte Borbe sind 1946 in Königsberg umgekommen. D. H.

Hannelore Müller

Königsberg 1945 – 1948: Das war unsere Befreiung

Erinnerung 1995

Gewidmet meiner Mutter
gestorben am 13. Mai 1947 in Königsberg

Lotte Schwokowski 1919

Pillau – letzte Hoffnung

Der erste Fluchtversuch – 30. Januar 1945

Alle Versuche, die wir unternahmen, dem Kriegsgeschehen 1945 in Königsberg zu entgehen, erfolgten zu spät. Zum einen schnappte ich Zehnjährige damals Gesprächsfetzen auf, in denen es darum ging, meinen Vater, der in Königsberg beim Volkssturm eingesetzt war, nicht allein in der Stadt zu lassen. Zum andern mag bei allen Überlegungen die Hoffnung bestanden haben: So schlimm kann es doch nicht werden!

Nach den beiden britischen Bombenangriffen auf Königsberg im August 1944 fuhr meine Mutter mit mir in die ostpreußische Provinz zu Verwandten nach Domnau, Krs. Bartenstein. Einige Bekannte begaben sich bereits zu diesem Zeitpunkt auf den Weg nach Westen „ins Reich". Als zum Jahreswechsel 1944/45 die Front in Ostpreußen äußerst nahe heranrückte, man schon täglich den Geschützdonner vernahm und die Züge bereits vollgepfercht mit Flüchtlingen in Richtung Westen fuhren, machten sich meine Mutter und ich von Domnau aus wieder auf nach Königsberg.

Dort besuchte ich nach den Weihnachtsferien im Januar 1945 sogar noch trotz Artillerie- und Bordwaffenbeschusses die Schule an der Samitter Allee. Sie war zu dem Zeitpunkt eine der wenigen Schulen in der Stadt, die noch nicht zerstört und auch nicht mit Verwundeten belegt worden war. Gegen Ende des Monats wurde der Unterricht wegen der im Raum um Königsberg bedrohlich näher rückenden Kampflinien ganz eingestellt.

Für den 30. Januar 1945 hatte mein Vater einen Pferdeschlitten besorgt. Er sollte meine Mutter und mich nach Pillau bringen. Das Wiesengelände hinter dem Wirrgraben nördlich des Rudauer Wegs in unserem Samlandviertel wurde als Treffpunkt vereinbart. Als wir bei eisiger Witterung dort ankamen, waren die Pferde wegen Beschusses durchgegangen. Aus dem Entkommen wurde nichts. Kurz darauf wurde Königsberg zur Festung erklärt. Wir mußten in der Stadt bleiben, meistens im Luftschutzkeller.

Der zweite Fluchtversuch – 9. März 1945

Sollten wir doch noch dem Inferno entkommen? Die Westfront um den Königsberger Kessel war durchbrochen worden. Frauen und Kinder wurden vor dem Gebäude der NSV (Nationalsozialistische Volkswohlfahrt) in der Schindekopstraße auf Militärlastwagen verladen und aus der Stadt hinaus nach Pillau gebracht. Meine Mutter und ich ergatterten auch einen Platz.

Zusammen mit vielen Nachbarn gelangten wir nach abenteuerlicher Fahrt in die für uns als letzte Hoffnung geltende Stadt. Von hier aus sollte es mit dem Schiff weiter nach Westen gehen.

In dem riesigen Barackenlager des Arbeitsdienstes am Schwalbenberg wurden wir etwas außerhalb der Hafenstadt untergebracht, zu Tausenden: Flüchtlinge und verwundete Soldaten. An zwei Seiten dieses Lagers stieg das Gelände recht steil an. Dahinter sollte der Hafen mit den rettenden Schiffen liegen. Eine Besichtigung war nicht erlaubt, „militärisches Sperrgebiet", hieß es.

Die Holzbaracken des Blocks, in denen wir untergebracht wurden, standen in langer Reihe mit dem Giebel zur Straße. Zu beiden Seiten eines Mittelgangs lagen in einer Baracke je zehn Zimmer für je 16 – 20 Personen. Geschlafen wurde auf dem Fußboden, auf Stroh. Zum gegenüberliegenden Giebel ging es wieder hinaus. Dort befand sich eine Toilettenanlage, dahinter in Hufeisenform ein leichter Bunker, der höchstens als Splitterschutz dienen konnte. An den Enden des „Hufeisens" hatte er je einen Ein- bzw. Ausgang.

In den ersten Tagen hörten wir hier in unserem Barackenlager ständig Geschützdonner und Detonationen. Man beruhigte uns mit der Parole: „Die Russen beschießen Peyse." Das ist ein kleiner Ort auf einem Landvorsprung im Frischen Haff jenseits des Fischhausener Wieks, ca. 12 km östlich von Pillau. Dort sollten sich auch Flüchtlinge aufhalten.

In Pillau hatte sich in diesen Tagen nichts getan. Wir warteten und warteten. Nichts geschah. Zur Zeit sollte gar kein Schiff da sein, das in Richtung Westen aufbrach. Dann der erste Lichtblick: Ein junger Mann aus unserem Zimmer, schwer verwundet und noch nicht vollständig genesen, durfte mit seiner Frau, die als Krankenschwester arbeitete, auf ein Schiff. Doch dabei blieb es.

Dann aber schossen die Russen mit Artillerie auch in unser Lager. Niemand war vorgewarnt worden. Wir saßen ungeschützt in der Holzbaracke. Eine Granate schlug bei uns am hinteren Giebel zwischen Ausgang und Toiletten ein. Zwei Menschen wurden an Ort und Stelle sofort buchstäblich zerfetzt. Die Splitter drangen durch die dünnen Holzwände z. T. durch vier Zimmer. In unseren Nachbarraum – wir „wohnten" in der Mitte der Baracke – verirrte sich noch ein Splitter in einen Wecker, der auf einem Kleiderschrank stand.

Die schreienden Schwerverletzten wurden aus den verwüsteten Zimmern nahe des Ausgangs hinaus ins Freie getragen. Man legte sie auf den Wall eines Laufgrabens, der sich im Zickzack neben jeder Baracke entlangzog, und versorgte sie notdürftig, bevor Ärzte kamen und sie in eine Lazarettbaracke brachten.

Auch andere Baracken erhielten verheerende Einschläge. Es gab viele Tote und Verletzte.

Das letzte Märzdrittel war angebrochen. Nach dem Artilleriefeuer wurde das Lager jetzt von Bombern heimgesucht. Zunächst fielen Sprengbomben. Es wurde Alarm gegeben. Mit Mitbewohnern rannte ich in den Bunker hinter der Latrine. Meine Mutter machte sich noch im Zimmer zu schaffen. Sie war noch nicht bei uns, als plötzlich ein und gleich danach noch ein Krachen, Dröhnen, Beben unseren Bunker erschütterten. Sand und Erde rieselten zwischen der Holzverkleidung hindurch auf uns herab.

Jetzt erschien endlich meine Mutter im Bunker, unverletzt. Sie erzählte mir, die Nachbarbaracke habe einen Volltreffer erhalten. Dach, Balken und Bretter seien durch die Luft gewirbelt. Der zweite Treffer war genau in die Mitte des Hufeisens des zu jener Baracke gehörenden Bunkers eingeschlagen. Er hatte ihn nach allen Seiten hin zugeschüttet. Nur wenige Menschen, die sich in der Nähe der zwei Ausgänge befanden, konnten sich lebend retten. Alle anderen saßen beim Ausgraben tot auf den Holzbänken, erstickt.

Während des gleichen Angriffs brachten zwei Rote-Kreuz-Schwestern zwei verwundete Flak-Soldaten in unseren Bunker. Einer von ihnen war in der Rippen- und Lendengegend so schwer verletzt, daß kein Verbandszeug zum Verbinden ausreichte. Eine Nachbarin kramte kurzerhand aus ihrem Handgepäck ein Frotteehandtuch heraus. Damit versorgten ihn die Schwestern.

Die Bombenangriffe in den darauffolgenden Tagen wurden immer stärker. Jetzt fielen auch Brandbomben. Da die leichten Bunker keinen Schutz boten, wurde die Bevölkerung aufgefordert, sich in einen von mehreren Stollen zu begeben, die am Rand des Lagers ca. 80 -100 m weit in einen Steilhang getrieben worden waren.

Ähnlich wie die Bunker hinter den Baracken waren sie mit Holz ausgekleidet worden. Zu beiden Seiten befanden sich Holzbänke, aus Latten und Brettern gezimmert. Dicht bei dicht saßen die Menschen. Die Luft in diesen Röhren war verbraucht, unerträglich. Jedoch alle Schutzsuchenden hielten hier aus. Wohin sollten sie auch? Auf den Bänken gab es keinen Platz mehr. Wir zwängten uns deshalb zwischen Menschen und Gepäck hindurch bis zum Ende des Stollens. Dort hörte der Ausbau auf, über dem Morast lagen provisorisch ein paar Bretter. Als Sitzgelegenheit dienten uns unsere Koffer.

Diese Nachteile nahmen wir jedoch gern in Kauf. Denn es führte von hier aus ein Luftschacht hinauf auf den Berg. Die Luft war hier erträglicher als inmitten des Stollens. Außerdem konnten wir durch den Schacht oben auf dem Berg die Flak hören, also in etwa feststellen, ob ein Angriff stattfand. Das war insofern von Bedeutung, als wir zur Toilette jedesmal in eine nahe gelegene Baracke laufen mußten.

Drei Tage lang hielten wir es unter diesen Umständen aus. Der 70jährige Vater einer Nachbarin wollte nach einem Angriff in unserer Unterkunft nach dem Rechten sehen. Er mußte auf dem Weg dorthin einen Block mit Baracken passieren, in denen Verwundete untergebracht waren. Als er zurückkam, weinte er hemmungslos: Die Verletzten hatten sich zum Teil aus den brennenden Barakken auf die Straße gerobbt, waren dort liegen geblieben oder aber gleich in ihren Betten verbrannt. Es war der erste Mann, den ich weinen sah. Dieser Anblick grub sich tief in mein Bewußtsein ein.

Gegen Abend hörte während eines Luftangriffs die Flak über uns zu schießen auf. Sie mußte einen Volltreffer bekommen haben. Das Dröhnen der Bomber und Detonationen waren weiterhin zu vernehmen. Die Lage war hoffnungslos. Noch immer gab es keine Aussicht, daß uns ein Schiff nach Westen brachte.

29. März 1945

Meine Mutter und andere Nachbarn beschlossen, nach Königsberg zurückzugehen. Am Morgen machten wir uns mit einer Gruppe zu Fuß auf den Weg in Richtung Fischhausen. Züge verkehrten nicht mehr regelmäßig.

Wir waren gerade aus Pillau hinausgelangt und befanden uns auf der Ausfallstraße vor einem Krankenhaus oder Lazarett mit einem riesigen roten Kreuz auf dem Dach. Da beschossen uns Tiefflieger. Im Straßengraben unter unbelaubten Bäumen warteten wir den Angriff ab. Gott sei Dank, keine Verletzten. Ob wir das dem trüben Wetter verdankten?

Es ging weiter. Mit jedem Kilometer wurde das Gepäck schwerer. Schließlich holten uns auf der Landstraße mehrere kleine Pferdewagen – Panjewagen – ein. Deutsche Soldaten saßen darauf. Ihr Ziel war auch Fischhausen, und sie nahmen uns mit.

Wegen des häufigen Bordwaffenbeschusses führte unser Weg abseits von der Landstraße auf holprigen Wegen durch ein Waldstück. Es ging ohne Angriffe relativ gut vorwärts. Aber in Fischhausen gab es an diesem Tag keinen Zug nach Königsberg. Einer fuhr nach Palmnicken an die Samlandküste. Wir fuhren mit. Müde und hungrig trafen wir dort in der Nacht ein. Niemand wußte für uns eine Unterkunft. Schließlich bekamen wir ein Lager in der Kirche zugewiesen, in der sich schon viele Flüchtlinge aufhielten. Rote-Kreuz-Schwestern verteilten noch in dieser Nacht Milch an die Kinder.

Am folgenden Abend fuhren wir mit einem Personenzug nach Fischhausen zurück. Für diese kleine Strecke (18,4 km) brauchte er mehrere Stunden. Er mußte etliche Male halten, um Raketenangriffe abzuwarten. Irgendwann in der Nacht erwischten wir dort dann noch einen Güterzug nach Königsberg. In der Ecke eines Waggons kauerten wir uns zusammen.

Die Nacht war mondhell. Auch dieser Zug mußte einige Male über längere Zeit auf freier Strecke halten, um Artilleriebeschuß abzuwarten. So geschah es auch gegen fünf Uhr morgens in Seerappen, kurz vor Königsberg. Im Güterwagen befanden sich etwa sechs bis acht Zivilisten, Frauen und Kinder, die alten Eltern unserer Nachbarin und dazu noch zwei Soldaten.

Unweit von uns detonierte auf dem Feld eine Granate. Ein Soldat, der in der offenen Waggontür stand, schrie: „Zur Seite!" Er riß eine Frau mit, sprang, warf sich in unsere Ecke. In diesem Augenblick flog ein handgroßer, glühender Splitter in den Wagen. Wieder hatten wir Glück. Niemand wurde verletzt.

Im Laufe dieses Tages erreichten wir unser Haus in Königsberg auf den Hufen. Es stand noch.

Der dritte Fluchtversuch – Samstag, 7. April 1945

Seitdem wir aus Pillau zurückgekommen waren, lebten wir nur noch im Luftschutzkeller, zu fünf Familien. Es waren außer mir keine weiteren Kinder dabei. Die einzige Familie im Haus, die noch Kinder hatte, war schon vor längerer Zeit zu Verwandten nach Elbing gefahren. Für mich jedoch, ein zehnjähriges Mädchen war dieses Leben – eigenartigerweise – recht interessant und abwechslungsreich: In der Gemeinschaft war die Angst vor Bomben und Artilleriebeschuß leichter zu ertragen. Eine Gruppe von Erwachsenen spielte mit mir häufig „66". Ich durfte hier unten in einem doppelstöckigen Luftschutzbett schlafen. Auf einem kleinen, zwei Kochstellen großen, gußeisernen Herd wurde für alle Eintopf gekocht, mit Pferdefleisch. Zu den Nachbarhäusern gab es Mauerdurchbrüche und Tunnel. Aufregende Luftschutzübungen wurden besprochen und geprobt. Draußen vor dem Haus hatten sich deutsche Soldaten eingegraben. Auf einer größeren, an drei Seiten von Faulbäumen und Ziersträuchern eingefaßten Wiese war eine Grube ausgehoben worden. Die Landser fuhren mit ihren Lastwagen dort hinein, um so deren Reifen vor Granat- und Flaksplittern zu sichern. Direkt unter unserem Küchenfenster stand im Schutz eines Hauswinkels eine Gulaschkanone.

Gegen Nachmittag wagte sich meine Mutter noch einmal in die Wohnung. Die Fenster und Türfüllungen waren zum Teil schon durch den Luftdruck der Bomben aus dem Mauerwerk gerissen worden. Die Gardinen wehten nach draußen. Überm Wohnzimmer klaffte ein großes Loch von einer Granate, einem Blindgänger. Er hatte die Außenmauer, die Heizungskörper und die Wand zum Flur in der über uns liegenden Wohnung durchschlagen, war auf dem Gang liegengeblieben. Darüber hinweg schleppte auch ich Hausrat, um „retten" zu helfen. Ein paar Nachbarhäuser waren halb abgerissen worden, die Fußböden der einzelnen Stockwerke hingen schräg herunter. In den Grünflächen vor den Häusern gab es große Bombentrichter.

In der Nacht zum 8. April 1945 kam unsere Luftschutzwartin in den Keller. Sie hatte erfahren, daß russische Panzer schon bis zur Schrötterstraße vorgestoßen waren, etwa zwei Kilometer Luftlinie von uns entfernt. Mein Vater, der beim Volkssturm diente, tauchte auch bei uns auf. Er bestätigte die Meldung.

Was nun? Sollten wir noch einmal versuchen, den Russen zu entkommen? Noch einmal nach Pillau? Drei Familien, alles ältere Leute, wollten nicht mehr irgendwelche Strapazen auf sich nehmen. Sie konnten einfach nicht mehr, waren zu erschöpft. Unsere Luftschutzwartin mit ihren über 70 Jahre alten Eltern, meine Mutter und ich machten uns nach kurzem Entschluß nochmals zu Fuß auf den Weg in Richtung Pillau. Im letzten Moment durfte auch mein Vater – obwohl Volkssturmmann – uns begleiten. Ich habe ihn nie gefragt, wie oder warum das möglich gewesen war.

Sonntag, 8. April 1945

Inzwischen war es Sonntag, der 8. April 1945, etwa zwei Uhr nachts, als wir loszogen. Auf dem südlichen Teil des Samlandweges lagen Dachpfannen, Dachrinnen, Mauerwerk, Balken, Bretter, Bäume. Manche Häuser waren verdunkelt, standen wie tot da. Andere hatten gespenstische Fensterhöhlen. Alles war ausgebrannt, die Etagendecken waren eingestürzt. Auf dem Schutt lagen kreuz und quer verkohlte oder noch glimmende Balken. Die Straßen waren wie ausgestorben. Erst auf der General-Litzmann-Straße [= Stresemannstraße] trafen wir einige Flüchtlinge. Soldaten hielten uns an, fragten nach dem Wohin.

„Ja", hieß es, „über die Hufenallee können Sie nicht mehr in Richtung Pillau ziehen, die steht unter Artilleriebeschuß. Da müssen Sie weiter südlich über die Alte Pillauer Landstraße gehen!"

Die Erwachsenen berieten. Früher befand sich hier unsere Straßenbahnhaltestelle „Samlandweg“, wenn wir in die Stadt wollten. Jetzt war um uns herum alles ausgebrannt: die Konditorei, aus der ich mir im Sommer immer Eis oder Liebesknochen kaufen durfte, auch das Schreibwarengeschäft an der Ecke, in dem ich mir oft meine Schulsachen besorgte. Gegenüber, auf der westlichen Straßenseite, an der Einmündung zur Schubert- oder Beethovenstraße stand ein großer, ausladender Baum. Ich glaube, es war eine Kastanie. Mein Rucksack wurde mir jetzt schon zu schwer. Solange die Erwachsenen beratschlagten, stemmte ich ihn mit dem Rücken gegen den dicken Baumstamm. Vor meinen Füßen glomm ein angekohlter Balken. Es war alles so trostlos in dieser Nacht. Mein Unternehmungsgeist war geschwunden. Ich wäre gern wieder nach Hause, zurück in den Luftschutzkeller, gegangen. Doch die Erwachsenen entschieden: „Wir versuchen es noch einmal. Auf nach Pillau.“

Inzwischen hatten wir etwa drei Uhr nachts. Bis jetzt war es relativ ruhig um uns herum. Hin und wieder nur knatterte ein Maschinengewehr, oder es drang vereinzelt Geschützdonner zu uns herüber. Die Strecke entlang der Alten Pillauer Landstraße war unheimlich. Es gab hier kaum Häuser, sondern viel Wald und vor allen Dingen Friedhöfe. Hier jedoch begegneten uns schon wesentlich mehr Menschen. Alle trieb es in Richtung Pillau. Über uns heulten und zischten von Süden her die Granaten durch die Nacht, die dann auch etwas weiter, da, wo wir die Hufenallee vermuteten, detonierten.

Wieder und wieder mußten wir Pause machen. Das Gepäck wurde immer schwerer. Gegen Morgengrauen dröhnten Tiefflieger heran. Zunächst ließen sie uns in Ruhe, doch dann knatterten plötzlich die Bordwaffen. Wir konnten uns gerade noch in ein Waldstück retten: Luisenwahl, im Sommer wie im Winter einst schönstes Erholungsparadies. Mit dem Hellerwerden nahm der Beschuß zu. Es wurde ein klarer, sonniger Tag. Das war für uns gar nicht gut.

Da, wo die Alte Pillauer Landstraße auf die Lawsker Allee mündete, strömten jetzt immer mehr Menschen zusammen. Wie viele doch noch aus der Stadt hinaus in Richtung Pillau wollten!

Die alten Eltern unserer Nachbarin waren den Anstrengungen kaum noch gewachsen. Sie wurden immer langsamer. Unsere kleine Gruppe zog sich auseinander. Die Nachbarn blieben zurück.

In Rathshof kamen wir zu einer Stelle, an der die Lawsker Allee von einem Bach unterquert wird. Es müßte der Rathshofer Freigraben gewesen sein. An diesem Bachlauf entlang konnten die russischen Truppen die Straße einsehen und belegten sie mit Artilleriebeschuß. In einiger Entfernung zu diesem Punkt standen auf der Straße deutsche Soldaten, die die Flüchtlinge aufhielten. Bei einem bestimmten Geräusch, ich meine beim Abschuß einer Granate, schickten sie dann schnell Menschen über diese Stelle. So konnten sie sicher sein, daß die Gruppe beim Einschlag auf der anderen Seite des Baches war.

Plötzlich wurde ich angestoßen und mußte hinüberlaufen. Meine Eltern blieben noch zurück. Während ich drüben auf sie wartete, erschienen Tiefflieger und beschossen die Flüchtenden zu beiden Seiten des Baches. Alle stoben auseinander und suchten in nahestehenden Häusern Schutz.

Auch ich lief los. Zunächst drückte ich mich an eine Hecke. Dahinter lag unter Bäumen eine einstöckige Villa. Ich konnte mich da hineinretten. Zwei fremde Erwachsene kamen ebenfalls hinzu. Das Haus schien wie ausgestorben. Ein Mann suchte einen Lichtschalter zum Keller. Gleich unten gegenüber der Treppe befand sich ein Luftschutzraum.

In der nächsten Stunde suchten immer mehr Leute hier Zuflucht. Der Keller füllte sich. Nur meine Eltern waren nicht da. Zwei Soldaten tauchten sogar auf und erzählten uns, daß im Parterre des Hauses eine militärische Funkstation untergebracht sei. Irgendwie beruhigte mich immer die Anwesenheit von Soldaten, weil ich glaubte, sie werden uns schützen.

Draußen krachte es jetzt unaufhörlich. An ein Weiterkommen war nicht zu denken. Wohin sollte ich auch ohne meine Eltern? Plötzlich, vielleicht nach einer Stunde, hörte ich oben von der Kellertreppe her jemanden meinen Namen rufen. Meine Eltern! Sie hatten sich von Villa zu Villa durchgeschlagen, um mich zu suchen. Das Gepäck stand etliche Meter entfernt in einem anderen Keller. Wie war ich froh!

Der Beschuß war so stark, daß wir noch hierbleiben mußten. Immer noch strömten Leute in den Keller. Es gab kaum noch einen Platz. Die Schutzsuchenden standen schon auf der Kellertreppe bis zur Haustür hinauf. Gegen zehn Uhr hörte man auf einmal weniger Schießerei, doch niemand wagte sich hinaus. Auch die beiden Soldaten waren noch bei uns. Plötzlich rief jemand an der Kellertür: „Ruhig! Was sind das für Stimmen? Hört mal!"

In die Stille hinein drang oben von der Haustür her wahrhaftig eine total fremde Sprache. Alle waren wie gelähmt. Die Russen.

Auf irgendeine Weise sprach es sich herum, daß wir aus dem Keller kommen sollten. In diesem Moment öffnete mein Vater hastig seinen schweren Wintermantel, nestelte aus irgendeiner Tasche eine Pistole hervor, die ich bei ihm noch nie zuvor gesehen hatte, und schleuderte sie unter ein Luftschutzbett. Dann stellten wir uns in einer Schlange zu zweit oder dritt an, um die Treppe hinaufzusteigen. Oben, zwischen Haustür und Kellertreppe und auch auf der Treppe zum Erdgeschoß, standen mehrere russische Soldaten, jeder mit einem Maschinengewehr vor dem Bauch. Sie hatten fast alle mehrere Uhren um den Arm gebunden, zeigten mit dem Finger darauf und radebrechten: „Uri!“, „Urrr!“

Jeder, der aus dem Keller hochkam, wurde auf Wertsachen untersucht und mußte sie abgeben. Das dauerte seine Zeit. Es ging nur langsam voran. Wir standen wartend auf der Treppe nach oben. Inzwischen hatten sich an uns vorbei einige Russen in den Keller hinabgezwängt, polterten, schrien. Jeder Laut dieser unbekannten Sprache flößte mir schreckliche Angst ein. Im Luftschutzkeller fielen einige unverständliche, kurze Worte. Befehle? Ich schaute hinunter in die Richtung und erkannte im Mündungsfeuer eines Gewehres oder einer Pistole die erhobenen Hände des einen deutschen Soldaten. Der andere wurde zu uns wartenden Zivilisten gestoßen. Er blutete im Gesicht. Seine Jacke war aufgerissen.

Meine Mutter drückte mein Gesicht an sich. Ich wußte überhaupt nicht mehr, was ich denken sollte. Ich war starr vor Entsetzen. Nein, das konnte doch alles nicht sein. Ich konnte es nicht begreifen. Auf der Straße würden wir bestimmt noch deutsche Truppen treffen, die uns befreien werden.

Während wir auf der Treppe warteten, erschien in der Haustür ein großer, in seltsam buntes Zivilzeug gekleideter Mann mit einer flachen, runden, rotbunten Strickmütze. Er redete mit den Russen, sprach plötzlich jedoch reinstes Deutsch: „So, und wenn ihr hier durchsucht seid, stellt ihr euch draußen hinter dem Haus auf. Dann schießen wir euch alle über den Haufen.“

Bald danach standen wir oben vor den Russen, die uns durchsuchen wollten. Mein Vater bot einem Soldaten einen Wecker an, den er sich im letzten Augenblick, bevor wir den Luftschutzkeller verließen, in die Manteltasche gesteckt hatte. Nein, den wollte er nicht. Meine Mutter gab schweren Herzens allen Schmuck ab. Sie war so verängstigt, daß sie sogar freiwillig ihren Brustbeutel hervorholte und ihn mit allen Wertsachen den Soldaten überließ. Anschließend durften wir nach draußen vors Haus gehen. Auf einem Parkplatz hinter dem Haus mußten wir dann warten, ringsum von russischen Soldaten mit Maschinengewehren bewacht.

Als endlich alle Deutschen aus dem Keller hier versammelt waren, informierte uns der deutsch sprechende Zivilist: „Ihr habt noch einmal Glück gehabt, wir lassen euch laufen!“

Die Märsche um Königsberg

Sonntag, 8. April 1945

Sie ließen uns also laufen. Doch wir gerieten von einem Chaos ins nächste.

Das Haus, in dessen Keller wir die letzten Stunden vor der Gefangennahme verbrachten, befand sich auf der südlichen Seite am östlichen Ende der Juditter Allee. Als man uns nun laufen ließ, waren wir zunächst bestrebt, in den Keller zu gelangen, in dem meine Eltern unser Gepäck untergestellt hatten. Dazu mußten wir ein Haus aufsuchen, das auf der nördlichen Straßenseite etwas weiter nach Osten lag.

Auf der Straße wimmelte es jetzt von Rotarmisten, von Panzern und Fahrzeugen. Von überall her hallten Schreie, unverständliches Stimmengewirr, etwas weiter weg zur Stadt hin Geschützdonner, Maschinengewehre. Flugzeuge dröhnten im Tiefflug über uns hinweg.

Immer noch gelähmt, verstört und eingeschüchtert versuchten wir zu dem Haus zu kommen. Die umherlaufenden Soldaten nahmen zu dem Zeitpunkt keine Notiz von uns.

Durch einen parkartigen Garten mit einer langen Auffahrt unter hohen Bäumen erreichten wir das Haus. Wir waren noch nicht bis vor die Haustür gelangt, da fanden wir auf dem Weg schon einen aufgeschlitzten Koffer von uns. Sein Inhalt lag ringsherum verstreut. U. a. erspähte ich auch ein Winterkleid von mir, von dem es später noch mehr zu erzählen gibt, auf dem Erdboden. Das schnappte ich mir instinktiv und hielt es fest. Meine Mutter steckte alles andere, was sie greifen konnte, in einen Kopfkissenbezug.

In dem Augenblick erschienen etliche Russen und schrien uns an. Ob meine Mutter den gefüllten Kissenbezug noch bei sich behielt, weiß ich nicht mehr. Ich jedenfalls war so verschreckt, daß ich das Kleid in meiner Hand nicht zu behalten wagte und es in einen Strauch warf, der neben dem Haus wuchs.

Irgendwie versuchten wir den Soldaten verständlich zu machen, daß wir in den Keller des Hauses wollten. Sie ließen das dann auch zu. Dort fanden wir noch ein fremdes Ehepaar mit einer etwa 15jährigen Tochter vor. Unser Gepäck war auch hier durchwühlt, umhergestreut, geplündert worden. Einiges konnten wir davon noch zusammenraffen.

Der Keller war nicht vollends unter die Erde gebaut. Er sah nicht nach einem Luftschutzkeller aus. Die Fenster ließen Tageslicht herein. Es war darin recht hell. Wir saßen auf Stühlen um eine Art Eßtisch herum und harrten der Dinge, die da kommen würden, abwechselnd ängstlich, angespannt oder auch apathisch. Jedesmal, wenn russische Stimmen oder Schritte zu hören waren, zuckte es durch meinen Körper. Der Puls schlug mir bis zum Hals.

Und wieder inspizierte eine Gruppe Soldaten unseren Keller. Sie schrien, grölten, polterten herein. An Uhren, Wertsachen hatten wir nichts mehr zu vergeben. Sie durchwühlten unsere letzten Habseligkeiten und verließen wieder den Raum.

Doch ein Russe kam zurück. „Frau, komm!“ Diese Aufforderung hatte er schon gelernt. Er zeigte auf die 15jährige. Der Vater stellte sich vor das Mädchen. Es nützte nichts. Der Soldat schlug ihm mit dem Gewehrkolben über den Kopf. Der Mann sackte benommen zusammen. Das Mädchen mußte mitgehen. Seine Mutter weinte und jammerte. Die Erwachsenen bemühten sich um den verletzten Vater. Er hatte auf dem Kopf eine Platzwunde. Schließlich kam er wieder zu sich.

So ein übervoller Keller wie der, in dem wir gefangengenommen worden waren, wäre mir jetzt angenehmer gewesen als dieser. Inmitten der vielen Menschen waren Furcht und Verzweiflung besser zu ertragen. Hier saßen wir jetzt zu sechs Personen und fühlten uns der Willkür der Soldaten besonders ausgeliefert. In den oberen Etagen hörten wir wohl Stimmen, doch ob sich dort auch Deutsche befanden, konnten wir nicht in Erfahrung bringen.

Nach einiger Zeit kam die 15jährige zurück. Sie weinte. Mit meinen zehn Jahren habe ich nicht richtig verstanden, was geschah. Deshalb sind mir Einzelheiten nicht im Gedächtnis geblieben.

Erneut betraten Soldaten unseren Keller, musterten uns, durchsuchten alles, ließen uns jedoch in Ruhe. Einer aber stellte einen kleinen metallenen Gegenstand in der Nähe der Tür an irgendein Möbelbein. Die Erwachsenen rätselten, ob es eventuell ein Sprengkörper sein könnte. Jedenfalls wollten wir jetzt so schnell wie möglich aus dem Keller hinaus. Das versuchten wir den nächsten Russen, die hier erschienen, klarzumachen.

Es war etwa früher Nachmittag, als sie uns dann hinausließen. Erst jetzt vor dem Haus bemerkten wir, daß sich oben im Gebäude ebenfalls einige deutsche Zivilisten aufgehalten hatten. Doch wohin wir alle nun gehen durften, konnten wir ab jetzt nicht mehr selbst entscheiden.

Nördlich von diesem Grundstück befand sich ein riesiger Sturzacker. Zwischen den Erdschollen lagen noch Schneereste. Die Soldaten trieben uns alle jetzt in Richtung Norden über dieses Feld auf eine Siedlung zu. Vorweg Soldaten mit

Maschinengewehren, hinter uns und neben uns, überall Maschinengewehre. Von nun an wurden wir gejagt mit „Dawai“, „Pascholl“, „Uchadi“, „Bistra, Bisträ!“

Das Gehen über die aufgeweichten Erdschollen war beschwerlich, zumal wir gar kein handliches Gepäckstück mehr besaßen, sondern alle Habseligkeiten in irgendwelchen Bündeln trugen. Nur ich hatte noch meinen Rucksack.

Schließlich gelangten wir zu der Siedlung. Es waren lauter kleine Ein- oder Zweifamilienhäuser inmitten von Gärten. Die Straße habe ich mir damals nicht gemerkt. Es könnte die Ratslinden- oder Appelbaumstraße gewesen sein. Auf alle Fälle bewegten wir uns westlich des Ratshofer Freigrabens, meine ich.

In dieser Siedlung wurden wir in die Garage eines Hauses gesperrt. Sie lag unterhalb der Parterre-Wohnung auf Kellerniveau, hatte von der Straße aus eine abschüssige Einfahrt. In ihr befand sich eine große Heißmangel. Da dieses Gerät von beiden Längsseiten bedient wird, gab es zwischen der Stirnseite der Garage und der Mangel einen Freiraum, um besser hantieren zu können.

Wir hatten Glück, daß wir als erste diesen Raum bevölkerten, und konnten uns somit ganz hinten zwischen Wand und Heißmangel quetschen und dort niederlassen. Im Lauf des Nachmittags wurden immer mehr deutsche Zivilisten in diese Garage gebracht, bis sie vollständig besetzt war, bis vorn zum Garagentor hin, einem Flügeltor.

Von hier aus konnten wir vernehmen, daß sich oben im Haus sowjetische Soldaten aufhielten. Sie lärmten, daß es weithin zu hören war. In dieser Garage verbrachten wir nun die erste Nacht nach der Gefangennahme. Die Leute saßen auf ihren Gepäckstücken, auf Bündeln, z. T. auf der Heißmangel.

Bei einbrechender Dunkelheit öffnete sich dann ab und an ein Torflügel, und die Soldaten griffen sich vor allem die Frauen, die sich im vorderen Teil der Garage in der Nähe des Tores aufhielten. Ich kann mich nicht erinnern, daß einer von ihnen bis hinter die Mangel in unsere Ecke gelangt war. So blieb meine Mutter in dieser Nacht noch verschont.

Doch auch in mir, dem Kind damals, riefen die Schreie der Frauen, wenn sie zunächst aus der Garage geschleppt und schließlich oben im Haus mißhandelt wurden, eine schreckliche Angst hervor.

Montag, 9. April 1945

Am folgenden Morgen holte man alle Deutschen aus der Garage heraus auf die Straße. Auch aus anderen Häusern wurden die Deutschen zu unserer Gruppe geführt. Wir wurden zu einer langen Kolonne zusammengestellt und kreuz und quer durch die Straßen in Rathshof und Friedrichswalde und zuletzt, es wurde schon dämmrig, auf die Ringchaussee zu getrieben. Von hier aus konnten wir die sowjetischen Geschütze auf den Feldern beobachten. Sie schossen in die Stadt hinein. Gab es überhaupt noch etwas zu beschießen?

Während des ganzen Tages hatten wir auf diesem Marsch nur wenig Ruhepausen im Straßengraben gehabt. Bei mancher Rast mußten wir exerzieren: Auf – nieder, hin – zurück.

Mir als Kind bereiteten damals diese Schikanen keine Schwierigkeiten. Ich war ja noch bewegungsfreudig und gelenkig. Doch es wurde auf alte, schwache, kranke Menschen keine Rücksicht genommen. Wer nicht mehr weiter konnte, bekam Fußtritte, Schläge mit dem Gewehrkolben: „Dawai, pascholl!“ Wir waren alle so verängstigt, daß wir, solange es in unseren Kräften stand, sofort weiterliefen. Ich kann mich auch nicht erinnern, ob jemand zurückblieb. An diesem Tag waren die meisten Leute auch noch nicht so entkräftet.

Es war schon dunkel, als wir zum Fort in Charlottenburg gelangten. Oder gehörte es schon zu Tannenwalde? Ich meine, es lag ganz in der Nähe der Ringchaussee, außerhalb des Rings. In diesem Fort wurden in der Nacht etliche Gruppen deutscher Zivilpersonen untergebracht.

Die festen Steinhäuser lagen etwas weiter zurück von der Straße. Uns trieb man in muffige, primitive Räume, die unter der Erde oder unter einem Wall (mit Rasen bewachsen) lagen, ganz in der Nähe der Straße. Sie waren dürftig mit Holzbänken an den Wänden entlang ausgestattet. Man konnte, ohne einen Flur oder Gang benutzen zu müssen, von einem Raum in den nächsten gelangen.

Hier also war unsere Bleibe für die zweite Nacht. Im Gegensatz zur ersten gab es jetzt Bänke zum Sitzen. Doch die Sitzplätze reichten nicht aus. Viele Leute mußten stehen. Die Räume waren elektrisch beleuchtet, wenn auch nur sehr trüb.

Auch in dieser Nacht kamen die Soldaten und holten sich Frauen heraus. Wenn es nur irgendwie möglich war, versuchten diese sich alt und häßlich zu machen. Meine Mutter nahm sich z. B. eine Zahnbrücke aus dem Mund. Es half nichts, sie mußte trotzdem mitgehen. Das Schreien der Frauen konnten wir in dieser Nacht nur solange vernehmen, wie sie aus unserem Verlies gezerrt wurden. Man brachte sie weiter weg in die Häuser des Forts. Viele Kinder weinten.

10. April 1945

Wie und wohin man uns am folgenden Tag trieb, kann ich nicht mehr im einzelnen beschreiben. Man hetzte uns hin und her, Rastpausen gab es neben der Straße, Strafexerzieren, Schlagen, Jagen, die gleichen Schikanen wie am Vortag. Ich glaube, nur die Posten um uns herum wechselten, obwohl für mich einer wie der andere aussah und einer wie der andere Schrecken verbreitete. Ich kann mich während dieser Märsche an keine menschliche Geste erinnern.

Die größte Angst flößten mir die Mongolen und Tataren ein, die ich bis dahin nie gesehen hatte. Sie machten auf mich gefühlsmäßig den wildesten Eindruck.

Auch die Bekleidung der Soldaten war für mich ungewohnt und furchterregend. Sie trugen die Ohrenklappen ihrer Pelzmützen meistens heruntergezogen, banden sie unter dem Kinn jedoch nicht zusammen. Deshalb flatterten sie wie Schlappohren um den Kopf herum. Die Panzerbesatzungen machten es mit ihren schwarzen, seltsam gesteppten oder gepolsterten Kappen ebenso.

Andere Soldaten wiederum schoben ihre Mützen weit nach hinten in den Nakken, so daß man ihre kahl geschorenen Köpfe sehen konnte. Dies gab ihnen ein rohes Aussehen. Sie waren für mich ebenfalls eine neue Erfahrung. Die wattierten Jacken und Hosen vervollständigten dann noch das ungewohnte, gewalttätig aussehende Erscheinungsbild.

Obgleich wir den ganzen Tag über unterwegs gewesen waren, hin und her getrieben wurden, schafften wir es nur bis in den nördlichen Vorort von Königsberg, bis Tannenwalde, das sich an Charlottenburg anschloß. Wir befanden uns wieder in einem Siedlungsgebiet mit kleinen Häusern.

Am späten Nachmittag pferchte man alle Menschen dort in diese Gebäude. Das Haus, in dem wir unterkamen, hatte zumindest keine Türen mehr. Es war kalt und zugig. Deshalb nehme ich an, daß die Fenster auch kaputt waren. Möbel befanden sich in unserem Raum (parterre) kaum noch. Daher hatten etwa 20 bis 25 Personen darin Platz. Sie standen, hockten auf Gepäckstücken oder auf dem Fußboden. Doch in der Nähe der Tür stand an der Wand noch ein Klavier. Davor lagen kurze Schienenstücke, gestapelt bis zur Höhe der Tasten. Sie waren viel schmaler als Eisenbahnschienen. Auf diesen Schienen versuchten meine Eltern und ich zu sitzen und uns für die Nacht einzurichten.

Durch die Stapelung bildeten sich mit Hilfe der Querverstrebungen kleine Schächte. Ich glaube, es waren zwei oder drei. Zumindest in dem Schacht, um den herum meine Eltern und ich saßen, verkroch sich jedesmal, wenn Soldaten sich näherten, ein junges Mädchen. Über dieses Mädchen wurden ein Koffer und kleinere Gepäckstücke gelegt. Mich setzten die Erwachsenen dann noch oben drauf.

Immer noch suchten die Russen bei den Deutschen nach Wertsachen. Sie hatten wohl auch schon Erfahrungen gemacht, wo solche versteckt sein könnten. Als ein Soldat im Schein seiner Taschenlampe das Klavier hinter uns erblickte, stieß er mich von meinem Platz und stieg auf das Gepäck, um besser an die Abdekkung des Klavierrahmens heranreichen und die Klappe öffnen zu können. Darunter vermutete er wahrscheinlich Schmuck oder ähnliches. Während er nun auf dem Koffer stand, mußte das Mädchen unter ihm, auf den Füßen in zusammengerollter Haltung hockend, das Gewicht des Mannes und zusätzlich des Gepäcks aushalten. Doch daß darunter eine Frau lag, hatte er Gott sei Dank nicht bemerkt. Auch in dieser Nacht wurden Frauen aus der Menge herausgeholt und mitgenommen.

Von dieser dritten Nacht ist mir ein unvergeßliches Bild in Erinnerung geblieben. Immer noch hörte man Geschützdonner und Schießereien, nicht ganz in unserer Nähe, aber auch nicht sehr weit entfernt. Wie es in der Stadt aussah, wußte niemand von uns. Das Fenster unseres Raumes zeigte in etwa nach Süden. Wir konnten deshalb beobachten, wie sich der Himmel über der Stadt allmählich glutrot färbte. Hinter einer dunklen Silhouette von Gebäuderesten und Bäumen stiegen dann lodernde Flammen empor, züngelten und fingerten in den Himmel hinauf. Funken sprühten. In dieser Nacht wurden noch die Häuser in Brand geschossen, die bisher vor der restlosen Zerstörung verschont geblieben waren, wie ich später erfuhr. Man konnte sogar das Knacken, Krachen des Feuers hören. Alle Menschen in diesem Raum starrten gebannt durch das Fenster auf die brennende Stadt.

In dieser Nacht brannte höchstwahrscheinlich auch unser Wohnviertel, das Samlandviertel, nieder. Denn als wir am 8. April 1945 nachts aus dem Luftschutzkeller gen Pillau zogen, waren etliche Häuser zwar durch Sprengbomben beschädigt worden, jedoch bis auf die Häuser am südlichen Samlandweg und Teile der Schindekopstraße nicht ausgebrannt gewesen.

11. April 1945

Am Morgen dieses Tages stellten die Soldaten eine sehr lange Marschkolonne zusammen. Alle Deutschen, die sich die letzte Nacht über in den Häusern befanden, mußten sich in Dreier- oder Viererreihen aufstellen. Nach einigen Irrwegen durch das Siedlungsgelände ging es dann hinaus auf die Landstraße, etwa in Richtung Nordwesten ins Samland hinein. Der Marsch war schleppend, denn es machten sich bei den Menschen jetzt mehrfach Ermüdungs- und Entkräftungserscheinungen bemerkbar.

Es war der vierte Tag ohne eine Mahlzeit. Der Proviant, einige Butterbrote, den wir auf die Flucht mitgenommen hatten, war längst aufgebraucht. Viele waren überstürzt aus den Kellern gejagt worden und konnten gar nichts mitnehmen. Anderen war gleich zu Beginn der Gefangennahme sämtliches Gepäck weggenommen worden, oder es mußte wegen Bomben- oder Raketeneinschlägen oder wegen Bordwaffenbeschusses irgendwo stehenbleiben, damit man beweglicher war und wenigstens das nackte Leben retten konnte.

Außerdem traf es manche noch besonders hart. Mit vorgehaltenem Gewehr wurden vor allem Männer gezwungen, ihre Schuhe oder auch die warmen Mäntel auszuziehen. Bei Frauen waren sie vor allem auf Stiefel und Pelze erpicht. So geschah es, daß diese Unglücklichen urplötzlich ohne warme Kleidung dastanden und mit irgendeinem behelfsmäßigen Ersatz aus ihrem noch vorhandenen Gepäck oder aber von mitmarschierenden Nachbarn vorlieb nehmen mußten. Ich sah aber auch Zivilisten, die sich dicke Lappen um die Füße gebunden hatten.

Ob die Soldaten wollten oder nicht, die Pausen im Straßengraben wurden häufiger, dafür jedoch meistens kürzer als bisher. Einige Marschierende aus der Kolonne wurden jetzt öfter, sofern sie Zeichen von Erschöpfung zeigten, von den Posten mit dem Gewehrkolben geschlagen. Was mit den Menschen geschah, die nicht mehr weitergehen konnten, weiß ich nicht. Um mich herum kam das nicht vor, oder ich wollte es nicht sehen, verdrängte es und nahm es deshalb nicht wahr.

Links von der Landstraße standen auf den Feldern im Schutz von Baumgruppen und im nebligen Dunst zwei Stalinorgeln. Die Felder waren teilweise noch schneebedeckt, man konnte sie aufgrund des Kontrastes recht gut erkennen. Sie jagten ihre Raketen etwa in Richtung Südwesten. Es pfiff, heulte und zischte. In dem diesigen, dämmrigen Licht leuchteten die Salven besonders schaurig.

Am späten Nachmittag gelangten wir dann zu einer Scheune, die sich ebenfalls links von der Straße befand. An das Gehöft, das dazu gehörte, kann ich mich nicht erinnern. In Höhe der Scheune wurden auf der Straße die Männer von den Frauen und Kindern getrennt. Sie – auch mein Vater – mußten weitermarschieren. In der Ferne waren Häuser zu erkennen. Mir klingt es noch im Ohr, wie einige Erwachsene damals sagten, die Siedlung sei Fuchsberg. Demnach könnte die Scheune zum Gut Goldschmiede gehört haben.

Alle Frauen und Kinder wurden nach der Trennung von den Männern in die Scheune gewiesen. Jeder suchte sich einen Platz im trockenen, sauberen, wärmenden Stroh. Mütter von kleinen Kindern hatten auf dem Hof Kühe entdeckt. Es sprach sich schnell herum, daß man dort Milch bekommen könne. Noch heute sehe ich die Frauen im unebenen, recht glatten, rutschigen Stroh in irgendwelchen behelfsmäßigen Gefäßen Milch balancieren, um bloß nicht etwas von der Kostbarkeit zu vergießen. Wir konnten uns an diesem Abend eigentlich recht geborgen fühlen im Gegensatz zu den bisherigen Tagen. Erstmals konnten wir uns hinlegen, lang ausstrecken, und es war relativ warm, sauber und trokken.

Doch dann kam die fürchterliche, dunkle Nacht. Obwohl viele Mädchen und Frauen recht hoch hinauf in das gestapelte Stroh krochen und sich dort versteckten, mit Stroh total zudeckten, suchten die Soldaten mit ihren Taschenlampen jeden Quadratmeter ab, trampelten auf den unter dem Stroh liegenden Frauen herum und fanden sie dann doch. Sie machten sich dann nicht einmal die Mühe, die schreienden Geschöpfe in eine abgelegene Ecke zu zerren, sondern nahmen sie sich gleich an Ort und Stelle inmitten von Kindern und allen anderen Umliegenden. Die entsetzlichen Schreie hallten fast die ganze Nacht lang durch die Scheune, ebenso die der Kinder. Erst gegen Morgen wurde es ruhiger.

Meine Mutter und ich, wir hatten uns nicht so weit nach oben ins Stroh verkrochen, weil dort schon alles dicht bei dicht belegt war. Wenn aber die Soldaten zur Scheune hereinkamen, glitt ihr Blick bzw. der Lichtstrahl ihrer Taschenlampen sofort etwas höher über uns hinweg, weil sie dort die meisten versteckten Frauen vermuteten, was ja auch stimmte. Alle, die im unteren Teil des Strohs lagen, wurden deshalb nicht so sehr beachtet und kamen in dieser Nacht glimpflicher davon als die, die sich besonders gut versteckt glaubten.

Der 12. April 1945 und die folgenden Tage

Von der Scheune aus zogen wir am folgenden Tag etwa in nordöstlicher Richtung um Königsberg herum. Obwohl sich bei mir die Anzahl der Tage, die wir um die Stadt getrieben wurden, ganz fest mit der Zahl „acht“ verbindet, ja, fest eingeprägt hat, kann ich mich nicht genau an weitere Ortschaften und Straßen erinnern. Bis auf eine Übernachtung entlang der Landstraße im Straßengraben unter kahlen Bäumen sind mir auch die Örtlichkeiten, wo wir die folgenden Nächte verbracht hatten, entfallen.

Die Nacht im Straßengraben bei Kälte und Nässe ist mir aber noch gut in Erinnerung. Dicht an dicht saßen Frauen und Kinder nebeneinander am Hang des

Grabens mit dem Rücken zur Straße. Meiner Erinnerung nach war der Schnee inzwischen abgetaut. Die Erde war äußerst naß und glitschig. Und wieder kamen die russischen Posten, leuchteten mit ihren Taschenlampen jedem zusammengesunkenen Häufchen Elend ins Gesicht, um sich ihre Opfer herauszusuchen. Zu dem Zeitpunkt hatten die deutschen Frauen schon einige russische Ausdrücke aufgeschnappt. Immer, wenn ein Lichtstrahl ins Gesicht eines weiblichen Wesens traf, hieß es dann „Staraja babuschka", „alte Großmutter". Bei Kindern versuchte man mit „Malinka", „kleines Kind" abzuwehren. Es kam in dieser im Freien verbrachten Nacht zu weniger Übergriffen.

Bevor es am darauffolgenden Morgen dann weitergehen sollte, entschlossen sich meine Mutter und ich, unsere Bündel auf Dinge zu untersuchen, die wir nicht unbedingt brauchten und warfen sie auf das vor uns liegende durchweichte Feld, weil selbst das wenige Gepäck, das wir noch besaßen, auf diesen Märschen immer schwerer wurde und wir kaum noch die Kraft hatten, es zu tragen. Das haben wir einige Monate später sehr bereut.

In diesen Tagen hatten wir schon oft vor Verzagtheit geweint. Auch jetzt, während wir uns von dem ziemlich Allerletzten trennten, flossen Tränen. Wie zur Bekräftigung unseres Entschlusses zog ich dann noch ein Lieblingssommerkleid von mir aus einem Bündel und warf es allen Sachen hinterher auf den Acker. Als ob dieses dünne Fähnchen das Gepäck spürbar erleichtern konnte! Aber vielleicht kennzeichnet dies die Verzweiflung, in der wir uns befanden.

Etwa nach acht Tagen landeten wir auf dem Bahnhof in Rothenstein. Vor dem Bahnhofsgebäude, das eher wie ein gemauerter Schuppen aussah, mußte sich unsere Gruppe aufstellen, immer noch in Kolonnenform, doch jetzt um 90° gedreht, das Gesicht zu den Gleisen gewandt.

Erst heute wird mir bewußt, daß sich die Kolonne seit Tannenwalde erheblich dezimiert hatte. Es konnten vielleicht um 30 Personen gewesen sein. Gewiß, die Männer fehlten, dennoch war die Gruppe äußerst zusammengeschrumpft. Ob die Kolonne geteilt wurde oder ob etliche zurückgeblieben waren?

Diese restliche Gruppe mußte jetzt hier vor dem Gebäude noch einmal besondere Schikanen hinnehmen. Für eine uns unendlich lang erscheinende Zeit hatten die Soldaten ihre Freude daran, uns wieder auf und nieder zu scheuchen. Es wurde sogar darauf geachtet, daß man sich nicht nur in die Hocke setzte, sondern sich flach auf den Bahnsteig legte, um danach gleich wieder gerade zu stehen. Dann ließen die Posten uns laufen. Seitdem wurden wir von niemandem mehr gejagt, konnten gehen, wohin wir wollten. Es war etwa Nachmittag.

Ja, wohin? Natürlich wollten wir nach Hause. Doch wir wußten nicht, was uns dort erwartete.

Nach Hause

Rothenstein

Unweit vom Bahnhof Rothenstein führte die Cranzer Allee in die Stadt hinein. Diese Richtung schlugen wir ein. Hier, wo die Bebauung begann, sah es nach den Kampfhandlungen besonders wüst und trostlos aus.

Bald kamen wir auf der östlichen Seite der Straße an zwei oder drei etwa dreistöckigen Mehrfamilienhäusern vorbei die parallel zur Straße standen. Sie waren noch nicht restlos zerstört. Offenbar lebten deutsche Zivilisten darin. Vor den Häusern gab es zur Straße hin ein etwa zehn bis fünfzehn Meter breites, freies Gelände. Vor den Kämpfen konnten hier Vorgärten gewesen sein. Jetzt jedoch war diese Fläche mit Schutt, Mauerstücken, Ziegelsteinen, Dachpfannen, Dachrinnen, Ästen von Bäumen, die entlang der Straße standen, übersät.

Inmitten dieser Trümmer hatten sich deutsche Überlebende aus Steinen Kochstellen gebaut. Darin brannten Astwerk oder Holzstücke aus zerstörten Häusern. Darüber dampfte es aus irgendwelchen behelfsmäßigen Kochtöpfen, aus Dosen, Marmeladeneimern.

Da es inzwischen später Nachmittag war und wir damit rechnen mußten, vor der anbrechenden Dunkelheit nicht mehr bis nach Hause zu gelangen, suchten meine Mutter und einige andere Frauen nach einem Eckchen zum Übernachten in einem dieser Häuser. Hier war man mit vielen Deutschen zusammen und konnte hoffentlich die nächste Nacht besser überstehen, als vielleicht irgendwo allein auf der Straße. Eventuell war es sogar möglich, an eine warme Mahlzeit zu kommen. Ob das geklappt hatte, weiß ich nicht mehr. Doch in einer Wohnung, ziemlich hoch, etwa in der zweiten Etage, gab es noch ein Plätzchen für uns auf dem Fußboden.

Auch in dieser Nacht leuchteten die Soldaten mit ihren Taschenlampen das Zimmer ab, wühlten immer wieder unsere Gepäckstücke durch und verbreiteten Angst und Schrecken. Einzelne Frauen mußten auch in dieser Nacht mitgehen, doch ich habe sie nicht in so grausamer Erinnerung behalten wie die zuvor in der Scheune und in der Garage.

Auf dem Weg nach Hause

Am nächsten oder übernächsten Tag ging es dann weiter in die Stadt hinein. Meine Mutter hatte sich mit zwei Frauen angefreundet, die drei kleine Kinder hatten, jünger als ich. Sie mußten irgendwo in unserem Hufenviertel gewohnt haben, sonst wären sie sicher nicht mit uns mitgegangen. Mir waren sie unbekannt. Aus der nächsten Nachbarschaft konnten sie nicht stammen. Die Kinder waren keine Spielkameraden von mir. Da meine Mutter sich zunächst einmal bei uns zu Hause umsehen wollte, ließ sie in dem Haus einen Teil des Gepäcks zurück, um den Marsch besser bewältigen zu können. Die Bewohner, die außer uns das Zimmer bevölkerten, wollten darauf aufpassen. So zogen wir etwas leichter und beweglicher als bisher los.

Es sollte ein gruseliger Marsch werden. Irgendwann bogen wir von der Cranzer Allee auf die Herzog-Albrecht-Allee ab. Maraunenhof hatte ja schon im August 1944 während der englischen Bombenangriffe stark gelitten. Wenn die Häuser nun nicht vollends zerstört oder ausgebrannt waren, waren sie zumindest von Granaten oder Bomben beschädigt. Statt der Fenster und Türen gab es nichts als gähnende Löcher. Die Straßen, Gärten und Grünanlagen lagen voller Schutt und geborstener Bäume. Zerschossene Militärwagen, zwei oder drei Panzer standen ausgebrannt in der Gegend. Wir passierten, von Norden kommend, die Neue, aber auch zerstörte Tragheimer Kirche am König-Ottokar-Platz an der westlichen Seite. Der Name Ottokar hatte mich als Kind so belustigt, daß Name und Platz sich mir fest eingeprägt haben. Kein Mensch war weit und breit zu sehen. Es herrschte Totenstille. Alles war wie ausgestorben. Die Ruinen, der ganze Straßenzug erschien in einem fahlen, weißlichen Licht, obwohl die Sonne schien. Die Ruinenlandschaft ohne Leben machte auf mich einen besonders gespenstischen Eindruck.

Über die Auguste-Viktoria-Allee gelangten wir dann weiter zur Schindekopstraße. Ein Teil dieses Weges war mir gut bekannt. Hier lief ich zur Prussia-Badeanstalt am Oberteich, fuhr mit dem Puppenwagen in den Rosengarten oder besuchte meinen Vater in der Handelshochschule.

Die Schindekopbrücke war gesprengt. Wegen der zerstörten Brücke mußten wir durch die Belle-Alliance-Straße über den Nordbahnhof einen Umweg in Kauf nehmen. Diese Straße ist mir, da sie durch die Kämpfe grauenvoll zugerichtet war, besonders im Gedächtnis haften geblieben. Überall auf unserem bisherigen Marsch um die Stadt gab es ja in zerschossenen Wagen auf den Straßen, im Gelände Leichen, tote Tiere, Pferde, die ihre erstarrten Beine von sich streckten: Hier jedoch häuften sich dichtgedrängt alle Schrecken des Krieges.

Die Straße hatte etliche Bombentrichter, tiefe Krater. Kreuz und quer standen ein paar ausgebrannte Panzer und zerstörte Militärfahrzeuge. Zwei tote Pferde versperrten uns außerdem den Weg. In der Nähe eines Bombenkraters hatten zwei deutsche Soldaten ihr Leben lassen müssen. Da sie dort schon länger lagen, waren ihre Körper aufgedunsen, die Uniformen zerrissen, und ihre Haut schimmerte schwarz-braun. Um den Hals trugen sie noch ihre Erkennungsmarken.

Mir hat sich das Bild deshalb so genau eingeprägt, weil wir über die Leichen hinwegsteigen mußten, um vorwärtszukommen. Wenn sich sonst auf unserem Weg Tote befanden, warnte mich meine Mutter zuvor, wegzugucken, oder sie lenkte mich irgendwie ab.

Pobether Weg

Wir zogen über die General-Litzmann-Straße [= Stresemannstraße] und den Samlandweg von Ruine zu Ruine und standen schließlich vor unserem Haus, Pobether Weg 3. Die Gebäude glimmten und rauchten zwar nicht mehr, doch die Außenmauern waren noch warm. Der Schutt des übrigen Mauerwerks und der Dächer lag auf den tragenden Kellerdecken, nur der Küchentrakt war auf beiden Etagen nicht eingestürzt. Auch das Treppenhaus hatte standgehalten. Man konnte es bis oben zur zweiten Etage betreten. Vor unserer Wohnungstür im ersten Stockwerk lag auf dem Treppenabsatz der zerfledderte und angesengte Volkssturmmantel meines Vaters. Unsere Garderobe befand sich gegenüber dem Wohnungseingang im Flur. Die Soldaten mußten den Mantel bei der Plünderung bis ins Treppenhaus geworfen haben. Blickte man jetzt durch die Türöffnung in die Wohnung, gähnte vor uns ein Abgrund. Der Küchentrakt war von hier aus weit entfernt. Dorthin konnten wir nicht gelangen. Ein Hochklettern über die Schuttberge im Erdgeschoß war nicht möglich. Was sollten wir da auch noch finden? Ausgeglühte Töpfe, irgendwelche Metallteile?

Anders war es im Keller. Bis hierher war das Feuer nicht vorgedrungen. Alles, was meine Mutter vor den Bomben und Raketen im Vorratskeller verstaut hatte, war noch erhalten geblieben. Er war zwar durchwühlt worden, denn überall wurde ja nach versteckten deutschen Soldaten gesucht, geplündert jedoch wenig. Meine Mutter fand u. a. sogar noch in Handtüchern zusammengewickelt das Tafelsilber. Die Vorratskartoffeln waren durch die Hitze des Feuers geschrumpft und faltig geworden. Man konnte sie jedoch noch essen. Auch andere eßbare Vorräte fanden wir noch, z. B. Obst und Gemüse in Weckgläsern und Säfte in Flaschen. Seltsamerweise hatten sie die Hitze des Feuers vertragen und waren nicht geplatzt. So konnten wir unsere leeren Mägen füllen. Ebenso gab es noch weitere Dinge, die wir gut gebrauchen konnten. Was es jedoch war, weiß ich nicht mehr.

Der Luftschutzkeller war jedoch ausgebrannt. An seiner Außenwand stand immer noch der ausgeglühte, gußeiserne Kohleherd, darauf auch der bauchige, gelb-orange-farbene, recht große Emailkochtopf mit dem verschmorten Eintopf für die ganze Hausgemeinschaft. Seine Farben hatten durch das Feuer eine bräunliche Tönung angenommen. Die baumdicken Balken, die die Kellerdecke abstützen sollten, waren zwar sehr verkohlt, jedoch nicht vollends durchgebrannt. Auch die Reste eines eisernen, durch die Hitze verbogenen Bettgestells lagen noch da. Alles andere war in Schutt und Asche zerfallen.

Während unsere Luftschutzwartin, Frau Kublun, mit ihren alten Eltern, meine Eltern und ich in der Nacht zum 8. April 1945 versuchten, nach Pillau zu gelangen, blieben Frau Grün, das Ehepaar Bock von Wülfingen und Frau Kahlau mit einer Flüchtlingsfrau aus dem Memelgebiet oder der Elchniederung im Luftschutzkeller zurück. Sie wollten die Russen hier erwarten. Von ihnen war jetzt keine Spur zu entdecken. Auch in der folgenden Zeit sahen wir sie nie wieder. Obwohl es üblich war, im Lauf der nächsten Wochen Lebenszeichen auf irgendeine Weise in die verrußten Hauswände zu ritzen, um Angehörige, Freunde, Nachbarn zu benachrichtigen, sah und hörte man von ihnen nichts mehr.

Der Marsch von Rothenstein bis zu unserer Wohnung hatte viel Zeit gekostet, das Suchen nach verschollenen Nachbarn und das Auskundschaften der Keller nach eßbaren Vorräten oder sonstigen Gebrauchsgegenständen ebenfalls. Wir mußten hier irgendwo die Nacht verbringen. Dazu bot sich der Luftschutzkeller im Nachbarhaus an, Pobether Weg 5. Er war nicht ausgebrannt, sein Inventar war fast noch vollständig vorhanden. So konnten wir hier in den hölzernen, doppelstöckigen Luftschutzbetten übernachten: drei Frauen und vier Kinder. Seit etwa zehn, zwölf Tagen konnten wir endlich wieder einmal in einem Bett schlafen.

Als wir uns gerade etwas eingerichtet hatten, hörten wir auf der Kellertreppe Schritte und dann auch Stimmen, russische. In dieser verlorenen, ausgebrannten Gegend hatten wir, vor allem unsere Mütter, mit einer solchen Begegnung wohl kaum gerechnet. Wieder begannen die Ängste, das Zittern vor dem, was uns bevorstand.

Zwei uniformierte Tataren erschienen. Sie fanden mit ihren Taschenlampen zielsicher in den Luftschutzkeller, obgleich wir nicht einmal zu atmen wagten. Einer der beiden war schon etwas älter und machte einen väterlichen Eindruck. Die Gegenüberstellung mit den Soldaten verlief dann jedoch ganz anders, als wir es bisher gewohnt waren. Die beiden leuchteten den Keller ab. Als sie sicher waren, daß sich darin keine deutschen Soldaten, sondern nur Frauen und Kinder aufhielten, behandelten sie uns sehr freundlich. Auch die Mütter brauchten keine Übergriffe zu befürchten. Eine Unterhaltung mit ihnen war kaum möglich. Wir verständigten uns mit Händen und Füßen.

Schließlich bedeuteten sie uns allen, aus dem Keller zu kommen. Waren sie doch nicht so selbstlos freundlich!? Wir waren jedoch so verschüchtert, daß wir gehorchten und ihnen mißtrauisch folgten. Unser Weg führte auf den Hof. Dann sollten wir in das „Maschinen-“ oder „Kesselhaus“ eintreten, das sich hier inmitten dieses Häuserblocks befand. Es war nicht ausgebrannt, zumindest nicht im Erdgeschoß. Von hier aus wurden die Häuser vor dem Zusammenbruch unterirdisch zentral mit Koks beheizt. Oberhalb dieser Heizungsanlage war für die Hausfrauen ein großes Waschhaus mit vielen Kesseln, großen Waschgefäßen und eigenartigen Waschtrommeln eingerichtet worden. In einem Raum stand eine große Heißmangel. Auf der gegenüberliegenden Seite von diesen Räumen hatte Schuster Lettau seine Werkstatt. Im Dachgeschoß wohnte der für den Häuserblock zuständige Hausmeister Eichstaedt.

Das Haus schien jetzt völlig leer zu sein. Wir konnten keine weiteren Soldaten entdecken. Die beiden führten uns in einen der Waschräume mit einem riesigen gemauerten Herd. Hier hatten sie Quartier bezogen und sich häuslich niedergelassen. Ich meine, sie schliefen auch auf dem Fußboden wie wir in der letzten Zeit. Im Herd brannte ein Feuer. Sie brühten uns Tee auf und gaben uns von ihren Lebensmittelvorräten zu essen. Wir lernten, was „Tschai“ (Tee) und „Chleb“ (Brot) bedeuteten. Es waren die ersten sowjetischen Soldaten, vor denen wir keine Angst zu haben brauchten.

Rudauer Weg 50

Zwei oder drei Tage blieben wir hier im Samlandviertel. Wir durchsuchten die Keller der ausgebrannten Häuser besonders nach Eßbarem, aber auch nach Haushaltsgegenständen, die man gebrauchen konnte.

Wir durchstreiften die weitere Umgebung des Samlandviertels und entdeckten im Rudauer Weg nördlich der Powundener Straße noch einige intakte Ein- bzw. Zweifamilienhäuser. Im Haus Nr. 50, gleich auf der nordöstlichen Ecke der Kreuzung Rudauer Weg/Powundener Straße begegneten wir in dieser verlassenen Gegend endlich Deutschen aus der Nachbarschaft. Das Gebäude gehörte dem Dachdeckermeister Zeich, der jetzt mit seiner Familie, es handelte sich um Vater, Mutter und Tochter, die untere Etage bewohnte. Eine ganze Wohnung für drei Personen war in jener Zeit ungewöhnlich.

Wir teilten uns im ersten Stockwerk zu elf Personen zwei ineinander übergehende Räume, die zuvor wohl als Wohn- und Herrenzimmer genutzt wurden. Unser Platz befand sich im Wohnzimmer „zu Füßen" eines Klaviers. Dort breiteten wir auf dem Fußboden eine Schlafdecke aus, die wir höchstwahrscheinlich in unserem Vorratskeller gefunden hatten, und deckten uns mit unseren Mänteln zu.

Mit uns lebten in diesen zwei Räumen – auf der Herrenzimmerseite – die schon älteren Ehepaare Vogel und Westland, ehemals Preyler Weg 10, sowie das Ehepaar Liebs. Es war mit den Eheleuten Westland verwandt und wohnte zuvor im Samlandweg. Sie alle schliefen nebeneinander auch auf dem Fußboden. An die anderen drei Personen, die auch in diesen Räumen wohnten, habe ich keine Erinnerung mehr.

Im Schlafzimmer dieser Wohnung hatten sich Frau Finselberger mit ihrer Tochter Liselotte und noch eine Frau niedergelassen. Liselotte war etwa ein Jahr älter als ich und eine Spielkameradin von mir aus besseren Zeiten. Sie wohnte zuvor im Preyler Weg 8. In einem vierten Zimmer waren zwei Frauen mit kleineren Kindern untergekommen, an die ich mich nicht mehr genau erinnern kann.

Außerdem gehörte zu dieser Wohnung noch ein kleines, sogenanntes „halbes" Zimmer. Darin schlief ein junges, hübsches Mädchen, etwa 20 Jahre alt. Es hatte sich schon zu dieser Zeit einen Soldaten als Beschützer und Ernährer zugelegt. Man sagte damals, er sei Pole. Auf alle Bewohner der Etage machte er einen sympathischen Eindruck. Vor allem hatten wir weniger Angst vor Überfällen, wenn er das Mädchen besuchte. Die daneben liegende Küche und das Badezimmer benutzten alle Bewohner der Etage gemeinsam.

Hier bei den Bekannten aus der Nachbarschaft wollte meine Mutter mit mir fürs erste bleiben. Nach ein paar Tagen machten wir uns jedoch noch einmal auf den Weg zur Cranzer Allee, um unser restliches, dort verbliebenes Gepäck nachzuholen.

Als wir vor den Häusern anlangten, stand inmitten der stets brennenden Kochstellen eine riesige Traube von Menschen. Ein russischer Soldat bahnte sich gerade durch die aufgebrachte Menge einen Weg und versuchte, sie auseinanderzutreiben. Die Erwachsenen erzählten dann, daß vor ein paar Minuten – am hellen Tag – vor den Häusern ein Mädchen, ein Kind von zwölf Jahren, von einem Soldaten vergewaltigt worden war.

Schockiert und betroffen hasteten meine Mutter und ich ins Haus, um unsere restliche Habe zu ergreifen und wieder zu verschwinden. Doch da oben hatten die Russen trotz Aufpassens, wie uns versichert wurde, erneut unsere Bündel geplündert und wieder um einiges erleichtert. Schleunigst machten wir uns, bevor es Abend wurde, mit dem Rest zurück auf den Weg ins Samlandviertel.

Wasser aus dem Wirrgraben

Die folgenden Erlebnisse ereigneten sich alle im Zeitraum etwa letztes Drittel April bis Mitte Juli 1945. Diese Monate verbrachten wir im Rudauer Weg 50. Die Reihenfolge der Ereignisse kann ich jedoch nicht mehr genau einordnen. Deshalb beschreibe ich sie so, wie sie mir in ihrem Ablauf in etwa logisch erscheinen.

Zu allererst werden wir uns wohl um die Beschaffung von Wasser gekümmert haben. Das Wasserleitungssystem funktionierte nach dem Zusammenbruch ebenso wenig wie die Stromversorgung. In der Küche wurde gekocht. Ob mit Gas, Holz oder anderem Brennmaterial, vermag ich nicht zu sagen.

An die zwei Eimer, in denen ich aus dem Wirrgraben, der am nördlichen Ende des Rudauer Wegs vorbeifloß, das Wasser holte, kann ich mich noch gut erinnern: ein Zink- und ein rotbrauner Emaileimer. Da der Zinkeimer recht schwer war, lief ich lieber zweimal mit dem Emailgefäß, um das Wasser dann umzugießen. Es diente der Zubereitung von Speisen wie auch als Trinkwasser, ebenso zum Waschen und zum Nachspülen in der Toilette. Den Weg zum Bach schätze ich heute auf etwa 80 – 100 m.

Hella

Beim Einmarsch der Sowjetarmee und auch noch später waren Plünderungen an der Tagesordnung. Sie betrafen nicht nur die Habe, die die Deutschen bei sich hatten. Sämtliche Häuser und Wohnungen wurden mit unvorstellbarer Roheit durchwühlt und ausgeplündert. Das, was die Soldaten gebrauchen konnten, nahmen sie an sich, transportierten es fort. Was ihnen wertlos oder uninteressant erschien, warfen sie z. T. einfach durchs Fenster, sofern es hindurchpaßte. Vieles ging dabei entzwei, manches blieb ganz. Folglich lagen dann vor den Häusern unter vielen Fensteröffnungen Hausrat und Schutt durcheinander auf dem Boden, in Gärten oder auf der Straße.

Auch vor dem Haus Rudauer Weg 50 türmte sich u. a. rechts vom Eingang solch ein riesiger Berg. Er reichte etwa bis zur Unterkante des Fensters im Erdgeschoß. Niemand der Bewohner kümmerte sich um ihn, es sei denn, man erspähte etwas, das man daraus gebrauchen konnte. Das nahm man einfach mit. Im damaligen Sprachgebrauch hieß das „organisieren".

An einem schönen Sonnentag stöberte gegen Mittag auch Hella, ehemals Pobether Weg 1, in diesem Haufen neben der Haustür. Sie wohnte jetzt mit ihrem Vater schräg gegenüber von uns in einem der anderen noch erhaltenen Häuser an diesem Straßenabschnitt. Hella war damals etwa 14, 15 Jahre alt. Sie trug ihr dunkles, lockiges Haar schulterlang und offen, wie junge Mädchen es zu tun pflegten. Ich bewunderte sie sehr. Da sich in diesem Berg von hinausgeworfenen Gegenständen auch Bücher befanden, fischte sie sich einige heraus und blätterte sie gleich an Ort und Stelle durch, um zu sehen, ob sie ihr zusagten. Während dieser Tätigkeit gesellte sich unversehens ein Soldat zu ihr und versuchte sie zu überreden, mit ihm zu gehen. Sie weigerte sich beharrlich und schaute angestrengt in ein Buch.

Bis zu diesem Zeitpunkt hatte ich die Szene draußen beobachtet und ging dann ins Haus in unser Zimmer. Nach einer Weile betrat ich wieder den oberen Flur. Dort standen rat- und hilflos die Bewohner des Schlafzimmers, in dem noch die Ehebetten vorhanden waren. Hinter der Tür hörte man entsetzliche Schreie. Inzwischen hatten sich etliche Bewohner auf dem Flur eingefunden. Frau Finselberger erzählte dann mit verhaltener Erregung, daß drei Soldaten sie vor ein paar Minuten aus dem Zimmer gewiesen und Hella hineingezerrt hätten. Offenbar hatte sich der Kerl, der sie vor dem Haus belästigte, Verstärkung besorgt. Zu dritt waren sie nun mutiger, dem Mädchen Gewalt anzutun. Ich lief weg und nahm nicht wahr, wie sie später aus dem Schlafzimmer herauskamen.

Nach diesem Ereignis habe ich Hella und ihren Vater nie wieder gesehen.

Lebensbedingungen

Wir wurden nicht verschleppt und in keinem Lager interniert wie viele andere deutsche Zivilisten. Wir konnten uns überall in der Stadt frei bewegen. Es kümmerte sich niemand um uns. Das bedeutete aber, daß sich niemand darum scherte, wenn Soldaten über Frauen herfielen, Deutsche mißhandelten, sie ausplünderten oder sie auf offener Straße aufgriffen, um irgendeinen Gefangenentransport oder ein Arbeitskommando aufzufüllen, dessen Anzahl an Menschen nicht mehr die ursprüngliche war, weil Krankheit, Tod oder Flucht die Gruppe dezimiert hatte. Wir waren vogelfrei.

Es bedeutete weiterhin, daß die freigelassenen Zivilisten, ausgeplündert und mittellos, sich selbst überlassen waren und in den Trümmern der Stadt ihren Lebensunterhalt bestreiten mußten.

Meine Mutter und ich sowie die anderen Nachbarn hatten zunächst einmal Glück, in den erhaltenen Häusern im Rudauer Weg einen Unterschlupf gefunden zu haben. Viele Zivilisten in anderen Stadtteilen mußten mit Kellern in Ruinen vorliebnehmen. Nicht nur die Häuser, die ganze Infrastruktur der Stadt war zerstört worden. Es gab nichts mehr, was zu einem zivilisierten Leben gehörte.

Und es gab nichts zu essen. Das Militär wurde versorgt. Doch die deutsche Zivilbevölkerung erhielt zunächst gar nichts an Lebensmitteln. Man mußte sich aus verlassenen oder nicht ganz zerstörten Häusern, aus nicht ausgebrannten Kellern zurückgelassene Vorräte zusammensuchen. Man war schon dankbar und glücklich, Reste von Wintervorräten (April!) an Kartoffeln aufzuspüren und zu ergattern. Was nützten etliche Flaschen Essig, wenn es nichts zu säuern gab. Was nützten diverse Tüten Salz, wenn nichts zu salzen da war?

Nahrungsmittelbeschaffung

Nun lag auf der nordöstlichen Ecke des Rudauer Platzes, fast im Winkel von Powundener Straße und Rudauer Weg, ziemlich dicht neben der Straße seit den letzten Kampfhandlungen ein totes Pferd. Pferdefleisch kannten wir schon aus der Festungszeit. Wenn der Kadaver dort nur nicht schon so lange liegen würde! Seit Eintritt des Todes mußten schon etwa drei Wochen vergangen sein. Eine Fleischmahlzeit brächte Abwechslung in das Einerlei der Kartoffelspeisen und könnte die Mägen für einige Tage stopfen. So überlegten einige Frauen aus „unserem“ Haus und machten sich trotz aller Bedenken mit großen scharfen Messern auf, um einige Fleischstücke aus dem toten Tier herauszuschneiden. Auch meine Mutter kam mit so einem Stück zurück. Trotz aller zu jener Zeit möglichen Kochkünste, die sie anwandte, bekam ich von dem Fleisch keinen Bissen hinunter. Anderen Mitgliedern der Hausgemeinschaft schienen die Mahlzeiten jedoch bekommen zu sein.

Um das fehlende Gemüse zu ersetzen, wurden jetzt Mahlzeiten erfunden, die wir bis dahin nicht gekannt hatten. U. a. waren damals die jungen Brennesseln, die im Frühjahr frisch aus der Erde sprossen, Pflanzen, die uns Nährstoffe geben sollten. Sie wurden als Spinat oder mit Mehl aus den gefundenen Vorräten als Gemüsesuppe gekocht. Später, zum Sommer hin, wurde Melde, die man früher viel häufiger als heute in der Natur fand, ebenso verarbeitet.

Aus dem zarten, jungen Löwenzahn richtete meine Mutter Salate an. Sie schmeckten zwar herb-bitter, aber sie waren zu essen. Für süße Salate mit Sahne, wie ich sie zuvor gewohnt war, gab es jetzt keine Zutaten mehr.

Kriegsende

Inzwischen war es Mai geworden.

Eines Nachts geriet auf den Straßen alles außer Rand und Band. Obwohl unsere Häuser eigentlich recht abgeschieden lagen, war die Luft voller Lärm und Krach. Auf den Straßen sangen und schrien die Soldaten, schossen fortwährend in die Luft und auf imaginäre Ziele. Dieses hörte auch am folgenden Tag nicht auf. Wenn wir den Soldaten begegneten, riefen sie uns entgegen: „Chitler kapuut!"

Nun wußten wir, daß der Krieg ein Ende hatte.

Jetzt müsse wieder eine bessere Zeit beginnen, so dachten wir, alles Leiden werde aufhören. Es war der 8. oder 9. Mai, ein Datum, das 50 Jahre später für uns Überlebende aus Königsberg unerträgliche Diskussion auslösen sollte.

Arbeit und Brotzuteilung

Meine Mutter fand etwa Mitte Mai 1945 Arbeit in einem Typhus-"Lazarett" oder „Krankenhaus". Leider kann ich nicht beschreiben, wo diese Arbeitsstelle genau lag. Sie war in Richtung Hans-Sagan-Straße. Da mir in dieser Gegend kein herkömmliches Krankenhaus bekannt ist, nehme ich an, daß dort irgendein geeignetes Haus für diesen Zweck hergerichtet wurde. Meiner Mutter wurde hier eine höchst unangenehme Arbeit zugewiesen. Sie mußte die vollen Becken der Typhuskranken fortbringen und sie säubern. Das hatte dann später entsetzliche Folgen.

Immerhin erhielt sie zu dieser Zeit, da sie ja arbeitete, irgendwelche Berechtigungsmarken für 200 g Brot pro Tag. Ob ich zusätzlich auch etwas bekam, weiß ich nicht mehr. Doch das Brot spüre ich noch heute auf der Zunge. Es waren Kastenbrote, deren Formen, wie ich inzwischen lesen konnte, mit Stauferfett eingestrichen worden waren und dementsprechend schmeckten. Damals meinten wir, es sei Petroleum gewesen.

Heutzutage stellt man sich unter 200 g Brot zumindest ein kleines Päckchen vor. Damals jedoch war es eine etwa mittelfingerdicke Scheibe. Das Brot war naß und deshalb so schwer. Man munkelte, die Russen würden die gebackenen Brote kurz ins Wasser werfen, damit sie es aufsogen und schwerer wurden. Vielleicht waren sie aber nicht richtig ausgebacken, oder der Teig war zu naß angesetzt worden.

Um dieses nasse, klitschige Brot etwas genießbarer zu machen, legten es die Bewohner unserer Etage in der Küche auf die heiße Herdplatte zum Rösten. Dabei verdunstete das Wasser im Brot in Dampffahnen über dem Herd. Oft jedoch hatte die Platte nicht die richtige Temperatur für so einen Röstvorgang, so daß die Oberflächen der Brotscheiben zu beiden Seiten wie eine Haut schwarz brannten, der Klitschteig dazwischen aber immer noch naß blieb. Der ganze obere Flur stank während so einer Aktion nach dem vermeintlichen Petroleum und dem verbrannten Brot. Damals machte mir der Geruch aber nichts aus, verhieß er doch, daß es etwas zu essen gab.

An einigen Tagen während dieser Zeit gab es Maisbrot. Es war trockener als das andere, hatte eine andere Form, sah grüngelb aus und schmeckte ebenso scheußlich, nur auf eine andere Art, bitter. Doch was aß man nicht alles, wenn man Hunger hatte.

Das gab es auch

Auch jetzt noch und ebenso in den folgenden Monaten verbreitete das rabiate Benehmen der Soldaten immer noch Aufregung und Schrecken. Doch eines Tages betraten zwei schon etwas ältere Soldaten das Zimmer, um sich bei uns umzusehen. Sie erblickten das Klavier und bedeuteten, daß jemand etwas vorspielen solle.

Nun hatte meine Mutter aus unserem Vorratskeller nach dem Brand auch etliche Klaviernoten retten können. Da sie der Klaviermusik sehr verbunden war, lagen sie ihr besonders am Herzen, und sie nahm sie deshalb mit in den Rudauer Weg, zumal in unserem Raum ja ein Klavier stand.

Jetzt konnte sie die Noten gut gebrauchen. Unter ihnen war – ich meine, so hieß es – „Das Rosenkranz-Liederbuch“, DIN A4-Größe, gebunden in schwarzem Leinen. Auf dem Deckblatt hatte es einen ovalen Blütenkranz. Es enthielt Volks-, Kunstlieder und andere volkstümliche Stücke.

Daraus spielte sie den Russen etwas vor, u. a. auch das Lied „Es war ein König in Thule“. Einer der Soldaten konnte es sich nicht genug anhören. Immer und immer wieder mußte meine Mutter es vorspielen. Obgleich er den Text sicher nicht verstand, forderte er mich auf, zum Klavierspiel zu singen.

Seit diesem Tag kamen die beiden des öfteren, um den „König in Thule“ zu hören. Sie brachten sogar ab und an ein Stück Brot mit. Vor denen brauchten wir uns endlich einmal nicht zu fürchten.

Kindlicher Zeitvertreib

Während meine Mutter arbeiten ging, streifte ich allein oder mit Spielkameraden durch die Ruinen, die zerbombten oder verlassenen Häuser. Vieles war mit der Zeit von anderen Deutschen schon „wegorganisiert" worden. Doch manches Liegengebliebene konnte man jetzt im Frühsommer 1945 immer noch finden.

Unweit von unserem Unterschlupf im Rudauer Weg gab es im nördlichen Teil der Rantauer Straße einige Häuser, die zwar durch Sprengbomben beschädigt, aber nicht ausgebrannt waren. Zu diesen Gebäuden gehörte auch das ehemalige Rektorhaus neben der Adolf-Hitler-Schule, vormals Friedrich-Ebert-Schule. Etwa die Hälfte des Zweifamilienhauses war von einer Sprengbombe heruntergerissen worden. Fußboden und Decke der nördlichen Seite hingen schräg herab. Die Außenmauern waren an dieser Seite zusammengestürzt. Man konnte von der Straße aus ins Haus hineinsehen.

Damals machten wir Kinder uns keine Gedanken darüber, daß einsturzgefährdete Häuser uns möglicherweise hätten verschütten oder erschlagen können. Wir kletterten überall umher, wo sich Gelegenheit dazu bot.

So gelangten wir auch in ein Kinderzimmer dieses Hauses. Es lag auf der Seite des Gebäudes, die nicht so stark gelitten hatte. Dieses Zimmer war für uns damals eine ganz besondere Fundgrube. Wenn das Mobiliar teilweise auch zerschlagen war, so gab es doch einiges, was Kinderherzen in jener Zeit besonders erfreute. Für mich waren vor allem einige Jugendbücher interessant. An ihre Titel und an das andere Spielzeug kann ich mich jedoch nicht mehr im einzelnen erinnern. Ich meine, es waren „Nesthäkchen"-Bücher dabei gewesen.

Eigentlich war es das erste und einzige Mal, daß ich mich in der Zeit nach 1945 mit Spielsachen befaßte.

Die Schulsituation

Die Schule neben diesem Haus hatte alle Angriffe und auch den letzten Feuersturm überstanden. Es mag sein, daß dieser große Gebäudekomplex einige Artillerietreffer erhalten hatte, doch größere Schäden gab es nicht. Ich kann mich aber nicht entsinnen, ihn nach dem Zusammenbruch je betreten zu haben, obwohl er doch „meine Schule" war. In ihr verbrachte ich die ersten sorglosen Schuljahre meines Lebens, von 1941 bis 1944. Im letzten Kriegsjahr wurde sie als Lazarett genutzt.

Nach April 1945 gab es unter der sowjetischen Besatzung für deutsche Kinder keinen Schulbesuch. Knapp 50 Jahre danach habe ich hier im Westen erfahren, daß in der Johanna-Ambrosius-Schule in der Luisenallee ab Herbst 1946 für einige deutsche Kinder Unterricht erteilt wurde. Meine Mutter und ich wohnten ab August 1945 in der Gluckstraße, also nicht weit von der Luisenallee entfernt. Zu dem Zeitpunkt lebten in der Gegend etliche deutsche Kinder. Doch niemand von uns erfuhr von der Existenz dieser Unterrichtsstätte. Es gab auch 1946 und später keine systematische Erfassung der schulpflichtigen Kinder. Wie ich gehört habe, besuchten in der Regel nur Kinder aus den Waisenhäusern in Maraunenhof und Quednau diese Schule.

Verbrannter Zucker

Eines Tages sprach es sich herum, auf dem Güterbahnhof des Nordbahnhofs stehe ein Waggon mit verbranntem Zucker. Alle, denen das bekannt geworden war, zogen mit Gefäßen und Handwerkszeug dorthin. Geeignetes „Handwerkszeug“ mußte man schon haben. Man stelle sich vor, wie der Zucker in dem brennenden Waggon schmolz, sich verflüssigte und nach dem Erlöschen des Feuers wieder hart wurde. Er lag wie eine zu Stein gewordene feste braune Masse auf dem Fahrgestell des Wagens und rundherum. Nur, wer ein Beil oder ähnliches Werkzeug besaß, konnte dieser harten Masse beikommen und Beute machen.

Ich hatte eine Kinderschaufel dabei und konnte damit nichts losschlagen. Einige kleine Krümel, die andere als zu gering erachteten, um sie mitzunehmen, blieben für mich übrig.

Ich tröstete mich dann mit der Gewißheit, daß diese Zuckerstückchen einen beißenden, unangenehmen, eben verbrannten Geschmack hatten, die nicht die Spur einer Ähnlichkeit mit Karamelbonbons besaßen. Und trotzdem herrschte um den Waggon herum ein hektisches Treiben. Jeder versuchte, so gut er konnte, sich einen Vorrat von dem immerhin süßlich schmeckenden Zeug zu sichern.

Schrebergärten

Von der Powundener Straße aus konnte man in die Schrebergärten gelangen, die sich hinter den Wohnhäusern bis zum Wirrgraben hin erstreckten. Schon in früheren Jahren hatte ich mit einer Spielkameradin, Gisela Empacher, Preyler Weg 9, das Gelände durchstreift. Ihre Eltern bewirtschafteten hier eine Parzelle. Sie war ein Kinderparadies. Wir spielten in der Laube und konnten von den reichlichen Früchten naschen, die so ein Garten zu bieten hatte.

Nun, im Juni 1945, war diese Gartenkolonie verwaist. Die Lauben waren ausgeplündert worden. Die Erdbeeren sowie Stachel- und Johannisbeeren reiften jedoch auch ohne jegliche Pflege der früheren Besitzer. Das machten sich viele Deutsche aus der Umgebung zunutze. Leider wurden dann die meisten Früchte schon im unreifen Zustand abgepflückt.

Obgleich es in dem weitläufigen, verlassenen und verwahrlosten Gelände recht unheimlich war, streiften wir Kinder hier oft herum und stopften unsere Mägen voll. Für eine ganze Mahlzeit zu Hause langte das Obst kaum. Es war allenfalls ein Töpfchen voll, das wir unseren Müttern mitbrachten.

Östlich von dieser Gartenanlage, nur durch einen Fußweg von den Schrebergärten getrennt, gab es zusätzlich ein großes Feld, das auch in Gartenparzellen, aber ohne Umzäunung aufgeteilt worden war. Es lag ebenfalls zwischen Powundener Straße und Wirrgraben und wurde von den Bewohnern des Samlandviertels auch gärtnerisch genutzt. Hier wuchsen jedoch keine Bäume und keine größeren Sträucher, meine ich. Warum dieser Teil nicht in die Schrebergartenkolonie mit einbezogen worden war, weiß ich nicht. Vielleicht war diese Fläche erst in den Kriegsjahren zur Bewirtschaftung freigegeben worden. Unser Hausnachbar, Herr Bock von Wülfingen, besaß hier ein Stück Land und züchtete darauf Erdbeeren. Während der Erntezeit versorgte er unsere Familie alljährlich mit diesen köstlichen Früchten und mancherlei Gemüse. Er war schon pensioniert und betrieb die Gartenarbeit als Hobby.

Nun, im Sommer 1945, waren er und seine Frau verschollen. Seine Erdbeeren konnte er nicht mehr ernten.

Plötzliche Selbständigkeit

So waren auch wir Kinder ständig unterwegs, stets auf der Suche nach Eßbarem oder etwas anderem, das dem Weiterleben dienen konnte.

Was ein paar Monate zuvor aus meiner Sicht noch unmöglich erschien, z. B. ohne ein Elternteil in alle Richtungen der Stadt zu laufen, war jetzt zur Selbstverständlichkeit geworden. Noch heute bin ich darüber verwundert, wie ich mich in der Ruinenlandschaft zurechtfinden konnte. So erinnere ich mich an einen Erkundungsgang zum Pregel bis zur Reichsbahnbrücke, allerdings mit mehreren Kindern. Irgendwo las ich einmal, sie sei nicht zerstört worden. Aber ich entsinne mich noch genau, wie wir auf den im Pregel liegenden zusammengestürzten Stahlträgern am nördlichen Ufer umherbalancierten.[1]

Hygienische Verhältnisse

Zu Beginn der russischen Besatzung hatten wir höchstwahrscheinlich noch etwas Seife von zu Hause in unserem Handgepäck. Ein oder das andere Waschpulverpaket hatten wir bestimmt in verlassenen Häusern oder Kellern gefunden. Doch wie es weiterging, als diese Waschmittel aufgebraucht waren, daran habe ich keine Erinnerung.

Im Sommer 1947, als ich bei Verwandten in Rinderort am Kurischen Haff lebte, wusch meine Tante die Wäsche mit Asche. Nach dem Ausspülen im Haff von einem kleinen Kahn aus wurde sie dann weiter in eine andere Bucht auf die Bleiche gebracht. Das war eine große Wiese, auf der jedes Wäschestück ausgebreitet wurde. Wir Kinder fuhren dann mehrmals am Tag dorthin, um jedes Teil immer wieder mit einer Gießkanne voll Wasser zu benetzen. Natürlich gelang eine solche Reinigung nur im Sommer und bei Sonnenschein. Sie war mit Sicherheit auch nicht ausreichend.

Man brauchte damals auf dem Land aber nicht zu befürchten, daß etwas gestohlen wurde. Hier an der Haffküste lebte zu der Zeit fast jede Familie, die die Flucht nach Westen nicht geschafft hatte, noch auf ihrem Besitz, sofern er nicht zerstört worden war. Nur in wenigen Häusern oder Gehöften hatten sich sowjetische Soldaten einquartiert, um die Fischerei der deutschen Fischer zu überwachen. Hier kannte jeder jeden, und es wurde von der Wiese, die abgeschieden am Wasser lag, kein Wäschestück entwendet.

In der Stadt jedoch war das Bleichen überhaupt nicht möglich. Zum einen gab es keine geeigneten sauberen Grasflächen, zum anderen hätte es selbst unter Aufsicht keine 15 Minuten gedauert, bis die Wäsche verschwunden gewesen wäre. An solchen Diebstahlaktionen beteiligten sich nicht nur die Russen, sondern auch Deutsche. Alles, was umherlag und brauchbar erschien, wurde mitgenommen.

---

1 Die Reichsbahnbrücke wurde vermutlich Anfang April 1945 gesprengt, s. Otto Lasch, So fiel Königsberg, 5. Aufl. Stuttgart 1994, S. 101. D. H.

Gequetschte Finger

Da wir im Rudauer Weg in den ersten Monaten einige Vorräte „organisieren" konnten, wird hier das Waschen der Wäsche noch auf einigermaßen herkömmlichem Weg erfolgt sein. Wir konnten sie mit einer kleinen Handmangel sogar glätten. Eine solche stand bei uns im Haus oben auf dem Treppenabsatz vor der Bodentür.

Die Mangel hatte zwei ca. 15 – 20 cm im Durchmesser starke aufeinanderliegende Holzrollen, die mit einer Handkurbel an der Seite gegeneinander gedreht wurden. Vor den Rollen befand sich eine Art Tischplatte, auf der die Wäschestücke entsprechend ausgebreitet und dann zwischen die Walzen geschoben wurden. Dahinter gab es jedoch keine Platte oder sonstige Vorrichtung, auf die die geglättete Wäsche rutschen konnte. Vielleicht war sie abgebrochen. Deshalb half ich meiner Mutter beim Mangeln und zog die fertigen Teile auf der Rückseite aus der Mangel.

Wie es genau geschah, kann ich nicht beschreiben. Jedenfalls geriet ich beim Herausziehen oder Zurechtlegen eines Wäschestücks mit den Fingern zwischen die zwei Rollen. Das Geschrei war groß. Zwei oder drei Fingerkuppen und deren Nägel waren gequetscht.

Was nun? Einen Arzt oder Sanitätspersonal gab es weit und breit nicht. Frau Finselberger war Krankenschwester gewesen. Sie begutachtete dann das Malheur. Die Knochen schienen nicht beschädigt zu sein. Der Schreck war wohl größer gewesen als die Verletzung. Irgend jemand aus der Hausgemeinschaft trieb dann noch eine Mullbinde auf. Die Finger wurden versorgt, jedoch ohne Salbe, ohne ein Desinfektionsmittel. Da es an weiterem Verbandszeug mangelte, blieben sie so lange wie möglich verbunden. Danach heilten sie an der Luft weiter, und bald war die ganze Aufregung vergessen.

Später erfuhren wir, daß Krankenhäuser wie die Barmherzigkeit, das Elisabeth-Krankenhaus, das Lazarett in der Yorckstraße nicht zerstört worden waren und wenigstens in den ersten zwei Jahren nach der Besetzung mit deutschen Ärzten und deutschem Personal den Verhältnissen entsprechend weiterarbeiten durften. Doch in den ersten Monaten nach der Besetzung hatte sich das bei uns im Samlandviertel noch nicht herumgesprochen. Wir wußten zu dem Zeitpunkt nicht einmal, ob die Krankenhäuser überhaupt noch existierten.

Kopfläuse

Eines Tages stellte meine Mutter bei mir Kopfläuse fest.

So einem Problem waren weder sie noch ich je in unserem Leben begegnet. Eine Drogerie oder Apotheke, in der man sich Rat und Hilfe holen konnte, gab es damals nicht mehr. Jeder in unserer Hausgemeinschaft hatte einen gutgemeinten Vorschlag. Zunächst einmal müsse dem Kind das lange Haar abgeschnitten werden. So könne man die Läuse nicht unter Kontrolle bringen. Meiner Mutter taten jedoch die langen Zöpfe leid. Sie konnte sich nicht zum Abschneiden durchringen. Schließlich fand sie einen Kompromiß: Das Haar wurde auf die halbe Länge gestutzt. Damit war ich die Plagegeister aber immer noch nicht los.

Ein anderer Rat hieß Essigessenz. In verlassenen Häusern hatten wir einige Flaschen davon gefunden. Diese hochkonzentrierte Säure sollte nun die Erlösung von den Biestern bringen. Mir wurde das gesamte Haar damit eingerieben und der Kopf dann mit einem Frotteehandtuch luftdicht umwickelt. Auf diese Weise sollten die Läuse absterben. Kurze Zeit später brannte meine ganze Kopfhaut von dem Zeug. Ich lief verzweifelt hin und her, im Zimmer, auf dem Flur, im Treppenhaus bis oben hinauf, wo die Wäschemangel stand. Dort saß ich auf der Treppe, heulte und wußte nicht, wie ich diese Prozedur aushalten sollte. Nach ein, zwei Stunden Tortur wurde der Essig wieder aus dem Haar gewaschen, kurz danach war ich wieder läusefrei.

Entlausung

Wegen der schlechten Lebensverhältnisse wurde die Ungezieferplage allgemein ein immer größeres Problem. Auch Krätze breitete sich unter der deutschen Bevölkerung aus. Das erkannte auch die sowjetische Militärverwaltung. Es wurde eine große Aktion gestartet, um der Plage beizukommen. Die Bewohner erhielten eines Tages häuser- oder straßenzugweise die Aufforderung, sich in einem Keller in der Stadt zur Entlausung einzufinden. Eine ganze Kelleretage war dazu hergerichtet worden.

Da unten schien alles unter Dampf zu stehen. Wir standen im dichten Nebel. Alle, Männer, Frauen, Kinder mußten ihre gesamte Kleidung ablegen und sie gebündelt bei einer Aufsicht abgeben.

Dann stellte man uns ein Gefäß mit einer Art Emulsion, einer gelblichen Flüssigkeit mitten in den Keller. Damit mußten wir unsere Körper einreiben. Das Zeug war wohl ein Mittel gegen die Krätze gewesen. Nach einiger Zeit durften wir es wieder abduschen. Auch für das Haar gab es ein spezielles Pulver zum Waschen. Danach erhielten wir unsere Kleidung zurück und konnten nach Hause gehen.

Onkel Fritz

Meiner Mutter würde es bestimmt sehr am Herzen liegen, wenn ich eine Begebenheit erwähne, von der ich leider nicht allzu viel weiß.

Irgendwann in den Monaten, die wir im Rudauer Weg verbrachten, erschien bei uns Onkel Fritz Ruhnau, mein Großonkel und der einzige Onkel meiner Mutter, der zu jener Zeit noch lebte. Er wohnte mit seiner Familie in der Königsberger Lavendelstraße.

Wir hatten etliche Verwandte, die in Königsberg wohnten. Doch die vielen Familienfeiern und sonstigen Besuche bei der Familie meines Großonkels sind mir heute noch in besonderer, dankbarer Erinnerung.

Seit den britischen Bombenangriffen 1944 hatten wir dann nichts mehr voneinander gehört. Der Bruder meiner Mutter hatte nach dem Krieg hier im Westen nach den Verwandten geforscht. Er kam zu dem Ergebnis, daß sie bei einem der beiden Angriffe ums Leben gekommen sein mußten. Da dieser Großonkel Fritz uns im Mai oder Juni 1945 im Rudauer Weg aufgesucht hatte, war zumindest er vor den Bomben verschont geblieben. Meine Mutter unterhielt sich damals mit ihm und hatte dabei sicher Näheres über das Schicksal der Familie erfahren. Ich aber strolchte leider während dieses Gesprächs im Haus umher.

Unglücklicherweise erreichte uns dann an diesem Nachmittag die Nachricht, daß in einem Keller der Umgebung noch Vorratskartoffeln lagerten. Wenn man dann nicht sofort zugriff, hatte man das Nachsehen und ging leer aus. Deshalb bat meine Mutter ihren Onkel, bei uns im Zimmer zu warten, bis sie die Kartoffeln geholt hatte. Doch als sie zurückkam, war er fortgegangen. Wir sahen ihn nie wieder.

Solange sie lebte, hatte sich meine Mutter quälende Vorwürfe gemacht, sich an dem Nachmittag nicht intensiver um den Onkel gekümmert zu haben. Ich kann mir heute noch nicht verzeihen, daß ich zur Zeit des Gesprächs gespielt und nicht zugehört hatte. Denn sonst hätte ich jetzt wenigstens um das Schicksal dieser Familie Bescheid gewußt und mein Wissen über sie weitergeben können.

Muscheln aus dem Oberteich

Immer wieder, täglich, waren wir auf der Suche nach etwas Eßbarem. Wir mußten jede Gelegenheit wahrnehmen, wenn sich etwas bot.

So bekamen wir eines Tages, es war schon sommerlich warm, den Tip, daß man auf dem Grund des Oberteichs Muscheln – in der Länge maßen sie etwa fünf bis sechs Zentimeter! – finden könne. Man nannte uns auch genau die Stelle, wo das möglich war: Die Auguste-Viktoria-Allee überquert einen kleinen Teil des Oberteichs und zwar die Bucht, die den nordwestlichen Zipfel des Teiches bildet und den Rosengarten an seiner nördlichen Seite begrenzt.

Diese Bucht war unterhalb und ein Stück westlich der Straßenbrücke sehr flach. Deshalb konnte man auf ihrer nördlichen Seite von der Straße „Oberteichufer“ aus darin umherwaten. Es herrschte hier ein Kommen und Gehen. Diesmal war auch meine Mutter dabei.

Etliche Frauen und Kinder tasteten sich im knietiefen, trüben Wasser voran, fühlten und fingerten dabei mit den Händen auf dem schlammigen Grund nach Muscheln. Die Situation des Tastens und Fischens habe ich noch klar vor Augen, und ich fühle noch die Muscheln im Schlamm und in meinen Händen. Ich kann mich jedoch nicht mehr erinnern, wie die Schalentiere schmeckten und ob ich sie überhaupt gegessen habe oder lieber hungerte.

Ernteeinsatz, Typhus

Als Stadtkind hatte ich mich nicht mit der Frage beschäftigt, wann in Ostpreußen die Getreideernte begann. Im Herbst 1944 waren die Felder noch von den deutschen Bauern bestellt worden. Jetzt im Sommer 1945 gab es kaum jemanden, der sich um die Natur kümmerte. Ich schätze den Beginn der Ernte ungefähr auf Mitte Juli.

Zu dieser Zeit etwa erschienen im Haus sowjetische Soldaten mit einem Dolmetscher und forderten alle arbeitsfähigen Erwachsenen auf, einen Lastwagen zu besteigen. Sie sollten außerhalb Königsbergs bei der Ernte helfen. Die älteren Ehepaare in unserem Zimmer brauchten nicht mitzufahren. An jüngeren Leuten gab es bei uns im Haus eigentlich nur Frauen mit Kindern. Da dieser Ernteeinsatz sich über eine längere Zeit erstreckte, durften wir Kinder auch mit.

An diesen Aufenthalt auf dem Lande habe ich nur eine schwache Erinnerung. Wir landeten irgendwo nördlich von Königsberg im Samland auf einem Bauernhof. Die Entfernung zur Stadt kann ich nur sehr ungenau angeben: Nach Beendigung des Einsatzes mußten wir zu Fuß zurücklaufen. Gegen Abend erreichten wir Tannenwalde, einen nördlichen Vorort von Königsberg. Untergebracht waren wir in einem Insthaus, das aus gelblichen Natursteinen gebaut worden war. Dort aßen auch alle Erntehelfer gemeinsam an einem langen Tisch.

Auf den Feldern arbeiteten nur Deutsche, Soldaten der Roten Armee führten die Aufsicht. Das Getreide wurde mit Sensen gemäht. Das Mähen besorgten ältere

Männer, die irgendwo aufgetrieben worden waren. Frauen banden die Garben. Wir Kinder stellten sie zu Hocken zusammen. Wenn wir Muße hatten, durften wir uns darin verstecken.

Ungefähr ein bis zwei Wochen hielten wir uns auf dem Lande auf. Während der letzten Tage dort ging es meiner Mutter gesundheitlich nicht gut. Sie war äußerst schlapp, hatte Durchfall und fühlte sich fiebrig. Mit letzter Kraft schaffte sie noch den Fußmarsch bis Tannenwalde. In einem älteren einstöckigen Haus, in dem schon einige Deutsche untergekommen waren, verbrachten wir die Nacht.

Meine Mutter lag auf dem Fußboden. Die Erwachsenen um uns herum sprachen von Typhus. Ich hatte schreckliche Angst um sie. Des Nachts kuschelte ich mich dicht an sie. Ich benutzte ihr Toilettengefäß, einen ehemaligen Marmeladeneimer. Ich wollte auch Typhus haben. In ihrem Fieberwahn nahm sie mein naives, unsinniges Tun gar nicht wahr.

Am folgenden Tag war es unmöglich, mit ihr weiter in die Stadt zu gehen. Während sie mit Schüttelfrost und Fieber auf dem harten Boden lag, versuchte ich in der Umgebung etwas zu „organisieren". Vielleicht würde ich etwas Weiches finden, um ihr Lager ein wenig angenehmer zu gestalten. Vielleicht gab es auch irgendwo etwas zu essen.

Als ich zurück ins Haus kam, riefen mir die übrigen Bewohner entgegen: „Deine Mutter hat Typhus. Sie ist auf einem Lastwagen ins Krankenhaus gebracht worden." Ich war wie gelähmt.

Wie und mit wem ich dann in die Stadt gelangte, kann ich nicht mehr genau sagen. Frau Finselberger und Liselotte müßten dabei gewesen sein, einige andere auch noch. Ich sehe uns dann zu mehreren Personen vor dem Haus Rudauer Weg 50 stehen. Die Bewohner, die den Ernteeinsatz nicht mitmachen mußten, waren inzwischen vertrieben worden. Jetzt lebten Russen darin. In keinem Haus dieses Straßenabschnitts gab es noch Deutsche.

Wir sahen in der darauffolgenden Zeit auch niemanden von ihnen wieder.

Gluckstraße 3

Das Haus und seine Bewohner

Den Haupteingang des Schauspielhauses von der Hufenallee aus kannte ich gut. Seitdem die jährlichen Weihnachtsmärchen nicht mehr im Opernhaus aufgeführt

Rudauer Weg 50, 1993. Das Grundstück wurde 1945 von einer Hecke und m.E. auch von einem Holzzaun eingefaßt. Rechts, wo der Schutthaufen liegt, führte die Powundener Straße weiter zum Samlandweg. In der Verlängerung des linken Bildrands lag der Wirrgraben. (Aufnahmen H.M.)

Eckhaus Gluckstraße 3, 1993. Das Haus wurde äußerlich unverändert wieder aufgebaut. Die Schaufenster des Ladenlokals wurden jedoch zugemauert.

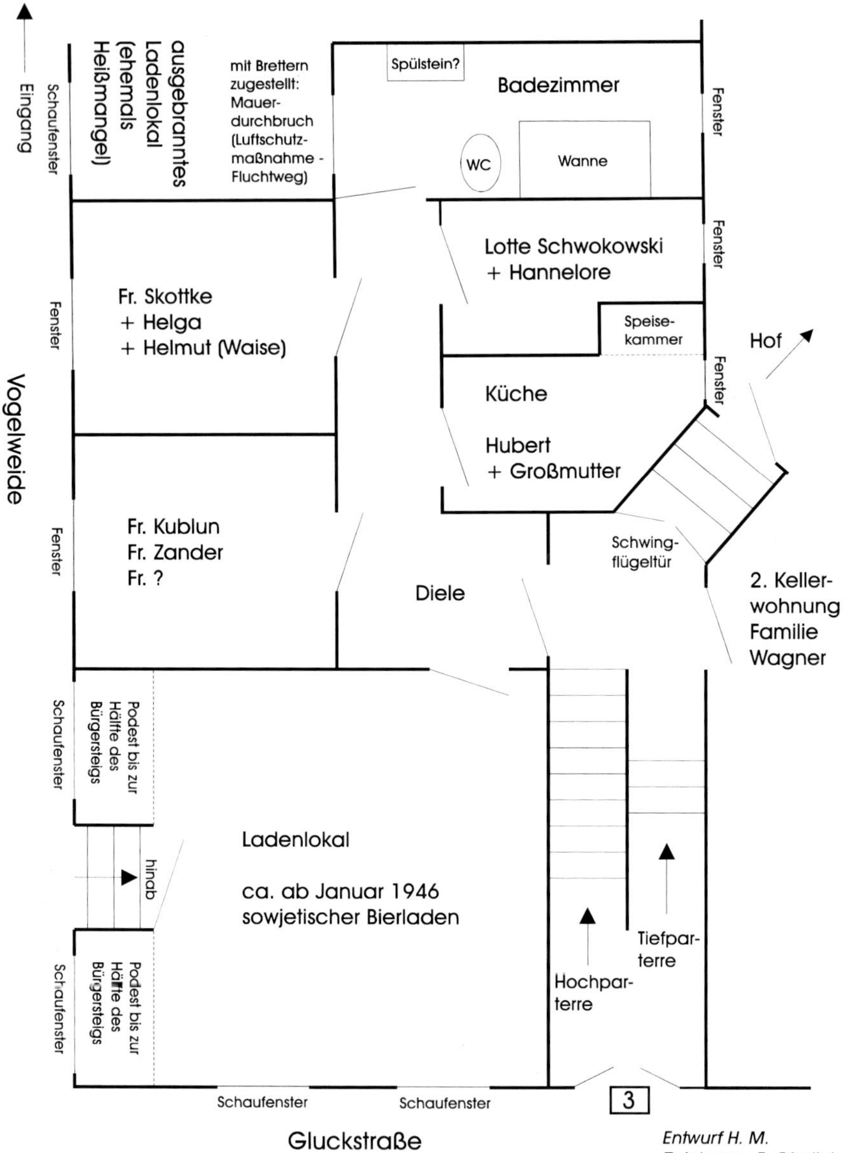

Entwurf H. M.
Zeichnung E. Gierlich

wurden, wartete ich dort jedes Jahr in einer langen Menschenschlange, um Eintrittskarten für eine Vorstellung zu bekommen. Man mußte schon Stunden vor Öffnung der Theaterkasse dort anstehen, um Karten zu erhalten. In den ersten Jahren machten das meine Mutter und ich gemeinsam. Im Dezember 1943 wechselten wir uns in der Schlange ab. Es war die letzte Märchenaufführung, die ich zu Hause besuchte, gespielt wurde „Peterchens Mondfahrt“.

Die Gluckstraße hinter dem Schauspielhaus aber, die vom Amts- und Landgericht aus zunächst fast parallel zur Hufenallee nach Westen führt und schließlich kurz vor dem Haupteingang des Tiergartens auf die Hauptstraße mündet, war mir bis August 1945 völlig unbekannt.

Das Dreieck des Häuserblocks „Hufenallee-Gluckstraße-Auf der Vogelweide“ war 1945 ausgebrannt. Nur im Eckhaus Gluckstraße 3 waren die Wohnungen im Hoch- und Tiefparterre erhalten geblieben. Der Schutt der darüber liegenden Stockwerke lag auf den Zimmerdecken der unteren Etage. In jedem bewohnbaren Raum hatten sich hier nun mehrere Deutsche einquartiert.

Die Wohnungen rechts vom Treppenhaus lagen zur Gluckstraße hin, links davon zeigten ihre Fenster auf den südlichen Teil der „Vogelweide“, ein Straßenstück, das westlich des Schauspielhauses die Gluckstraße mit der Hufenallee verband.

Genau auf der Ecke des Hauses befand sich im Kellergeschoß ein Ladenlokal. Es war im Sommer 1945 völlig demoliert. Die vier großen Schaufenster hatten kein Glas mehr. Für einen Unterschlupf eignete sich dieser Raum nicht. Er stand zunächst leer. Zu diesem Geschäft gehörte eine dahinter liegende Zweieinhalbzimmer-Wohnung mit Küche und Bad, auch auf Kellerebene. Man konnte sie vom Treppenhaus aus und auch durch die nach zwei Seiten offenen Schaufensterfronten und den Eingang des Ladens gleich von der Straße aus betreten.

In einem der Zimmer lebte nun unsere ehemalige Nachbarin, Frau Kublun, mit noch zwei weiteren Frauen. Eine der beiden war Frau Zander, die sich später mir gegenüber als sehr fürsorglich und hilfsbereit erwies, obwohl ich ihr eigentlich fremd war. Den Namen der dritten Frau habe ich vergessen.

Den zweiten Raum bewohnte Frau Skottke mit ihrer Tochter Helga und dem etwa gleichaltrigen Helmut, einem Waisenkind. Ob Helmut in einem verwandtschaftlichen Verhältnis zur Familie Skottke stand, weiß ich nicht. Mit Helga Skottke besuchte ich von 1941 – 1944 zusammen dieselbe Schulklasse.

In der Küche dieser Wohnung lebte Hubert, etwa drei Jahre jünger als ich, mit seiner Großmutter. Sie machte zu jener Zeit immer noch einen den Verhältnissen entsprechend gepflegten und rüstigen Eindruck.

Das halbe Zimmer belegte dann ich, später kam meine Mutter hinzu.

Das Bad diente uns allen meist nur zum Leeren der Abortgefäße in die Toilette. Anders konnte es selten genutzt werden. Aus den Wasserhähnen floß kein Wasser. In einer Wand befand sich ein Mauerdurchbruch, wie er im Krieg für Luftschutzmaßnahmen als Fluchtweg üblich war. Er war jetzt durchstoßen und gab den Blick frei auf den ausgebrannten Geschäftsraum eines ehemaligen Heißmangelbetriebs. Seine zwei riesigen Schaufensterhöhlen und der Eingang zeigten auf die „Vogelweide". Man konnte also von der Straße aus durch die aufgeschlagene Wand bis auf die Toilette sehen.

Da zumindest hier unten im Haus nur handwerklich ungeübte Frauen und Kinder wohnten, wurde das große Loch in der Mauer mit zum Teil ungeeigneten Brettern, die vorn und hinten nicht paßten, zugestellt. Das aber nützte nicht viel. Von Zeit zu Zeit verrutschten die Teile. Außerdem konnte jeder Passant von der Straße aus durch den ausgebrannten Laden die Bretter erkennen und sie bei Bedarf als Brennholz mitnehmen. Nicht immer konnten wir dann auf die Schnelle geeigneten Ersatz organisieren.

Deshalb war dieses riesige Loch in der Wand meistens offen und gab den Blick von der Straße auf die Toilette – und auch umgekehrt – frei.

Das Wasser, das wir für alle unsere Bedürfnisse benötigten, holten wir aus einem Hydranten. Der befand sich auf dem Bürgersteig der „Vogelweide" zwischen Gluckstraße und Hufenallee. Mit einem großen Gerät, einer Art Zange oder Schlüssel, konnten sogar wir Kinder ihn öffnen. Es funktionierte ziemlich einfach.

Warum der Hydrant auf der Straße Wasser hergab und die Wasserhähne im fast daneben stehenden Haus nicht, konnten wir nicht ergründen..

Ein großes Fragezeichen

Leider ist mir heute nicht mehr bewußt, wie ich damals, als wir nach dem Ernteeinsatz unsere Bleibe im Rudauer Weg verloren hatten, ausgerechnet hierhin gelangte. Da gibt es bei mir eine große Gedächtnislücke. Ob der plötzliche Krankenhausaufenthalt meiner Mutter, die Ungewißheit über ihr Schicksal, mein plötzliches Alleinsein dabei eine Rolle spielten?

Es ist möglich. daß Frau Skottke mit den Kindern in den ersten Monaten nach April 1945 auch in einem der erhaltenen Häuser des Rudauer Wegs wohnte. Dann könnten sie ebenfalls wie wir zum Ernteeinsatz auf dem Bauernhof gewesen sein. An die Kinder, mit denen ich auf den Feldern umherlief, kann ich mich nicht erinnern. Meine Mutter und Frau Skottke kannten sich schon vor April 1945. Möglicherweise hatten sich die beiden Frauen während der Erntearbeit näher angefreundet. So könnte Frau Skottke, da ich nun ohne meine Mutter dastand, mich von Tannenwalde aus zum Rudauer Weg und dann weiter zur Gluckstraße mitgenommen haben. Die Kinder waren in meinem Alter, vielleicht fühlte ich mich deshalb zu diesen Menschen besonders hingezogen. Leider kann ich niemanden mehr auf diese Zeit ansprechen und befragen.

Helga und Helmut müßten theoretisch noch leben. Es mag sein, daß sie in diesem Punkt zur Aufklärung beitragen, vielleicht auch noch manch andere Begegnung in Erinnerung rufen könnten, die mir entfallen ist. Da sich unsere Wege im Mai 1947 trennten, weiß ich nicht, ob sie bis zur Ausreise aus Königsberg durchgehalten haben. Meine mehrfachen Bemühungen beim Suchdienst und dem Deutschen Roten Kreuz, sie ausfindig zu machen, schlugen bisher alle fehl.

Frau Finselberger und Liselotte hatte ich nach der Rückkehr vom Ernteeinsatz ganz aus den Augen verloren.

Eine andere Möglichkeit wäre, daß ich vom Rudauer Weg aus noch einmal zu unserer alten Wohnung im Pobether Weg ging und dort die neue Adresse (Gluckstraße 3) von unserer Nachbarin, Frau Kublun, an der Hauswand vorfand. Die Frau war mir gut bekannt. Es könnte möglich gewesen sein, daß ich sie aufsuchen wollte, weil meine Mutter nun im Krankenhaus lag,.

Doch da bleiben dann die Fragen, wie ich dorthin fand. Brachte mich jemand dahin? Wies mir jemand den Weg? Fragte ich mich durch?

Unser Zimmer

Das halbe Zimmer in der Kellerwohnung müßte vor meinem Einzug schon möbliert gewesen sein. Nach der Vertreibung aus dem Rudauer Weg mußten wir mit der Beschaffung von Hausrat ja wieder von vorn anfangen. Jedoch Möbelstücke wie ein Bettgestell und eine Chaiselongue hätte ich allein gar nicht zusammensuchen können.

Vielleicht war in dem Zimmer jemand verstorben, und es stand jetzt zufällig leer? Oder seine Bewohner hatten eine andere, bessere Bleibe als diese gefunden? Ein spontaner Umzug war zu jener Zeit nichts Ungewöhnliches. So etwas konnte man mit den paar Habseligkeiten, die einem geblieben waren, schnell erledigen.

Im August 1945 konnte man sicherlich gar nicht mehr viel an brauchbarem Hausrat finden. Das Zimmerchen war bestimmt schon so eingerichtet gewesen, als ich es für uns vereinnahmte.

Es war wirklich nur ein Zimmerchen, hier unten in der Kellerwohnung. Es maß etwa 9 m^2 und hatte an der Stirnseite nur ein etwa 50 bis 60 cm breites, wegen des Kellerniveaus hoch angesetztes Fenster zur Hofseite hin. In der Mitte war es von einer Sprosse quer unterteilt. Den unteren Teil verkleidete eine lichtdurchlässige, von Draht durchwirkte Kunststoffolie, den oberen ein Stück Blech, in das ein rundes Loch für ein Ofenrohr geschnitten worden war. Die Schlitze zwischen Rohr und Blech wurden mit Lumpen zugestopft. Wenn sie angesengt waren, mußte man sie von Zeit zu Zeit erneuern. Ein Öffnen des Fensters war gar nicht möglich.

Das Ofenrohr gehörte zu einer „Brennhexe", die aussah wie eine mittelgroße Kiste aus Wellblech. Sie stand unter dem Fenster auf einem Schränkchen mit Marmorplatte und diente uns zum Heizen, zur Zubereitung unserer dürftigen Mahlzeiten und als Lichtquelle während der dunklen Tageszeit. Dann wurde nämlich die Ofenklappe an der Seite, durch die wir das Brennholz steckten, geöffnet. Ein Teil der Flammen schlug heraus und erhellte zugleich den Raum.

Mit dem Feuer zog aber auch der Rauch ins Zimmer. Es dauerte natürlich nicht lange, bis Decke und Wände vollkommen verrußt waren, schwarz. Das Inventar wird wohl ähnlich ausgesehen haben.

An den beiden Längsseiten des Raumes befanden sich ein eisernes Bettgestell mit Matratze, Federbett und Kopfkissen, aber ohne Bettbezüge, und gegenüber eine schmale Chaiselongue. Seitlich vom Fußende des Bettes standen ein kleiner Tisch und zwei Stühle, neben dem Kopfende ein Reisekorb aus Peddigrohr. Über der Chaiselongue waren einige Kleiderhaken angebracht worden. Ein Kleiderschrank hatte hier keinen Platz mehr.

Für mich war es eine Erleichterung, hier in der Gluckstraße mit einigen Bekannten von früher zusammen wohnen zu können. Hier wollte ich bleiben und warten, bis meine Mutter wieder gesund war.

Suche nach meiner Mutter

Zunächst aber mußte ich sie erst einmal finden. Man hatte mir in Tannenwalde keine nähere Information gegeben, in welches Krankenhaus sie gebracht worden war. So machte ich mich von der Gluckstraße aus auf die Suche nach Krankenhäusern und nach meiner Mutter.

Jemand von den Erwachsenen gab mir den Rat, in der „Barmherzigkeit“ auf dem Hinterroßgarten nachzufragen, und wies mir auch den Weg dahin. Das Krankenhaus kannte ich bis zu diesem Zeitpunkt noch nicht. Ich bin heute noch verwundert, wie ich damals allein durch die Trümmer dorthin fand.

Als ich mich dann unten im Haus bei einer Schwester nach meiner Mutter erkundigte, winkte sie sogleich freundlich ab: „Kind, Typhus ist eine Infektionskrankheit, Typhus ist ansteckend. Solche Kranken nehmen wir hier nicht auf. Geh und frage einmal im Yorck-Lazarett nach deiner Mutter!“ Und sie beschrieb mir den Weg dahin.

Nachdem ich das Krankenhaus endlich gefunden hatte und die Frage nach meiner Mutter erneut stellte, schüttelte man in der Aufnahme wieder den Kopf: „Deine Mutti ist nicht hier. Versuche es einmal im Elisabeth-Krankenhaus in der Ziegelstraße! Dort befinden sich auch Typhuskranke.“ Wieder wurde mir der Weg erklärt.

Das Hospital lag nicht weit von der Yorckstraße entfernt. Man konnte es leicht und schnell finden. Vielleicht war ich schon daran vorbeigelaufen, als ich das Yorck-Lazarett suchte. Obwohl die Stadtteile Roßgarten und Sackheim fast total zerstört worden waren, hatten diese Krankenhäuser standgehalten.

Hier in der Elisabeth-Klinik mußte ich gleich am Eingang warten. Das Haus durfte ich wegen der Ansteckungsgefahr nicht betreten. Eine Nonne empfing mich. Als sie mich angehört hatte, verschwand sie, um sich nach meiner Mutter zu erkundigen.

Und sie war in diesem Haus untergekommen! Und sie lebte!

Die Schwester bestellte mir Grüße von ihr. Sehen durfte ich sie allerdings nicht. So brachte die Nonne meine Grüße wieder zurück ans Krankenbett. Wie mag meiner Mutter damals zumute gewesen sein, frage ich mich heute.

Für mich war es ein Hochgefühl, meine Mutter wiedergefunden zu haben. Wenn ich sie auch nicht sehen und sprechen konnte, wußte ich doch: sie lebt! Ich bin nicht allein auf der Welt. Es gibt noch einen Menschen, zu dem ich gehöre. Ich war mir ganz sicher, sie wird, sie muß wieder gesund werden! Ich hüpfte und sprang den ganzen Weg zurück bis zu unserem neuen Zuhause in der Gluckstraße.

Von nun ab fand ich mich täglich unter dem Torbogen des Elisabeth-Krankenhauses ein und ließ ihr Grüße ausrichten, Woche für Woche.

Die täglichen Gänge durch die Stadt zu meiner Mutter gaben meinem Tagesablauf einen konstanten Rhythmus. Da ich vollkommen auf mich allein gestellt war, hatte ich wenigstens auf diesen Wegen das Gefühl, mit meiner Mutter verbunden zu sein. Darüber hinaus war es eine stete, sinnvolle Beschäftigung wie früher etwa der Schulunterricht. Es gab nur den Unterschied, daß ich nicht gleich morgens zum Krankenhaus lief.

Betteln

Nach dem Aufwachen plagte mich nämlich zunächst einmal der Hunger. Da meine Mutter im Krankenhaus lag und nicht arbeiten konnte, gab es keine geregelte Brotzuteilung mehr. Wer nicht arbeiten konnte, bekam auch nichts zu essen. Also mußte ich – 10jährig – für meinen Lebensunterhalt selbst aufkommen, wenn ich nicht verhungern wollte. Auch das gehörte zu meiner täglichen Beschäftigung.

Dabei kam mir wie auch anderen Kindern, die hier in der Gluckstraße wohnten, ein – man kann schon sagen – glücklicher Umstand zu Hilfe. Auf der nördlichen Seite dieser Straße, die mit ihren Grundstücken im westlichen Teil an den Tiergarten grenzt, waren einige kleinere Zwei- oder Dreifamilienhäuser erhalten geblieben. In diese Häuser hatte sich sowjetisches Militär einquartiert. Dort gab es irgendwelche Büros, Einrichtungen, die von vielen Soldaten aufgesucht wurden. Deshalb parkten hier fast den ganzen Tag über, besonders aber vormittags, Lastwagen mit ihren Fahrern. Nach Erledigung ihrer Aufträge oder sonstigen Angelegenheiten machten die Männer dann meistens eine Pause, um zu essen:

In der einen Hand hielten sie einen großen Knust Brot, in der anderen einen kleinen Dolch oder ein Messer. Auf dem Schoß oder neben ihnen auf dem Sitz lag in einem halb aufgewickelten Bogen Papier ein Stück fetter Speck, total weiß bis gelblich. Von ihm schnitten sie dann Ecke für Ecke ab, spießten sie mit dem Messer auf und steckten die Happen jeweils zu einem Bissen Brot in den Mund. Manchmal hatten sie auch Fleischkonserven, die sie sich schmecken ließen. Diese wurden auf die gleiche Art verzehrt.

Wir Kinder zogen von Wagen zu Wagen. Beim Anblick der essenden Soldaten ergriffen wir die Gelegenheit und bettelten sie an. Manche von ihnen jagten uns fort, schimpften hinter uns her: „Uchadie! Iditje! Pascholl!“ Auch noch ein paar spezielle, unaussprechliche Schimpfwörter hatten sie meistens parat. Andere aber waren mitleidig und gaben uns etwas ab, meistens Brot.

Am erfolgreichsten waren jüngere Kinder oder solche, die allein oder höchstens zu zweit die Soldaten anbettelten. Es war verständlich, wenn die Männer nicht ihren ganzen Proviant an einen großen Schwarm hungriger Mäuler verteilen wollten.

Andererseits waren wir zu der Zeit wie fast alle Deutschen gegenüber dem sowjetischen Militär immer noch sehr ängstlich und verschüchtert. Wir gingen den Soldaten, wenn es nur möglich war, aus dem Weg und trauten uns kaum, sie anzusprechen. Nur hier in der Gluckstraße, wo wir unsere Behausung quasi im Rücken hatten, wagten wir uns schon eher an die Autos heran.

Auf diese Weise besorgte ich mir Tag für Tag etwas zu essen, zunächst nur als meine Mutter im Krankenhaus lag, später dann aber auch für unsere Familie. Ich kann mich nicht erinnern, mir damals je etwas gekocht zu haben, auch nicht, daß Nachbarn mir etwas zusteckten. Jeder hatte mit sich selbst zu tun.

Abfallhaufen

Während der restlichen Zeit des Tages stromerte ich meistens mit den Kindern aus der Nachbarschaft in der Umgebung der Gluckstraße umher. In den Sommermonaten wurde es spät dunkel. Die langen, warmen Abende verbrachte ich draußen angenehmer als in der Enge und bedrückenden Atmosphäre des trostlosen Zimmers.

Natürlich waren solche Streifzüge immer mit der Suche nach etwas Eßbarem oder anderen brauchbaren Dingen verbunden. Der Hunger quälte uns ständig. Wir merkten uns die Abfallhaufen, auf denen die Speisereste aus Militärküchen zu finden waren. Mülltonnen gab es damals nicht in der Stadt. Der Abfall wurde einfach auf eine Ecke des Grundstücks oder in eine Ruine gekippt. Solche bevorzugten Plätze fanden wir z. B. in der Nähe der Nordstern-Versicherung an der Hufenallee oder auf dem Grundstück des Amts- und Landgerichts. Da waren die Kartoffelschalen in der Regel etwas dicker als woanders. Zwischen den Kohlresten gab es hin und wieder ein Blatt oder einen Strunk, welche nicht ganz verfault waren. Man konnte damit eine Getreidesuppe verlängern. Auch durchweichtes, altes Brot oder Reste von eingelegten, grünen Tomaten waren für uns immer eine Besonderheit, die man nicht jeden Tag fand.

Die Kartoffelschalen konnte man je nach Beschaffenheit im Wasser kochen oder in einer Pfanne rösten. Beim Kochen quoll das Kartoffelfleisch auf der Unterseite auf. Es dehnte sich, während die Schale selbst nicht nachgab und straff blieb. So erhielt man nach dem Garen der Schalen häufig eigenartige Gebilde. Manchmal krümmten sie sich nur wie eine Banane, hin und wieder kringelten sie sich sogar wie eine Raupe oder ein Wurm.

Auch wenn wir Kinder uns von den sowjetischen Soldaten des öfteren etwas Brot erbetteln konnten, reichte es nie zum Sattwerden. Der Hunger war unser ständiger Begleiter. Sonntags parkten keine Autos in der Gluckstraße. Dann gab es keine Möglichkeit, an etwas Eßbares zu kommen.

Schauspielhaus

Einmal gelangten etliche Kinder von uns aus der Nachbarschaft während der Erkundungsausflüge auch in das Schauspielhaus[2]. Das Foyer, der Zuschauerraum und der ganze Bühnentrakt waren ausgebrannt. Man konnte jedoch von der Vogelweide aus ein zum Theater gehöriges Treppenhaus betreten, das das Feuer überstanden hatte. Von hier aus war es möglich, auf mehreren Etagen durch Türöffnungen auf die zerstörte Bühne tief unten und in den Zuschauerraum zu blicken. Das Theater muß also eine Hebebühne gehabt haben.

Über das Treppenhaus erreichten wir Kinder weit oben, quasi unterm Dach, ganz besondere Räume. Wir gerieten in den Fundus des Schauspielhauses. Auch hier war geplündert und fast alles zerstört worden. Es gab nur noch wenige Kostüme. Nichts, oder fast nichts, hing auf Garderobenständern. Auf dem Boden lag vieles durcheinander, z. T. zerrissen und zerfleddert.

Mich fesselte damals ein Gewand ganz besonders: Es gehörte dem Mond aus dem Märchen „Peterchens Mondfahrt“. Während der Vorstellung 1943 glitzerten und funkelten die Monde auf seinem Mantel bis in den hintersten Winkel des Zuschauerraums und gaukelten uns Kindern eine faszinierende Illusion vor. Jetzt, als ich das Kostüm knapp zwei Jahre später in der Hand hielt, kam die Ernüchterung. Es war nichts anderes als ein durchsichtiges, grobes Netzhemd, auf das die Monde geheftet worden waren. Nicht nur die Kinderwelt dieses Märchens zerplatzte. Unser gesamtes Dasein war mit einem Schlag illusionslos geworden.

In unserem täglichen Einerlei bot jedoch das Schauspielhaus uns Kindern ein paar aufregende Stunden. Wir wühlten eifrig in den Resten von Kleidern und Masken, wenn auch vieles davon kaputt war. Das Interesse der Jungen galt hauptsächlich den Uniformen. Sie bemächtigten sich der Mützen, Pickelhauben und Säbelattrappen und nahmen sie auch mit auf die Straße.

Es ist seltsam, heute kann ich mein damaliges Interesse an den Requisiten nur noch etlichen lockigen blonden Perücken und eben diesem Gewand des Mondes zuordnen, das mich so enttäuschte.

---

[2] In der Ruine des Schauspielhauses lebte Marga Pollmann mit ihren drei Kindern von 1946 bis zur Ausreise 1947, s. S. 53ff. D.H.

Tiergarten

Obwohl der Tiergarten im Sommer 1945 kein einziges Tier mehr beherbergte, führte der Weg uns Kinder auch jetzt noch häufig hierher.

Ach, was für Erinnerungen waren mit dem Zoo aus der Zeit vor 1945 verbunden! Auf dem Hauptweg unter hohen Laubbäumen, wohl in der Nähe der Elefantenfreianlage, warteten an bestimmten Tagen in der Woche Esel oder Ponys auf Kinder, um sie ein Stück auf ihrem Rücken reiten zu lassen. Natürlich wollte ich es den vielen anderen Jungen und Mädchen gleichtun. Doch als ich dann auf so einem Tier saß, bekam ich schreckliche Angst, und meine Mutter mußte mich nach einigen Metern wieder herunternehmen. Dann war da das Nilpferd „Rosa", der Liebling aller Kinder. Es durfte gefüttert werden. Meine Mutter schnitt schon zu Hause gesammeltes, trockenes Brot in mundgerechte Stücke, kleine für die Enten, größere für Rosa.

Um den Weg nach Hause etwas abzukürzen, gingen meine Mutter und ich hin und wieder durch die Hufenschlucht. Sie führte zu einem großen Teil durch den Tiergarten und endete im Osten an der General-Litzmann-Straße [= Stresemannstraße]. Dort gab es zwar keinen Eingang, aber einen Ausgang mit einem Drehtor. Auf diesem Weg, der teilweise unter lichten, jungen Laubbäumen mit Buschholz entlangführte, hatte sich einmal ein Elch niedergelassen. Ob er aus einem Gehege ausgebrochen war? Das riesige Tier flößte mir Angst ein. Ich traute mich zunächst nicht an ihm vorbei. Doch meine Mutter ergriff fest meine Hand. Die Furcht wich. Zuletzt streichelte ich es sogar.

Diese Schlucht hatte aber auch offene, nicht zugewachsene Abschnitte, in die die Sonne hineinschien. Hier standen rot bis violett blühende Stauden mit kerzenähnlichen Blüten und gewaltigen Blättern, fast so groß wie Rhabarber, die damals meine ganze Aufmerksamkeit in Anspruch nahmen. Am Hang wuchsen Bäume, die kleine, wilde Äpfel trugen. Wir nannten sie Kruschkes. Inzwischen las ich, daß man diesen Ausdruck eigentlich nur für Birnen verwendete.

Auf dem Weg vor den Gehegen der Bären stand während eines Besuches plötzlich ein Weißstorch. Bald bildete sich um dieses zahme Tier ein Zuschauerkreis und bestaunte den zutraulichen Vogel. Als ich ihn nach langem Zögern um ein Schwesterchen bat, verfiel die ganze Runde in ein schallendes Gelächter.

Er war mir so vertraut, unser Tiergarten. Jetzt, im Sommer 1945, lief ich von der Gluckstraße aus durch den Haupteingang auf der Hufenallee in den Park. Das Waschbärgehege gleich dahinter, in dem sich zumindest in den letzten Jahren die Bären befanden, war leer und demoliert wie alle anderen Gehege auch. Was für ein trostloser Anblick! Die Wege, auf denen sonst immer Besucher flanierten, waren verwaist, viele Bäume zersplittert, geborsten. Es war unheimlich, da hindurchzugehen. Deshalb hielt ich mich eigentlich immer nur auf der Promenade auf und wagte gar nicht, nach den vielen zerstörten Behausungen der Tiere zu schauen.

Später, als etwa im Herbst in der Luisenallee ein Basar eröffnet wurde, bzw. als ich ihn im Herbst 1945 zum erstenmal entdeckte, nahm ich dann täglich die Abkürzung dorthin durch den Park über den westlichen Zugang an der Tiergartenstraße. Hier in der Nähe der Pforte standen einige Wohnhäuser. In einem von ihnen wohnte Familie Klautke, gute Bekannte meiner Eltern. Jetzt war niemand mehr da.

Einige Male trieb es mich in dieser Zeit von der Hufenallee aus bis zum nördlichen Eingang an der Hermannallee. Auf den Tennisplätzen, die sich dort auf dem Gelände des Tiergartens befanden und durch einen hohen Maschendrahtzaun zur Straße hin abgeschirmt wurden, gab es bei gutem Wetter Tanzveranstaltungen der Russen. Die Musik dröhnte aus Lautsprechern weit durch den Park und lockte natürlich eine Menge Leute an, vornehmlich Kinder. Wir standen dann in der Sonne außerhalb des Zaunes, hakten unsere Finger durch den Maschendraht, drückten die Nasen am Gitter platt und schauten dem Treiben auf dem angrenzenden Platz zu.

Etliche sowjetische Soldatinnen, wir nannten sie Flintenweiber, gab es unter den Tanzenden. Man erkannte sie sofort an den oliv-khakifarbenen Uniformen für Frauen: Anstatt Hosen trugen sie einen engen dunklen Rock und darüber ein Militärhemd bis zur Hüfte, das in der Taille von einem Gürtel zusammengehalten wurde. Auch im Sommer liefen sie in Stiefeln mit flachen Absätzen umher. Ihre Frisuren waren meistens glatt und recht lang. Auf dem Kopf thronte, weit in den Nacken geschoben, eine runde Mütze, ähnlich wie die Offiziere sie besaßen, jedoch ohne den Schirm über der Stirn, eine Art Barett. Zivile sowjetische Frauen waren mir im Sommer 1945 noch nicht oder kaum in der Stadt begegnet.

Wiedersehen

So gingen die Wochen dahin. Es war mindestens schon September. Ich stand wieder einmal, wie so oft, unter dem Torbogen des Elisabeth-Krankenhauses, um mich nach dem Befinden meiner Mutter zu erkundigen. Die Schwester empfing mich diesmal geheimnisvoll lächelnd: „Warte, ich habe eine Überraschung für dich!“ Und sie verschwand wieder. Es dauerte dann nicht lange, bis meine Mutter durch das Treppenhaus auf die Tür zukam. Sie durfte aufstehen.

Offenbar war die Ansteckungsgefahr jetzt nicht mehr gegeben. Wir fielen uns in die Arme, und die Tränen flossen.

Meine Mutter war schmal geworden. Man hatte ihr im Krankenhaus in Ermangelung eigener Kleidung ein gänzlich schwarzes Kleid gegeben. Darin wirkte sie jetzt ganz besonders hager. Die Krankheit hatte Haarausfall bewirkt. Ihr Haar war dünn und schütter geworden.

Ich erzählte ihr von unserer neuen Bleibe in der Gluckstraße. Es beruhigte sie, als sie hörte, wie erfolgreich ich mir meine Nahrung zusammenbettelte und -suchte. Lange Zeit konnten wir aber nicht miteinander sprechen. Sie war noch zu schwach und mußte bald wieder zu ihrem Bett gehen.

In die Gluckstraße durfte sie natürlich noch nicht mitkommen. Für den weiten Weg hätte sie gar nicht die Kraft gehabt. Außerdem erhielt sie im Krankenhaus zwar nicht viel, aber regelmäßig zu essen und konnte sich hier besser erholen als in unserem Unterschlupf. Doch nun war ein Ende des Krankenhausaufenthalts abzusehen. Ausgerechnet jetzt wuchs meine Ungeduld. Mir kamen die Tage bis zu ihrer Entlassung endlos lang vor.

Aber dann geschah in diesen Tagen noch ein Wunder, das meiner Mutter bestimmt etwas schneller als vorausgesehen zur Genesung verhalf.

Ich befand mich wieder auf dem Weg zu ihr ins Krankenhaus. Auf dem Hinterroßgarten, auf der Seite des zerstörten Städtischen Krankenhauses, wagte ich meinen Augen nicht zu trauen. Auf diesem Bürgersteig kam mir mein Vater entgegen, von dem wir seit der Trennung an der Goldschmieder Scheune am 11. April 1945 nichts mehr gehört hatten.

Wir fielen uns in die Arme. Wie war ich froh! Erst auf den zweiten Blick bemerkte ich sein verändertes Äußeres: Er war unrasiert, mit der Jacke eines deutschen Soldaten, jedoch ohne Abzeichen, und mit einer Militärschirmmütze bekleidet. Quer über den Leib, etwa von der linken Schulter zur rechten Hüfte hin, hing an einem Tragriemen ein Stoffbeutel, in dem alle seine Habseligkeiten steckten. Ob Hose und Schuhe noch seine eigenen waren, kann ich nicht mehr sagen.

Ich mußte ihm erklären, was ich allein auf dem Roßgarten machte. Anschließend begleitete er mich ins Krankenhaus. Es war eine kaum faßbare Situation, als wir alle drei unter dem Torbogen zusammenstanden und uns drückten. Ich hatte meine Eltern wieder.

Zu gern wüßte ich heute, wie es meinem Vater in der Zeit von April bis etwa September 1945 ergangen war. Doch damals hörte ich seinen Erzählungen wohl nicht zu, und heute gibt es niemand mehr, den ich darüber befragen kann.

Es dauerte dann auch nur noch ein paar Tage, bis meine Mutter entlassen wurde. Es müßte mindestens Ende September, Anfang Oktober 1945 gewesen sein. Jetzt hausten wir zu dritt in dem kleinen Raum in der Gluckstraße.

Die Wiedersehensfreude überdeckte erst einmal unser größtes, gemeinsames Problem: Wir hatten jetzt alle drei nichts zu essen. Meine Mutter war nach dem Krankenhausaufenthalt zunächst noch zu schwach, um zu arbeiten. Mein Vater fand nicht sofort einen Arbeitsplatz, der für ihn geeignet war. So behalfen wir uns in den ersten Tagen mit dem, was ich erbettelte und was wir auf den Abfallhaufen der Umgebung fanden.

Als sie sich kräftig genug fühlte, fand meine Mutter dann für kurze Zeit Arbeit im Gebäude der Nordstern-Versicherung auf der Hufenallee. Da dieses Haus relativ gut erhalten war, hatte sich hier sowjetisches Militär einquartiert. Ein überdimensionaler, roter Sowjetstern prangte jetzt an der Fassade über dem Eingang. Hier in diesem Haus durfte meine Mutter nun den Soldaten die Zimmer säubern. Dafür erhielt sie dann irgend etwas zu essen, in der Regel Brot.

Besuch eines Soldaten

Ich weiß nicht, wie es dazu kam bzw. wie das überhaupt möglich war, daß eines Abends ein Soldat aus dem Haus auf der Hufenallee bei uns in der Gluckstraße auftauchte. Gewiß, seine Unterkunft war von unserer nicht weit entfernt, vielleicht 300 m weit. Doch wie fand er hierher? Was veranlaßte ihn dazu? Ob er erwartet hatte, daß meine Mutter hier allein wohnte? Nun, wir waren alle anwesend.

Meine Eltern und der Russe saßen in einer Reihe auf der Chaiselongue, ich ihnen gegenüber auf der Bettkante. Das Gespräch verlief sehr stockend. Wir konnten zu dem Zeitpunkt kaum ein paar Worte russisch, er ebenso wenig deutsch sprechen. So radebrechten wir mit Händen und Füßen.

Elektrisches Licht gab es um diese Zeit noch nicht. Der Raum wurde nur vom Feuer durch die geöffnete Türklappe unserer Brennhexe ein wenig erhellt. Man konnte sich also gar nicht gut sehen. Uns fiel jedoch auf, daß unser „Gast“ seine Arme ein paarmal über seinem Kopf in die Höhe streckte und sie auch hinter ihm verschränkte. Ein eigenartiges Gebaren war das schon, so dachten wir an dem Abend.

Dieser Besuch sollte ungeahnte Folgen haben.

Am nächsten Morgen vermißte mein Vater seinen Paß[3], den er immer in seiner Jackentasche aufbewahrte. Diese Joppe hing wie alle unsere uns verbliebenen Kleidungsstücke an einem der Kleiderhaken, die an der Wand über der Chaiselongue angebracht waren. Unser sowjetischer „Gast" vom Vorabend mußte demnach während seiner Räkelei in die Jackentasche gegriffen und das Dokument herausgezogen haben. Es mag sein, daß er in der Tasche Geld vermutete und in dem Augenblick gar nicht wußte, was er sich da geangelt hatte. Der Paß war jetzt jedenfalls weg. Im nachhinein konnten wir uns nun auch die seltsamen Verrenkungen des Soldaten erklären.

Seit diesem Vorfall waren einige Tage vergangen, als wir erneut sowjetischen „Besuch" erhielten. Diesmal waren es zwei Leute von der russischen Geheimpolizei, die wir damals GPU nannten. Die GPU residierte zu der Zeit im Land- oder Amtsgericht am östlichen Ende der Gluckstraße.

Die beiden kamen am hellen Tag zielsicher über den dunklen Flur auf unsere Zimmertür zu. Da unser Raum ganz am Ende des Gangs der Kellerwohnung lag, konnte man keinesfalls von Zufall sprechen. Sofort verlangten sie nach meinem Vater. Warum bloß? Einer der beiden Männer hielt seinen Paß in der Hand. Ein paar kurze Sätze, die wir nicht verstanden, danach einige eindeutige Bewegungen: Mein Vater mußte mit ihnen zur „Komandantura" gehen.

Sicher wird die Festname ein Versehen sein. Alles wird sich aufklären und wieder gut werden. Am Abend ist er bestimmt wieder bei uns. So dachten wir damals. Andererseits hatten wir die Unberechenbarkeit der sowjetischen Institutionen und auch der Soldaten schon zur Genüge erfahren. Wir konnten nur hoffen und auf ihn warten. Plötzlich waren wir wieder allein, denn mein Vater kehrte zu uns nicht zurück.[4]

Etwa zur gleichen Zeit verlor meine Mutter auch ihre Putzstelle im Haus der Nordstern-Versicherung. Sie mußte sich erneut eine andere Arbeit suchen.

Der Basar in der Luisenallee

Irgendwann um diese Zeit erfuhren wir dann von dem neuen Basar an der Luisenallee, der – wie ich meine – auf dem Humboldtplatz war. Er fand auf einem rechteckigen Gelände östlich der Straße statt. Es wurde im Süden und Osten im rechten Winkel von kleineren, schmaleren Straßen begrenzt. Mindestens um das

---

3 Siehe S. 39, Anm. 7.

4 Nach der Verhaftung kam der Vater in Lager nach Stablack und Pr. Eylau (s. S. 136). Im Mai 1948 wurde er entlassen. D. H.

Terrain herum standen hohe Laubbäume. Auf dem Platz selbst, glaube ich, gab es aber auch Bäume.

Hier wurde nun gekauft und verkauft, gefeilscht und gekungelt – und auch gestohlen. Es wurde fast alles angeboten, was man gebrauchen konnte: Hausrat, Kleidung, Werkzeug, Lebensmittel, Tabak, Spirituosen. Hier handelten Deutsche wie Russen.

Der Markt gab vor allem aber den Deutschen die Möglichkeit, ihre entbehrlichen Habseligkeiten zu verkaufen und sich für das Geld Nahrungsmittel zu besorgen. Große Schätze hatte wohl kaum jemand mehr nach den Plünderungen anzubieten.

Ich kann mich an kein einziges Stück mehr erinnern, das wir in jenen Wochen verschachert haben. Wertvolle Teile waren auf keinen Fall darunter. Es könnten in Trümmern gefundene Haushaltsgegenstände, vielleicht auch einige gefundene Kleidungsstücke gewesen sein, die uns absolut nicht paßten. Sie brachten gerade immer so viel Geld ein, daß wir uns ein Wasserglas voll Getreide kaufen konnten.

Das wurde hier auf dem Markt meistens in kleinen, etwa 10-15 kg fassenden Säcken angeboten. Die standen geöffnet auf den Tischen. Daraus wurde das Korn dann gläserweise verkauft. Inmitten des Getreides steckte so ein Glas mit Körnern, das man von allen Seiten auf Größe und Qualität begutachten konnte. Wir schlenderten dann prüfend von Verkäufer zu Verkäufer und äugten genau, ob ein Glas darunter war, das vielleicht ein paar Körner mehr als die anderen fassen konnte. Es wurden auch verschiedene Sorten offeriert. Ein Glas Weizen kostete damals etwa 15 Rubel, Roggen um zehn und Hafer ungefähr fünf Rubel.

Wenn wir genügend Geld hatten, kauften wir meistens ein Glas voll Roggen. Der Weizen war zu teuer. Den Hafer nahmen wir nicht gern, weil es fast einer Strafe gleichkam, ihn zu einer Suppe zu verarbeiten und sie auch noch zu essen.

Eines der wichtigsten Geräte im Haushalt war unsere hölzerne Kaffeemühle. Es ist kaum zu glauben, daß sie uns anfangs geholfen hat zu überleben. Denn mit Hilfe der Kaffeemühle zerkleinerten wir unser Getreide, um uns aus dem Schrot eine Suppe zu kochen. Wir nannten sie „Schlunz“, ein ostpreußischer Ausdruck, der in keinem Duden zu finden ist.

Weizen und Roggen ließen sich auf der Mühle recht gut mahlen. Doch es war eine Strafarbeit, den Hafer darin zu zerkleinern. Sein Korn ist nämlich fest in viele Schlauben gehüllt. Das Mahlwerk konnte diese vornehmlich aus strohigen Hülsen bestehenden Körner äußerst schlecht fassen. Da sie sehr leicht waren, wurden sie immer wieder im Einfüllstutzen nach oben gedrückt, tanzten darin auf und ab und fielen nicht in das Mahlwerk. Es dauerte eine kleine Ewigkeit, bis ein Wasserglas voll Hafer gemahlen war. Doch auch dann hatte man wenig Freude daran. Das Schrot war über und über mit strohigen Schalen durchsetzt. Wenn wir uns daraus eine Suppe kochten, hatte man beim Essen den Mund voller ungenießbarer Hülsen und mußte diese fortwährend ausspucken. Der Rest war sämiges Wasser.

Oft jedoch hatten wir nicht einmal das Geld, um uns Hafer zu kaufen. Dann gab es nur in Wasser gekochte Wildkräuter wie Brennesseln oder Melde, die jetzt zum Herbst hin kaum noch brauchbar waren. Eine „Schlunz"-Suppe konnte man mit diesen Kräutern anreichern.

Auf der täglichen Suche nach etwas Eßbarem fand meine Mutter in der Nähe des Amts- oder Landgerichts in einem Haufen aus Schutt und Hausrat einen Ulster. Als sie ihn aus dem Wirrwarr, der nun schon über ein halbes Jahr lang der Witterung ausgesetzt war, herauszog, mußte sie feststellen, daß er so, wie sie ihn fand, nicht mehr zu gebrauchen war. Ein Ärmel und auch der Kragen waren beschädigt. Sie brachte ihn jedoch mit nach Hause. Er wurde getrocknet und gesäubert.

Im Hochparterre unserer Behausung wohnte eine Schneiderin, die damals noch eine Nähmaschine besaß. Meine Mutter bat die Frau, den Mantel möglichst so auszubessern, damit er sich auf dem Basar zum Verkauf eignete. Einen Lohn für die Näharbeit konnten wir ihr jedoch erst nach der Veräußerung zahlen. Die Nachbarin brachte es tatsächlich fertig, aus dem zerrissenen Ulster ein ansehnliches Kleidungsstück zu zaubern.

Wir waren uns sicher, daß dieser Mantel bei einem Verkauf eine Menge Geld bringen würde. Ich glaube, wir bekamen für ihn 1 200 Rubel und drei Fleischkonserven. Unter den Dosen war auch eine rechteckige Form, wie ich sie später hier im Westen mit Corned beef kennenlernte. Stammte das Fleisch aus amerikanischen Hilfstransporten für die Sowjetunion? Diese Fleischbüchsen erhielt die Schneiderin für ihre Arbeit.

Das viele Geld machte uns damals ganz benommen. Noch nie hatten wir so viele Rubel in den Händen gehalten. Was konnten wir dafür nicht alles kaufen! Wir waren kaum in der Lage, einen klaren Gedanken zu fassen. Bei dem Hunger, den wir ständig hatten, und nach den langen Entbehrungen wollten wir uns wenigstens einmal ein Päckchen Butter gönnen. Der Verstand setzte aus. Für die Butter, es mag etwa ein Pfund gewesen sein, bezahlten wir 800 Rubel. Diese Zahlen sind mir in Erinnerung geblieben. Dazu erstanden wir für mehr als hundert Rubel noch ein Brot. Viel Geld blieb nicht mehr übrig. Bei diesem spontanen Kauf überlegten wir gar nicht, wie lange und wieviel Getreide wir uns für das Geld hätten kaufen können. Das kam uns erst zum Bewußtsein, als wir Brot und Butter aufgegessen hatten. Und das geschah schnell. Danach begannen wir wieder zu hungern und verfielen in den alten Trott.

Ungefähr im Winter 1945/46 gab es in Königsberg eine neue Währung. Ich entsinne mich, daß die Rubelscheine 1945 zunächst eine unauffällige, olivgrünliche bis bräunliche Farbe hatten. Danach waren sie in der Größe etwas kleiner und in den Farben bunter als zuvor. Ich glaube, mich an pink, türkis und weiß erinnern zu können und an verschnörkelte, fast filigrane Muster. Dieses Geld war schon auf dem Markt an der Luisenallee in Umlauf gekommen.

Im Spätherbst erhielt meine Mutter dann einen Arbeitsplatz als Küchenhilfe im ehemaligen Amts- oder Landgericht. Doch mehr als ein Stückchen Brot oder ein paar Speisereste gab es da nicht als Lohn. Die Arbeitsstelle müßte bei der GPU gewesen sein, doch hat sie nie darüber gesprochen. Sicherlich war es ihr in der Situation egal, von wem sie etwas zu essen bekam.

Auch dies ereignete sich im Spätherbst 1945. Ich befand mich – wie jetzt fast jeden Tag – auf dem Weg zum Basar in der Luisenallee: von der Gluckstraße aus durch den südwestlichen Teil des Tiergartens hin zur Tiergartenstraße, weiter nach Norden zur Hermannallee, dann links schräg durch zur Luisenallee. Schon im Vorfeld des Marktes standen auf dem Bürgersteig Leute, die ihre Habseligkeiten feilboten. Das war so üblich. Noch außerhalb des eigentlichen Platzes hielt sich auf dem Gehweg eine deutsche Frau auf. Sie hatte sich mit einigen Kleidungsstücken behängt und bot sie zum Kauf an. Ich kam näher auf sie zu und wagte kaum zu glauben, was ich sah: Auf einem Bügel, den sie etwas abgewinkelt in Schulterhöhe in der Hand hielt, erblickte ich mein Winterkleid. Es war das Kleid, das ich am 8. April 1945, dem Tag der Gefangennahme, in Ratshof auf der Gartenauffahrt aus unserem aufgeschlitzten Koffer aufgehoben und es dann beim Anblick der sowjetischen Soldaten vor lauter Angst in einen Strauch neben dem Haus geworfen hatte.

Ganz spontan und ohne Berechnung stürzte ich auf das Kleid zu. Die Frau wußte nicht, wie ihr geschah, und zog es fest an sich. Ich beschrieb ihr dann die Stelle, wo sie es gefunden haben müßte, und fing an, dabei zu weinen. Das bemerkte einer der sowjetischen Posten, welche die Aufgabe hatten, auf dem Basar für Ordnung zu sorgen. Manchmal zogen damals weinende Kinder wohl doch die Aufmerksamkeit der Soldaten auf sich. Er trat auf uns beide zu und fragte mich, ob es mein Kleid sei, was ich mit gutem Gewissen bejahen konnte. Die Frau ließ er gar nicht zu Wort kommen. Er nahm es ihr ab und drückte es mir in die Hand. Schnell lief ich damit nach Hause, um meiner Mutter von der Neuigkeit zu berichten.

Strickstrümpfe und andere Kinderkleidung

Die Kleidung war damals für Kinder ein größeres Problem als für Erwachsene. Sie wuchsen zu schnell aus ihren Sachen heraus. Ganz schlimm war es mit Schuhwerk und Strümpfen.

Im Winter 1945/46 war von meinen Strümpfen nicht mehr viel übriggeblieben. Sie waren überall durchgescheuert, und die großen Zehen hatten sich an der Strumpfspitze ihren Weg ins Freie gebahnt. Da war nichts mehr zu reparieren. Irgendwo hatte dann meine Mutter auf ihren „Organisierungsstreifzügen" eine mausgraue, recht grob gestrickte Jacke gefunden. Auch sie war ähnlich wie der gefundene Herrenmantel an verschiedenen Stellen kaputt. Da sie handgestrickt war, eigneten sich die einzelnen Teile jedoch zum Aufräufeln. Wenn sie auch teilweise verfilzt und durchlöchert waren und der Wollfaden immer wieder abriß, hatten wir aber schließlich nach mühseliger Arbeit ein paar ansehnliche Wollknäuel beisammen. Ein Nadelspiel trieb meine Mutter ebenfalls auf. So konnte sie mir aus diesen Wollfetzen ein Paar lange Strümpfe stricken. Niemals hätte ich zuvor unter normalen Verhältnissen diese aus harter, grober Wolle gestrickten Strümpfe tragen können. Jetzt jedoch ging es. Ich gewöhnte mich daran und war froh, diese warmen Dinger zu besitzen.

Als meine Lederschuhe zu klein wurden, erhielten sie an der Spitze je ein Loch, gerade immer so groß, daß die Zehen Platz hatten und nicht drückten. Für die Sommermonate und für trockenes Wetter besaß ich noch ein Paar Holzsandalen mit eingekerbter Sohle, wie sie in den Kriegsjahren üblich waren. Die Klapp-sandalen oder Kläpper, wie wir sie damals nannten, boten nach vorn und nach hinten Platz, Zehen und Ferse konnten überstehen. Mit ihnen lief ich noch 1948 umher.

Schon im Frühsommer 1945, als wir noch im Rudauer Weg wohnten, hatte meine Mutter für mich ein Sommerkleid aus einer gefundenen Gardine genäht. Ich erinnere mich an ein gelbliches, ziemlich lockeres Gewebe mit orangefarbe-nen, unregelmäßigen Noppen in Streifen darauf. Da meine Sommerkleidung im April 1945 fast vollständig verloren ging, war es so ziemlich das einzige Sstück, das ich für diese Jahreszeit besaß.

Meinen Wintermantel, den ich während der Flucht trug, konnte ich retten. Er paßte mir auch noch. Ein Schneider hatte ihn mir 1944 aus einem alten Paletot angefertigt. Wie es im Krieg bei der Kinderkleidung üblich war, wurde die Größe so bemessen, daß ich noch einige Jahre darin wachsen konnte. Das kam mir jetzt zugute.

Dazu besaß ich noch aus der Kinderzeit meiner Mutter eine Art Schalkragen und einen dazu passenden Muff aus Schneehasenfell. Solch Besitz war im Winter 1945/46 nicht mehr selbstverständlich und fiel auf. Ich hatte Glück, daß man mir die Sachen noch nicht weggenommen hatte. Als ich in diesem Aufzug einmal vor der Haustür stand, fragte mich eine vorübergehende fremde deutsche Frau, ob ich Russin sei, und bettelte mich an. Dabei hätte sie nur einmal auf meine Schuhe schauen müssen!

Hauptsächlich erwähne ich diese Kleidungsstücke deshalb, weil der Muff ein Jahr später noch eine traurige Rolle in unserem Leben spielte.

Holzbeschaffung

Eine weitere ganz wichtige Aufgabe war für uns die Beschaffung von Brennholz. Im Sommer brauchten wir es nur zum Zubereiten unserer dürftigen Nahrung. Doch zum Herbst hin wurde es kalt, und wir mußten unsere Behausung irgendwie warm bekommen.

1945 konnte man sich zunächst noch relativ problemlos mit Holz versorgen. Es gab zumindest in unserer Gegend genügend geborstene Bäume, Zäune, gesplitterte Fenster, Türen, Geländer, Balken. Um das Holz für die Brennhexe passend zu bearbeiten, brauchten wir wiederum unbedingt geeignetes Werkzeug. Da sich meine Mutter meistens um die Zerkleinerung der Stücke kümmerte, sind mir Beil und Säge nicht so plastisch in Erinnerung geblieben. Sie waren aber unerläßlich. Sie gehörten wie unsere Kaffeemühle mit zum lebenswichtigen Inventar.

Ich hatte mich bei der Suche naturgemäß auf kleinere Holzstücke spezialisiert; z. B. nahm ich mit zwei Nachbarskindern mehrmals Fußböden in zerstörten Häusern auseinander. Auf diese Idee brachte uns erstmals das Eckhaus gegenüber der Gluckstraße 3. Ich glaube, es war ein Zweifamilienhaus, das mit einer Front auf den westlichen Straßenzug der Vogelweide zeigte.

Wie das Rektorhaus in der Rantauer Straße war auch dieses Eckhaus von einer Bombe gestreift worden, so daß ein Teil der Außenmauern eingestürzt und der Fußboden der oberen Etage dabei an mindestens zwei Seiten mitgerissen worden war. Er hing jetzt schräg aufs Erdgeschoß herunter und bestand aus mehreren parallel angeordneten Balken, über deren Zwischenräume quer kurze Dielenbretter genagelt waren. Durch die schiefe Ebene hatte sich die ganze Konstruktion verschoben, und die Bretter waren dabei teilweise gelockert worden. Sie boten sich fast zum Mitnehmen an. Über die Trümmer der Parterrewohnung konnten wir Kinder sie gut erreichen und losschlagen. Dabei krochen wir an den schrägen Balken hoch und klammerten uns irgendwo in den Zwischenräumen fest, höchstwahrscheinlich an der Verkleidung der Untergeschoßdecke.

Nach getaner Arbeit blieb nur ein Gerippe von Balken übrig, das dann über dem Mauerschutt schwebte. Für dieses Unterfangen werden wir wohl mindestens ein Beil gebraucht haben. Dabei ist Gott sei Dank niemals etwas Schlimmes passiert. Niemand verletzte sich. Mauern stürzten auch nicht zusammen. Und weil diese Art des Holzsammelns so gut klappte, guckten wir uns dann noch weitere Häuser mit ähnlichen Beschädigungen aus.

Weihnachten 1945

Wir besaßen keinen Kalender, doch wir wußten: Weihnachten nahte. Die Deutschen – in unserer Umgebung jedenfalls – nahmen die Adventszeit in diesem Jahr nicht erkennbar wahr. Not und Elend und das Trachten nach dem Überleben beherrschten den Tagesablauf.

Am Heiligen Abend arbeitete meine Mutter noch bis spät abends. Sie mußte an dem Tag Kartoffeln schälen und Geschirr spülen. Es gab keine Spülmittel, die das Fett beim Abwasch auflösten. Es setzte sich damals am Rand der Spülschüssel ab. Diesen Fettrand schabte meine Mutter aus dem Gefäß. Obwohl die Russen darauf achteten, daß nichts verschwendet wurde, waren die Kartoffelschalen an jenem Tag besonders dick. Beides durfte sie ganz offiziell für uns einpacken. Als Entgelt für ihre Arbeit erhielt sie dann noch ein Stück Brot. Mit diesen Dingen kam sie am Heiligen Abend nach Hause.

Es geschah mehrmals, daß sie Fett aus der Spülschüssel und Kartoffelschalen mitbrachte. Mir ist jedoch besonders die Situation an diesem Heiligen Abend gegenwärtig. Während wir sonst die Schalen auf unserer Brennhexe nur gar kochten oder rösteten, wurden sie heute in dem zusammengekratzten „Fett“ gebraten. Die Kartoffelschalen und das Brot waren unser Weihnachtsmahl.

An diesem Abend konnten wir unsere Situation kaum ertragen. Wir dachten an meinen Vater und an alle unsere Lieben, von denen wir so lange nichts mehr gehört hatten. Meine Mutter betete oft. Doch heute war sie besonders verzweifelt und haderte mit Gott. Wo war er? Warum ließ er zu, daß wir so ein Leben führen mußten? Warum erhörte er uns nicht? Waren wir immer noch nicht genug gedemütigt, genug gestraft worden? Und wofür? Was hatten wir getan, daß wir so leiden mußten? Auch ich weinte.

Ich weiß nicht mehr woher, aber wir besaßen an diesem Abend auch einen Tannenzweig, nicht größer als zwei Handflächen, und eine halbe weiße, fingerdicke

Kerze. Nach dem Essen wurde die Öffnung der Brennhexe geschlossen, das dunkle Holz der Tischplatte blankgeputzt. Mit ein paar Tropfen flüssigem Stearin befestigte meine Mutter die Kerze darauf, legte den Zweig um sie herum und zündete sie an. Bei ihrem Anblick beruhigten wir uns allmählich. Die winzige Kerze strahlte nun in dem verrußten Raum. Der Schein des Lichts erinnerte uns auch in diesem dunklen Loch an die Weihnachtsbotschaft und ließ uns trotz des jammervollen Umfelds wieder auf eine bessere Zeit hoffen. Meine Mutter stimmte ganz leise ein Weihnachtslied an. Sie tat es sicher mir, dem Kind, zuliebe. Wir begannen zu träumen, uns zu erinnern – und für wenige Augenblicke zu vergessen, wo wir uns befanden.

Der Abend endete mit Strophen aus verschiedenen Chorälen, die wir meistens nicht sangen, sondern beteten. In ihnen kam das ganze Ausmaß unserer Verzweiflung und Not zum Ausdruck:

Mach End, o Herr, mach Ende mit aller unsrer Not;
stärk` uns`re Füß` und Hände und laß bis in den Tod
uns allzeit deiner Pflege und Treu empfohlen sein,
so gehen unsre Wege gewiß zum Himmel ein.

Strophe 12 des Chorals „Befiehl du deine Wege“ von Paul Gerhardt

Wenn ich auch gleich nichts fühle von deiner Macht,
du führst mich doch zum Ziele auch durch die Nacht:
So nimm denn meine Hände und führe mich
bis an mein selig Ende und ewiglich!

Strophe 3 des Chorals „So nimm denn meine Hände“ von Julie v. Hausmann

Harre meine Seele, harre des Herrn,
alles ihm befehle, hilft er doch so gern.
Sei unverzagt, bald der Morgen tagt, und
ein neuer Frühling folgt dem Winter nach.
In allen Stürmen, in aller Not wird er dich
beschirmen, der treue Gott!

Harre meine Seele, harre des Herrn.
Alles ihm befehle, hilft er doch so gern.
Wenn alles bricht, Gott verläßt uns nicht;
größer als der Helfer ist die Not ja nicht. Ewige
Treue, Retter in Not, rett auch unsre Seele,
du treuer Gott!

Strophen 1 und 2 des Chorals „Harre meine Seele“ von Johann Friedrich Räder

Solche Lieder werden heute kaum noch gesungen. Uns halfen sie.

Hugo Linck[5] berichtet über Anfänge kirchlichen Lebens in der Stadt. Bei uns in der Gluckstraße war darüber nichts bekannt geworden, zumindest nicht bis Mai 1947. Wenn in unserer Gegend Gottesdienste abgehalten worden wären oder seelsorgerischer Beistand zu erhalten gewesen wäre, hätte sich das im Haus herumgesprochen. Wir kannten auch keine Gemeindehelferin, an die wir uns hätten wenden können.

Bierstube

Es müßte kurz nach Weihnachten, Anfang 1946, gewesen sein, als im Ladenlokal – unten im Haus – plötzlich ein geschäftiges Treiben einsetzte. Der bisher unbenutzte Raum wurde von Soldaten repariert und renoviert. Eine flott aussehende junge Frau, mit schicker Dauerwelle und geschminkten Lippen, dazu noch eine Zigarette in der Hand haltend, ganz anders als die Russinnen, die uns bisher begegnet waren, führte das Kommando.

Der Raum wurde als Bierstube hergestellt: Die Schaufensterhöhlen verbretterte man einfach, und er bekam eine Inneneinrichtung, die sich für eine Art Stehbierhalle eignete. Die zu unserer Wohnung im Tiefparterre gehörige Diele diente als Lagerraum für volle und leere Bierfässer, so daß wir uns gerade noch so zu unseren Zimmern durchschlängeln konnten. Gott sei Dank, wir Deutsche durften wohnen bleiben.

Die Bierstube brachte uns Vor- und Nachteile. Doch die Vorteile überwogen. Wegen des Bierausschanks wurde wieder elektrisches Licht ins Haus gelegt. Davon profitierten auch wir Bewohner. An der Decke unseres Raumes baumelte zwar nur ein Kabel mit einer Fassung und einer Glühbirne. Doch waren wir jetzt vom Tageslicht unabhängig und nicht mehr auf die Brennhexe oder die Kienspäne als Lichtquelle angewiesen.

Als weiteren Vorteil versprachen wir uns jetzt weniger Überfälle von sowjetischen Soldaten. Da sich hier im Haus nun tagsüber Russen aufhielten, glaubten wir, davor besser geschützt zu sein. Leider hatten wir nicht bedacht, daß wir des Nachts immer noch auf uns allein gestellt waren.

---

5 Siehe Linck, Königsberg 1945 – 1948; ders., Im Feuer geprüft ... als die Sterbenden, und siehe, wir leben ..., Leer (Ostfriesl.) 1973. D.H.

Da vom Laden aus eine Tür zur Diele unserer Wohnung führte, verirrten sich des öfteren angetrunkene Soldaten auf den Flur, an dem unsere Zimmer lagen. Jedenfalls mußten wir so gut wie irgend möglich unsere Türen verschlossen halten oder den Männern unerschrocken gegenübertreten.

Unangenehm war natürlich auch das ständige Grölen und Schreien der trinkenden Soldaten, das bis in die hintersten Winkel der Zimmer dröhnte. Dazu wurden dann von Zeit zu Zeit, je nachdem, wie groß der Andrang war und wieviel Bier gebraucht wurde, die leeren und vollen Bierfässer mit Gepolter und Krach über die Diele gerollt und dort abgesetzt.

Der Standort dieses Bierausschanks war gut überlegt gewählt worden. Wie schon erwähnt, befanden sich in der Gluckstraße irgendwelche Einrichtungen, die von vielen Soldaten aufgesucht wurden. Während sie vor Eröffnung dieses Ladens ihre Pausen in den Führerhäusern ihrer Lastwagen verbrachten, suchten sie jetzt die Bierstube auf. Sie war meistens gerammelt voll.

12. Februar 1946

Außer dem Zugang zum Laden hatte unsere Wohnung auch eine normale, robuste Wohnungstür zum Treppenhaus hin. Sie besaß von außen einen Knauf mit einem Schnappschloß. Normalerweise konnte man sie vom Treppenhaus aus nicht öffnen. Doch was war während der Zeit damals schon normal? Im oberen Drittel der Tür hatte man in besseren Zeiten ein Fenster mit einer Zierglasscheibe eingepaßt. Das Glas war nun zerschlagen worden, und die Scherben mußten bis auf den Rahmen entfernt werden, damit sich niemand der Bewohner daran verletzte. Durch diese Fensteröffnung in der Tür konnte man jetzt von außen nach innen durchfassen und den Türdrücker auf der Innenseite hinunterdrücken. Dann war die Tür offen. Jedermann, der sich auskannte, hatte Zugang zu unseren Zimmern. Dieser Umstand wurde uns ein paarmal zum Verhängnis.

Es war die Nacht vom 11. zum 12. Februar 1946. Dieses Datum werde ich nie vergessen, zumal es der Geburtstag meiner Mutter ist. In dieser Nacht polterte es gegen Morgen vorn im Hausflur an der Eingangstür zu unserer Wohnung im Tiefparterre. Von dem Lärm mußte man einfach aufwachen, obwohl ich damals bestimmt einen festen Schlaf hatte. Zu unserem größten Schreck hörten wir schwere, torkelnde Schritte direkt auf unser Zimmer zukommen, das ja ganz am Ende des Flurs lag. Mir schlug die Halsschlagader so stark, daß der ganze Kopf dröhnte. Ich war wie gelähmt.

In diesem Moment stürzte meine Mutter aus dem Bett auf unsere Zimmertür zu, denn wir waren durch sie, obwohl abgeschlossen, nicht geschützt. Mit ihr hatte es seine besondere Bewandtnis. Sie war nicht besonders stabil. Sie hatte einen Massivholzrahmen, der sie in drei Kassetten unterteilte. Diese waren nur mit dünnem Sperrholz ausgefüllt. Das Türschloß funktionierte nicht mehr richtig. Rüttelte man am Türdrücker oder drückte man etwas stärker dagegen, sprang der Riegel in der abgeschlossenen Tür zurück, und sie flog auf.

Das Rütteln wollte meine Mutter verhindern, indem sie sich mit ihren Armen und dem Gewicht ihres ganzen Körpers gegen den Türrahmen stemmte. Da in kurzem Abstand gegenüber der Tür die Chaiselongue stand, drückte sie die Knie gegen das Fußende und hatte so etwas mehr Halt und Kraft beim Gegendrücken mit den Händen.

Der Russe polterte inzwischen an der Tür. Ich saß aufrecht im Bett. Meine Mutter stemmte sich mit letzter Kraft gegen den Türrahmen, damit der Riegel im Schloß bei der Rüttelei nicht zurücksprang. Wir wagten kaum zu atmen, geschweige denn uns zu bewegen. Keinen Ton gaben wir von uns. Unser „Besuch" wurde immer lauter, lärmender. Er schimpfte, grölte, schlug gegen die Tür, mal oben, mal unten, höchstwahrscheinlich auch mit den Füßen. Dann hörten wir ihn an irgend etwas herumnesteln.

Schließlich begann alles von neuem. Der Krach wurde noch eindringlicher, drohend, unerträglich. Plötzlich war es still, eine ganze Zeitlang, totenstill. Wir hörten jedoch keine Schritte. Er ging nicht fort. Auf einmal krachte es unheimlich, ein Stück aus der mittleren Sperrholzkassette in der Tür flog heraus. Gleich darauf sah ich einen Feuerschein durch das Schlüsselloch blitzen, und es knallte entsetzlich.

Jetzt war es mit der Beherrschung vorbei. Ich schrie, meine Mutter schrie. Sie stemmte sich aber immer noch gegen die Tür. Ich wußte nicht, ob sie von der Pistolenkugel getroffen worden war, ob sie verletzt war. Ich konnte mich gar nicht beruhigen. Höchstwahrscheinlich nahm der Mann wegen der Schreierei an, daß er ein Blutbad angerichtet hatte, denn er entfernte sich auf einmal polternd in Richtung Wohnungsausgang.

Wir waren aber noch nicht erlöst. Sein Weg führte auf den Hof! Dort hinaus lag unser Fenster. Wieder stockte uns der Atem. Wir brachten keinen Laut heraus. Das Schreien war wie abgeschnitten. Es hätte verraten, welches Fenster zu unserem Zimmer gehörte. Da wir im Tiefparterre wohnten, hätte er ein leichtes Spiel gehabt, unser notdürftig mit Drahtfolie verkleidetes Fenster einzutreten. Wir hörten ihn über die auf dem Hof liegenden Schuttberge hinwegklettern, rutschen. Doch plötzlich gab der Kerl auf und machte sich von dannen. Jetzt erst konnte ich mich davon überzeugen, daß meine Mutter überhaupt nicht verletzt worden war. Die Kugel mußte haarscharf an ihrer linken Körperseite vorbeigezischt sein. Weinend aber erleichtert fielen wir uns in die Arme und atmeten tief durch.

Am folgenden Tag machten wir zwei Entdeckungen:

An der Wand, die der Tür gegenüberlag, stand ein altes Waschbrett, auf dem wir von Zeit zu Zeit unsere Wäsche, so gut es ging, ohne Seife „sauber" rubbelten. Im oberen Teil des Holzrahmens steckte die Pistolenkugel.

Durch das eingeschlagene Loch in der Tür hätte der Kerl übrigens bequem durchgreifen und meine Mutter fassen können. Gott sei Dank hatte er in der Dunkelheit der Nacht ebensowenig wie wir erkannt, was er da angerichtet hatte.

Bei dem Russen, so mutmaßten wir, konnte es sich eigentlich nur um den Soldaten handeln, der uns im November 1945 aufgesucht, den Paß meines Vaters gestohlen und sicherlich auch seine Inhaftierung auf dem Gewissen hatte.

Zigarettenhandel

Schon lange vor der Eröffnung der Bierstube bei uns im Haus konnte man einen vielleicht 15-, 16jährigen schlaksigen, deutschen Jungen in einem schlotternden Militärmantel in der Gluckstraße beobachten. Wir kannten ihn nicht. Er lief wie wir bettelnden Kinder auch zwischen den Lastwagen von Fahrerkabine zu Fahrerkabine. Aus einer geöffneten Schachtel bot er den Soldaten Zigaretten an. Dafür erhielt er dann jeweils etwas zu essen oder auch Geld. Dieses Tauschgeschäft muß wohl recht einträglich gewesen sein, denn wir sahen ihn des öfteren hier.

Nachdem nun die Russen den Bierladen rege besuchten, wurden einige etwas ältere Kinder aus den Zimmern im Hochparterre tätig. Sie hatten sich größere Mengen Zigaretten besorgt, stellten sich neben den Eingang der Bierhalle und boten den ein- und ausgehenden Soldaten die Zigaretten zum Kauf an, schachtelweise oder auch einzeln. Nach und nach bemerkten sämtliche Kinder des Hauses, es mögen sechs, sieben gewesen sein, wie lukrativ dieser Handel war. Wir alle lernten schnell, dieses Geschäft zu beherrschen und wollten natürlich auch davon profitieren.

Zunächst aber mußten wir uns auf dem Basar durch den Verkauf von Gebrauchsartikeln etwas „Kapital" besorgen. Mit diesen Rubeln kauften wir dann möglichst günstig Zigaretten ein. Als Start zum Handeln reichten anfangs fünf bis zehn Schachteln von etwa zwei gefragten Zigarettenmarken, eine preiswerte und eine etwas teuere. Sie kosteten zwischen 20 und 30 Rubel pro Schachtel. Vor der Bierstube wurden sie dann von uns fünf Rubel teurer verkauft. Ab und zu, wenn Nachfrage bestand, öffneten wir eine Schachtel und verkauften ihren Inhalt auch einzeln, meistens für einen Rubel pro Stück. Das entsprach dann ebenfalls unserer Verdienstspanne. Als besonderen „Service“ boten wir auch Streichhölzer an.

Da der Bierausschank im Tiefparterre lag, führten vom Bürgersteig etwa drei bis vier Treppenstufen hinunter zur Ladentür. Links und rechts auf diesen Stufen drängelten sich dann die Kinder mit ihren Tabakwaren. Wer dort keinen Platz fand, postierte sich auf dem Bürgersteig vor den Schaufenstern neben dem Eingang. In der Regel verteilte sich die Anzahl der jungen Händler über den ganzen Tag, so daß nicht immer ein ganzer Schwarm von Kindern den Ladeneingang umlagerte.

Die Zigaretten beschafften wir uns auch auf dem Basar, der Anfang 1946 von der Luisenallee auf ein großes Terrain im südwestlichen Winkel von Schrötter- und Schleiermacherstraße verlegt worden war. Wollte man sie äußerst günstig erstehen, damit man an ihnen beim Weiterverkauf vor der Bierstube auch ein paar Rubel verdienen konnte, durfte man sich nicht an die Händler wenden, die ihre Koffer mit den Zigaretten auf den Verkaufstischen ausgebreitet hatten. Irgendwo am Rand des Marktes, in einer abgelegenen Ecke, am Zaun, an einer Bude oder hinter einem Lastwagen warteten meist zwielichtige Gestalten, die ihre Ware möglichst rasch und unauffällig loswerden wollten und sie deshalb etwas billiger abgaben.

Es mußte sich herumgesprochen haben, daß vor der Bierstube der Zigarettenhandel blühte. Hin und wieder erschienen nämlich in der Folgezeit Männer mit ihren Koffern voller Zigaretten auch in der Gluckstraße. Weil der Verkauf en gros möglichst unauffällig vor sich gehen mußte, konnte das Geschäft jedoch nicht auf der Straße abgewickelt werden. Einmal wurde der Handel in ein Zimmer im Hochparterre unseres Unterschlupfes verlegt. Die Mutter eines Mädchens hatte sich dazu bereit erklärt und ihre Behausung zur Verfügung gestellt. Mitten im Raum stand ein großer Eßtisch, drum herum der ganze Schwarm Kinder, etwa sieben, acht, der kurz zuvor noch versucht hatte, vor dem Bierladen seine Geschäfte zu machen. Im Hintergrund hielten sich noch zwei oder drei Erwachsene auf, die auch in dem Raum wohnten.

Der Russe in Zivil hatte zwei Koffer mit zwei verschiedenen Zigarettenmarken bei sich. Zuerst sollte die billigere Sorte verhandelt werden. Ich meine, sie hieß „Krasnyj Flot“ oder „Krasnyj Flag“. Die Schachtel hatte als Aufdruck eine oder mehrere rote Fahnen. Diese Sorte war bei den Soldaten nicht sehr beliebt, ließ sich also schlecht weiterverkaufen. Deshalb entbrannte ein heftiges Feilschen um den Preis. Schließlich verlangte er für eine Schachtel 15 anstatt 20 Rubel.

So ein Angebot war äußerst günstig. Wir wurden handelseinig. Jedes Kind bekam zehn Schachteln für 150 Rubel und verstaute sie in irgendwelchen mitgebrachten Behältern. Ich hatte für diesen Zweck eine große Umhängetasche aus Segeltuch, in die eine Menge hineinpaßte.

Danach wollten wir uns über die zweite, bessere Marke einigen. Ihr Name könnte „Dunja" oder so ähnlich gelautet haben. Wir Kinder pokerten hoch und wollten bei dem Verkäufer auch hierfür fünf Rubel mehr herunterhandeln, als es bei einer Schachtel normalerweise üblich war: 20 anstatt 25 Rubel wollten wir ihm pro „Patschka" (Päckchen) zahlen. Doch der Russe fühlte sich von der großen Kinderschar überrumpelt und in die Enge getrieben. Kurzentschlossen forderte er die uns schon verkaufte Marke „Krasnyj Flot"/ „Krasnyj Flag" zurück. Es sollte ganz neu verhandelt werden. Alle Kinder legten ihre Zigaretten wieder in den Koffer. In dem allgemeinen Wirrwarr übersah man mich. Freiwillig wollte ich die Schachteln nicht zurückgeben, denn der Preis erschien mir zu verlockend.

Nach abermaliger Verhandlung bekam dann jedes Kind erneut seine zehn Schachteln zum selben Preis. Auch mir gab der Mann zehn, obgleich ich die ersten noch in der Tasche hatte. Mir schlug das Herz zwar bis zum Hals herauf, ich ließ es aber geschehen und sagte keinen Ton. Auf diese Weise erhielt ich 20 Schachteln für den Preis von zehn, für 150 Rubel also. Nicht einmal eines der umstehenden Kinder bemerkte etwas davon. Wochen später verkaufte ich immer noch diese schwer gängige Marke, und jedermann wunderte sich, daß ich noch nicht alles abgesetzt hatte.

Dieser Zigarettenhandel warf im Frühjahr und Sommer 1946 so viel Verdienst ab, daß meine Mutter und ich uns täglich Getreide für eine Suppe und oft auch ein Stück Brot kaufen konnten. Ab und an reichte das Geld auch zu einem Stückchen Fleisch in Aspik, das damals auf dem Basar wie Kuchenteilchen angeboten wurde. Es war mit das billigste der schon zubereiteten Fleischangebote und herzhafter, als es die ewige Schlunzsuppe war. Doch zum Sattsein reichte das alles nie.

Einen Nachteil allerdings gab es bei diesem Handel: Er war verboten. Wenn die Miliz in ihren blauen Uniformen auftauchte und uns erwischte, nahm sie uns nicht nur die Zigaretten, sondern auch all unser Geld weg. Wir mußten ständig auf der Hut sein, um ihr nicht zu begegnen oder bei ihrem Erscheinen schnell verschwinden.

Erneuter Krankenhausaufenthalt

Etwa seit dem späten Frühjahr 1946 arbeitete meine Mutter in einem Steinbruch. Zusammen mit etlichen deutschen Frauen mußte sie mit einer Sandschaufel Lastwagen mit Kies und Steinen beladen. Es war für die ausgemergelten Frauen eine Knochenarbeit. Wie sie entlohnt wurden, weiß ich nicht mehr, auch nicht, wo sich der Steinbruch befand.

Eines Tages, im Sommer, passierte ein schreckliches Unglück mit entsetzlichen Folgen. Während meine Mutter den Kies mit der Schaufel von unten her aufschaufelte, bildete sich darüber eine Art Sandbank. In einem unbeobachteten Augenblick stürzte diese herab und begrub ihre Beine. Dabei brach sie sich ein Kniegelenk.

Sie wurde mit einem Lastwagen, auf dem zuvor der Kies abgefahren worden war, ins Krankenhaus gebracht. Krankenwagen gab es zumindest für Deutsche nicht. Diesmal lieferte man sie, da keine Infektion vorlag, in die „Barmherzigkeit“ ein. Wer mir die schlimme Nachricht zukommen ließ, kann ich nicht mehr sagen.

Nun war ich wieder allein. Das Krankenhaus aber, in dem meine Mutter lag, kannte ich diesmal. Ich brauchte sie nicht in der ganzen Stadt zu suchen. Da sie diesmal wußte, wie ich in der Gluckstraße lebte und wie ich mir mit dem Zigarettenhandel etwas Geld verdiente, brauchte sie sich um mich nicht allzu große Sorgen zu machen. So hoffe ich es jedenfalls noch heute.

Meine Mutter war in einem großen Raum untergebracht worden. Ihr Bett stand in einer Reihe mit mindestens noch vier anderen Betten. Während meiner Besuche durfte ich mich auf ihren Bettrand setzen und ihr diesmal ganz nahe sein. Ich berichtete ihr von meinen täglichen Erlebnissen auf dem Basar an der Schleiermacherstraße und vor der Bierstube. Alle ihre Bettnachbarinnen hörten gern zu und freuten sich mit meiner Mutter, daß ich mich auch allein relativ gut zurechtfand.

Ein unbeschwerter Abend und sein böses Ende

Nur einmal fanden sich die deutschen Kinder aus der Umgebung an einem schönen Sommerabend 1946 ganz spontan zu Kreisspielen zusammen. Am westlichen Ende der Gluckstraße gab es eine ziemlich große Wiese. Es wurde dort fröhlich gesungen und unbeschwert gespielt.

Von der gegenüberliegenden Straßenseite guckten uns einige sowjetische Jungen zu, die größer und älter waren als wir. In diesem Jahr, 1946, sah man immer mehr russische Zivilpersonen in der Stadt. Wohin oder zu wem diese Halbwüchsigen gehörten, wußten wir nicht.

Wir Kinder waren so in unser Spiel vertieft und bemerkten diese Zuschauer kaum. Unter uns herrschte eine für die damaligen Verhältnisse einmalige ausgelassene Stimmung. Zum Schluß zogen wir an den Händen aneinandergefaßt in einer langen Reihe singend durch die Gluckstraße und setzten nach und nach alle Kinder vor ihren Behausungen ab. Die meisten von ihnen verschwanden im Haus Gluckstraße 3.

Ob diese Sorglosigkeit unsere Beobachter angestachelt hatte? Ausgerechnet in der darauffolgenden Nacht wurden die deutschen Bewohner im Hochparterre unseres Hauses brutal überfallen. Es waren keine Soldaten, die in die Zimmer stürmten. Sowjetische Zivilisten schlugen und beraubten die Bewohner und demolierten das Inventar.

Ich schlief unten im Tiefparterre in unserem Unterschlupf, allein, denn meine Mutter lag im Krankenhaus. Gott sei Dank war mein Schlaf so tief, daß ich den Krach oben nur mehr im Unterbewußtsein wahrnahm. Erst als ein Nachbar Hilferufe vom Balkon aus über den großen, menschenleeren, von Schuttbergen bedeckten Hof schickte, kam ich richtig zu mir. Doch danach war der Spuk fast schon vorbei.

Aufmerksame Nachbarn versicherten uns, daß die fremden Jungen, die uns Kindern am Vorabend bei den Kreisspielen zugesehen hatten, den Überfall ausgeführt hatten.

Flucht vor der Miliz mit Folgen

Auch dies geschah in der Zeit, während meine Mutter im Krankenhaus lag. Ich erwähnte schon, daß der Zigarettenhandel vor der Bierstube verboten war und wir Kinder uns deshalb vor der Miliz in acht nehmen mußten. Bisher hatten wir eigentlich immer Glück gehabt. Die blau Uniformierten schafften es nicht, uns zu schnappen.

Die Schaufensterfronten des Bierladens an der Ecke zeigten auf die Gluckstraße und auf die Vogelweide. Betreten konnte man ihn jedoch nur von der Vogelweide aus. Dort befand sich der Eingang, an dem wir die Zigaretten anboten. Von hier aus konnten wir das Herannahen einer Milizstreife jedoch nur auf der Vogelweide überblicken. Deshalb mußte sich ein Kind regelmäßig direkt auf die Ecke des Bürgersteigs stellen, um beide Straßen im Auge zu haben und nach allen Seiten hin Ausschau halten zu können.

Lotte Schwokowski mit Tochter Hannelore 1939 in Cranz.

Lotte Schwokowski 1946 auf einem russischen Paßbild.

СОЮЗ ОБЩЕСТВ КРАСНОГО КРЕСТА и КРАСНОГО ПОЛУМЕСЯЦА
СССР

Почтовая карточка военнопленного — Бесплатно / Franc de port

Carte postale du prisonnier de guerre

Кому (Destinataire) Frau Margarete Steppke

Куда (Adresse) Dänischenhagen
(страна, город, улица, № дома, округ, село, деревня)
Kreis Eckernförde (Schleswig-Holstein)

24 b

Отправитель (Expéditeur)
Фамилия и имя военнопленного Schwokowski, Eugen
Nom du prisonnier de guerre

Почтовый адрес военнопленного U. d. S. S. R.
Adresse du prisonnier de guerre Lager 7533/A

16-я тип. Зак. 395

den 30. 9. 1947.

Sehr geehrte Frau Steppke!
Ich befinde mich in russischer Gefangenschaft. Vor länger als einem Jahr war ich [redacted] und habe auf diese Weise Ihre Adresse erfahren. Ich habe die Suchstelle Berlin um die Anschrift meiner Verwandten gebeten, aber keine Antwort erhalten. Vielleicht ist es Ihnen möglich, Frau Hildegard Will oder Ilchen Schirrmacher meine Anschrift mitzuteilen. Diese Adressen weiß ich auch nicht. Vielleicht können diese mir die Anschriften meiner Schwägerin Helene Romeike, Frau Frieda Dorsch geb. Ruske (letzte Anschrift: Fischhausen) und Frau Maria Bendick, geb. Lardong (letzte Anschrift: Königsberg (Pr) Korinthendamm 11) mitteilen. Da diese sich in Schleswig-Holstein befinden sollen, wäre die Adresse am besten bei der Suchstelle Hamburg zu erfahren. Von meinem Schwager Kurt Romeike weiß ich auch nichts. ~~Meine~~ Meine Frau ist wahrscheinlich in Königsberg, Glückstr. 3. Desgleichen Hannelore. Falls nicht in Berlin-Zehlendorf, Jänickestraße 16 bei Obering. Willi Krüger.
Viele Grüße auch an Ihre Eltern und Dank für die Karte Eugen Schwokowski

Karte von Eugen Schwokowski 1947 aus dem Lager Pr. Eylau.

Eines Tages hieß es einmal wieder: „Sie kommen!“ Sie kamen tatsächlich von der Hufenallee aus die Gluckstraße entlang auf uns zu. Wie immer stoben alle Kinder in sämtliche Richtungen auseinander. Im Nu befand sich niemand mehr vor dem Eingang. Zur Haustür hinein konnte ich nicht mehr verschwinden. Da wäre ich der Miliz auf der Gluckstraße in die Arme gelaufen. Also rannte ich auf der Vogelweide in den ausgebrannten Geschäftsraum der Heißmangel im Nachbarhaus. Auf dessen Rückseite war es möglich, durch die Fensterhöhlen auf den Hof zu gelangen. Ganz in der Nähe lag die Hoftür zu unserer Unterkunft.

Seit dem Kriegsende war der Hof mit Schuttbergen, Trümmern und Unrat bedeckt. Bei meiner hastigen Flucht geriet ich hier ins Stolpern. Ich fiel ausgerechnet auf ein zerschlagenes Weckglas. Die Folge war eine klaffende Wunde auf meinem Schienbein. Und meine Mutter war nicht da!

Auf der Diele unserer Behausung begegnete mir Frau Zander aus dem vorderen Zimmer. Sie zog mich auf ihr Bett und sah sich die Verletzung an. Die Wunde blutete sehr stark. Mein Schuh war schon voller Blut gelaufen. Niemand aus der Nachbarschaft besaß Verbandszeug. Frau Zander zerriß ein weißes Tuch und versorgte damit die Wunde. Ich mußte noch eine Zeitlang auf dem Bett liegenbleiben, bis die Blutung nachließ. Dann konnte ich wieder umherlaufen.

Im nachhinein frage ich mich, warum ich während der Besuche bei meiner Mutter im Krankenhaus die Verletzung nie einer Schwester gezeigt oder nach Verbandszeug gefragt habe. Die Wunde eiterte vor sich hin, wollte und wollte nicht heilen. Es dauerte Monate. Meine Mutter war wieder zu Hause. Wir hatten schon Winter. Inzwischen hatten sich um die verletzte Stelle herum mehrere Geschwüre gebildet. Sicher waren die unzureichende Ernährung und die mangelhaften hygienischen Verhältnisse daran schuld. Weil sämtliche weißen Tücher aufgebraucht waren, mußten wir das Bein jetzt mit bunten Stoffetzen umwickeln. Es war ein Wunder, daß ich ohne eine Blutvergiftung davonkam. Erst im Frühjahr 1947 heilte die Wunde endlich zu. Ihre Narbe erinnert mich noch heute an diese Zeit.

Das Leben nach dem Beinbruch

Es war schon herbstlich kalt, als meine Mutter aus dem Krankenhaus entlassen wurde. Ihr Aufenthalt dort dauerte deshalb so lange, weil der Bruch schlecht verheilt war und ihre Gehfähigkeit einschränkte. Diesen Zustand versuchte man zu ändern. Doch als sie nun endlich zu Hause war, konnte sie immer noch nicht richtig gehen. Der Unterschenkel stand etwas nach außen ab. Sie hinkte so stark, daß sie sich auf einen Stock stützen mußte. Als Stock diente ein Ast. Daß sie in dieser Verfassung jemals wieder würde arbeiten können, war so gut wie ausgeschlossen. Daran wagten wir gar nicht zu denken.

Um nicht ganz untätig zu sein, um etwas zum Lebensunterhalt beizutragen, suchte sie jetzt täglich die Abfallhaufen in der Umgebung nach Eßbarem ab. Sie quälte sich schleppend durch die Straßen für ein paar Kartoffelschalen, für ein paar Kohlreste, für ein paar aufgeweichte Brotkrusten. Wildkräuter konnte man jetzt im Spätherbst nicht mehr finden. Sie schaffte nicht mehr den Weg bis zur Schleiermacherstraße, um noch das allerletzte unserer erbärmlichen Habseligkeiten dort auf dem Basar anzubieten und eventuell etwas davon zu verkaufen.

Und sie tat etwas, was mir damals als Kind äußerst unangenehm und peinlich war. Wenn sich eine Gelegenheit bot, bettelte sie wie wir Kinder um etwas Eßbares. In jener Zeit bettelten viele Erwachsene. Aber meine Mutter konnte ich mit solchem Tun nicht in Einklang bringen. Es tat mir weh, wenn sie barsch abgewiesen wurde. 1946 gab es schon viele zivile sowjetische Haushalte. Doch die Frauen waren im Geben oft hartherziger als die Soldaten. Viele der Sieger hatten eben selbst nur das Allernötigste für ihren Lebensunterhalt.

Zu allem Übel florierte das Zigarettengeschäft vor der Bierstube seit dem Herbst 1946 nicht mehr gut. Das hatte mehrere Gründe:

Die Kinderschar, die an dem Handel teilhaben und sich auch ein paar Rubel verdienen wollte, war im Lauf der Sommermonate immer größer geworden, während der Bierausschank nicht mehr so rege besucht wurde wie zuvor. Es muß daran gelegen haben, daß die Büros in der Gluckstraße entweder aufgelöst worden waren oder eine andere Funktion bekommen hatten. Vor den Häusern in unserer Straße parkten längst nicht mehr so viele Lastwagen wie in den früheren Monaten.

So kam es, daß zu viele Kinder immer weniger Soldaten ihre Zigaretten anbieten konnten. Das Angebot überstieg die Nachfrage. Zwei, drei Besucher des Bierladens wurden schließlich von acht bis zehn Kindern auf einmal bestürmt. Jedes von ihnen drängte sich den Soldaten auf, damit gerade ihm etwas abgekauft wurde.

Mein Verdienst wurde weniger und weniger. Er reichte nicht mehr für das Nötigste zum Lebensunterhalt. „Lebensunterhalt" bedeutete in jener Zeit, daß wir uns höchstens einmal am Tag eine mit Wasser gekochte Suppe aus Schrotgetreide leisten konnten, die wir zu zweit aus einer kleinen weißen Emailschale löffelten. In der Menge mag es für jeden ein knapper Teller voll gewesen sein. Eßgeschirr hatten wir nicht mehr. Wir aßen meistens im Laufe des Nachmittags oder abends, was wir uns tagsüber besorgt hatten. Eiweiß, Fett und Zucker gab es für uns nicht. Wir waren nie satt, und an manchen Tagen gab es gar nichts zu essen.

Eine Summe von 200 Rubeln hatten wir uns als Notgroschen gesetzt. Doch auch dieser Betrag war nicht lange zu halten gewesen. Wir mußten nach anderen Möglichkeiten suchen, um etwas zu essen zu bekommen.

Eine rätselhafte „Französin"

Eines Tages, im Spätherbst 1946, „verirrte" sich in das Treppenhaus der Gluckstraße 3 eine angebliche Französin. Sie suchte für eine absehbare Zeit nach einer Unterkunft und wollte dafür Geld oder Lebensmittel geben. Meine Mutter bot ihr als Schlafgelegenheit unsere Chaiselongue an, auf der ein Jahr zuvor für ein paar Wochen mein Vater geschlafen hatte. Es war der sprichwörtliche Strohhalm, nach dem Ertrinkende greifen. Wir hofften, von ihr etwas zu essen zu bekommen, obwohl das, was wir ihr in unserer Bleibe bieten konnten, beschämend war. Die Situation der Frau mußte wohl sehr schwierig und trostlos gewesen sein, denn sie ging auf das Angebot ein.

So, wie ich ihre Geschichte damals verstanden hatte, war sie äußerst mysteriös und abenteuerlich. Sie behauptete nämlich, in Frankreich einen Russen geheiratet zu haben und mit ihm in die Sowjetunion gezogen zu sein. Das Glück habe jedoch nicht lange gewährt. Sie habe ihren Mann dann bald verlassen und sei jetzt auf dem Weg zurück nach Frankreich – über Königsberg! Sie erwarte ein Kind, das sie hier in der Stadt zur Welt bringen wolle. Warum das in der Fremde geschehen sollte und nicht in Frankreich, ist schwer zu begreifen.

Ihren Namen habe ich nicht behalten. Ebensowenig weiß ich, ob sie mit einem französischen Akzent sprach. Mit uns unterhielt sie sich in gebrochenem, aber gut verständlichem Deutsch. Da meine Mutter und ich andere Sorgen hatten, machten wir uns keine Gedanken darüber, ob ihre Geschichte stimmte oder nicht.

Tagsüber war sie eigentlich immer unterwegs, bei Freunden, wie sie sagte. Nur zum Schlafen fand sie sich bei uns ein. Am wichtigsten für uns war, daß sie uns etwas zu essen mitbrachte.

Nach mehreren Wochen verließ sie uns dann wieder. Der Zweck ihres Königsberger Aufenthalts war erfüllt. Sie hatte ihr Kind geboren. Wir bekamen es jedoch nie zu sehen.

Einbruch

Kurz bevor die Fremde wieder verschwand, ereignete sich dann noch etwas sehr Unangenehmes, das sie äußerst ärgerlich stimmte. An diesem Vormittag befand sich unsere „Französin“ wie immer irgendwo in der Stadt. Meine Mutter machte ihre tägliche Runde zu den Abfallhaufen. Helga Skottke, Helmut und ich waren in Sachen Zigaretten unterwegs. Wir drei Kinder kamen zuerst nach Hause. Auf der Diele unserer Kelleretage begegnete uns die dritte Frau aus dem vorderen Zimmer und sprach mich an: „Du, eine Frau war hier und hat sich nach deiner Mutter erkundigt.“ Als ich neugierig nachfragte, wer es gewesen sei, entgegnete sie nur, das wisse sie nicht. Sie habe ihr nur unsere Zimmertür gezeigt und sich nicht weiter um sie gekümmert.

Wir alle drei, Helmut voran, tasteten uns von der Diele aus an der Wand des engen, dunklen Flurs entlang bis hinten zu unserem Zimmer vor. Als er die Tür berührte, ließ sie sich ganz leicht aufstoßen. Sie war nur angelehnt gewesen. Allein diese Tatsache versetzte uns in panischen Schrecken, und wir schrien auf. Wir standen in dem schmalen Türrahmen fast übereinander und erblickten im Halbdunkel des Raumes vor dem kleinen Fenster die Silhouette einer Frau mit Kurzhaarschnitt, fast so kurz, wie Männer ihn damals trugen. Die Angst in dieser Situation ließ uns dann schleunigst umkehren und im Zimmer von Frau Skottke verschwinden. Helgas Mutter war auch nicht zu Hause gewesen.

Nachdem wir uns etwas beruhigt und überlegt hatten, was passiert sein konnte, riskierten wir einen zweiten Versuch, um nach unserem Unterschlupf zu sehen. Er war durchwühlt worden. Die Person war inzwischen verschwunden. Die Badezimmertür stand offen. Die Bretter, mit denen der Mauerdurchbruch zum ausgebrannten Laden der Heißmangel verstellt war, fehlten. Sie lagen beiderseits der Mauer auf dem Boden. Hier hindurch, das war der kürzeste Fluchtweg gewesen! Er führte direkt durch die Schaufenster auf die Vogelweide. Man brauchte nicht über Flur, Diele, Treppenhaus zur Haustür hinaus auf die Gluckstraße zu laufen, wo einem eventuell Bewohner der Kelleretage begegnen konnten.

Der Kurzhaarschnitt war damals für Frauen ungewöhnlich, um nicht zu sagen einmalig. Wir kannten in der ganzen Umgegend nur eine Frau, die so eine Frisur trug. Sie war Deutsche und wohnte mit ihrer Freundin in einem der Häuser an der Gluckstraße, wo auch die sowjetischen Büros lagen. Ihr Ruf war nicht gut. Die beiden wurden von allen hier wohnenden Deutschen „Russenliebchen“ genannt. Niemand wollte mit ihnen etwas zu tun haben. Helmut, der als erster in der Tür stand, glaubte felsenfest, sie erkannt zu haben. Ich hatte in der Schrecksekunde nur die Silhouette wahrgenommen.

Es war nicht die Ausnahme, daß Deutsche ihre Landsleute bestahlen. Die Zeit war so. Doch was gab es in unserer erbärmlichen Behausung noch zu stehlen? Ich kann mich an eine silberne Schöpfkelle erinnern, die wir auf dem Markt hätten verscherbeln können, und an eine Schlafdecke, von der ich nicht weiß, ob ich sie uns oder „unserer Französin" zuordnen soll. Es müssen noch ein paar andere Dinge entwendet worden sein, die unserem Logiergast gehört haben, sonst wäre er ja nicht so ärgerlich gewesen.

Familie Wagner

Es gab in dieser Zeit aber auch Deutsche, denen es offensichtlich besser als uns erging.

Einige von ihnen wohnten bei uns im Haus, in der Kellerwohnung, die der unsrigen gegenüber lag und deren Fenster auf die Gluckstraße zeigten. Auf jener Hausseite war alles ein wenig anders als bei uns. Schon die Wohnungstür zum Treppenhaus hin war äußerst stabil und hatte kein zerschlagenes Zierfenster. Eisenbeschläge verstärkten sie zusätzlich. Auch meine ich, sogar auf ihrer Außenseite zum Hausflur hin mindestens ein dickes Vorhängeschloß gesehen zu haben. So eine Absicherung war für deutsche Behausungen ein absoluter Sonderfall. Es war also nicht einfach, in diese Wohnung zu gelangen, weder für Soldaten noch für Diebe.

Frau Wagner, eine patente drahtige Frau, das Haar glatt zurückgekämmt und im Nacken zu einem Knoten gesteckt, lebte hinter dieser Tür mit ihren Söhnen. Ob sie alle ihre eigenen waren, weiß ich nicht. Der jüngste war ein süßer, blonder, lebhafter Bengel von etwa fünf, sechs Jahren. Die anderen drei jedoch wirkten auf mich eher schon wie junge, ausgewachsene, vielleicht 18-, 20jährige Männer. Wo sie arbeiteten, wie sie ihren Lebensunterhalt bestritten, blieb mir verborgen. Ob die anderen Nachbarn mehr wußten, bezweifle ich. Der Kontakt zu den übrigen Bewohnern im Haus schien gering, zumindest reichte er nicht bis in die Wohnung, die die Familie ganz allein bewohnte. Alle waren den Verhältnissen entsprechend gut genährt, ordentlich gekleidet und konnten sich – den Kleinen natürlich ausgenommen – das Rauchen von Zigaretten leisten, täglich, ständig. Wer von den Deutschen sonst konnte sich solchen Luxus erlauben, wo doch jeder nach einem Stück Brot lechzte!

Sie waren, sooft ich sie sah, eigentlich immer guter Dinge. Die Jungen standen im Treppenhaus mit Mutter zusammen. Sie lachten und feixten laut. Wir hatten nie, nie einen Grund zur Fröhlichkeit. In ihren schwersten Tagen bettelte meine Mutter sogar einmal diese Frau an. Ob sie von ihr etwas erhielt, weiß ich nicht mehr. Die Situation ist mir nur deshalb noch gegenwärtig, weil mir dies trotz unserer unbeschreiblichen Not äußerst peinlich war.

Eine Einnahmequelle hatten sich diese jungen und wendigen Männer bestimmt durch ihre Spezialisierung auf das Aufbrechen von Safes in verlassenen oder ausgebrannten Häusern geschaffen. So viel bekam ich als Kind mit. Höchstwahrscheinlich gab es in einigen Tresoren doch noch Wertgegenstände, die sich damals zu Geld machen ließen. Auch von Reichsmark war die Rede gewesen. Ob man die noch irgendwie verwenden konnte? Ich kann mich an angekohlte Scheine erinnern und auch an folgende Begebenheit:

Von den ausgebrannten Häusern in unserer Nachbarschaft waren nur die Brandmauern stehengeblieben. In einer Wand ganz oben in schwindelnder Höhe befand sich auch ein Safe. Man konnte ihn von unten aus sehen. Niemand von uns normal Sterblichen hätte ihn je erreichen können. Die drei Wagnerschen Lebenskünstler jedoch schafften das, irgendwie. Unten im Treppenhaus machte dann unter viel Jux die Beute aus dem Tresor die Runde. Es waren z. T. angesengte obszöne Fotos. Auch ich – inzwischen Zwölfjährige – durfte mit ziemlich verständnislosen Stielaugen einen Blick auf die Bilder werfen, die da herumgereicht wurden.

Der Bettler

Obwohl sich Anfang 1947 in der Nähe des Nordbahnhofs vor den Ruinen der Ostmesse entlang nach und nach Händler mit ihren Waren niederließen, führte mich mein Weg immer noch zum Basar an der Schleiermacherstraße.

Auf meinen Gängen dorthin passierte ich jedesmal auf der westlichen Seite der Schrötterstraße einen deutschen Bettler. In längerer Front, etwas abseits von der Straße, standen an diesem Straßenabschnitt etliche etwa zweigeschossige Mehrfamilienhäuser. Sie waren damals ausgebrannt. Zwischen dem Bürgersteig und den Hauseingängen befanden sich Rasenflächen. Sie wurden zum Gehweg hin durch eine niedrige Mauer abgegrenzt. Auf dieser Mauer saß er fast täglich, ein ausgemergelter Mann, und bettelte. Er gehörte zum Straßenbild. Eines Tages jedoch war er verschwunden und tauchte nicht wieder auf. Daraufhin machte folgende Geschichte die Runde:

Es hieß, dieser Mann sei umgebracht worden. Seinen abgetrennten Kopf habe man in einer Fensterhöhle von einem der ausgebrannten Häuser hinter seinem Stammplatz gefunden. Sein Fleisch sei verarbeitet und auf dem Basar angeboten worden.

Der Anfang vom Ende

Mit großer Mühe konnten wir eine kurze Zeitlang 200 Rubel für den Einkauf der Zigaretten zurückhalten, so, wie wir es uns vorgenommen hatten. Doch auch von diesem Vorsatz mußten wir dann bald Abstand nehmen. Schließlich blieben noch 180 Rubel übrig. Das war im Winter 1946/47.

Wieder einmal hatte sich ein sowjetischer Tabakhändler bis in die Gluckstraße gewagt. Er stand diesmal mit seinen Koffern im Vorbau eines Hauseingangs auf der nördlichen Seite der Straße ganz in der Nähe der Hufenallee. Vor dem Haus befand sich ein Vorgarten mit einem Holzzaun zum Bürgersteig hin. Er war auf einer niedrigen Mauer befestigt.

Eine recht große Anzahl Kinder stand auf dem Gehweg außerhalb dieses Zauns, um preiswert Zigaretten einzukaufen. Alle drängelten sich vor ihm entlang, streckten die Arme hinüber und wollten bedient werden. Da der Mann mit den Schachteln zwischen Hauseingang und Umzäunung immer hin und her laufen mußte, dauerte es eine gewisse Zeit, bis jedes Kind versorgt war.

Endlich hatte ich dann einen Platz dicht am Zaun erobert. Um weiter hinüberreichen zu können, stieg ich auf die kleine Mauer und streckte die Arme aus. So konnte ich den Händler besser auf mich aufmerksam machen. Mein Muff baumelte dabei zwischen meinem Körper und dem Holzzaun. In ihm steckte eine kleine Geldmappe mit den letzten 180 Rubeln, die wir noch besaßen. Als ich sie nun herausnehmen wollte, faßte ich ins Leere. Die Mappe war weg. Vor Schreck blieb mir fast das Herz stehen.

Ich drehte mich um und erblickte wenige Schritte hinter mir einen russischen Jungen. Er war nicht einmal sehr groß, aber älter als ich. Er trug viel zu große, zivile Männerkleidung. Die Hose schlotterte. Die Ärmel des dunkelbraunen Herrenjackets reichten ihm weit über die Hände. Seine Schlägermütze hatte er tief ins Gesicht gezogen. Eine zweite Jacke lag über seinem Arm. Unter diesem Kleidungsstück fuhr er vermutlich mit seiner Hand in fremde Taschen. Das geschah recht unauffällig.

Ich wußte, er war´s, der mir die Mappe mit dem Geld aus dem Muff gezogen hatte! Alle deutschen Kinder kannten diese Art Jungen, die sich seit geraumer Zeit, dem letzten Jahr, überall in der Stadt umhertrieben, ganz besonders auch auf dem Basar an der Schleiermacherstraße. Alle Kinder wußten um ihre Gefährlichkeit und machten, wenn es nur möglich war, einen großen Bogen um diese Burschen. Niemand von uns wagte es, sich mit ihnen anzulegen. Sie gehörten zu einer Art Jugendbande in der Stadt und waren obendrein die neuen Machthaber.

Nun hatte mich doch einer erwischt! Warum nur mußte ausgerechnet mir so etwas passieren? Als ich ihn ansah, grinste er unverblümt zurück.

Zunächst heulte ich wohl mehr vor Schreck und aus Wut, nicht besser aufgepaßt zu haben. Doch dann war es schließlich nur noch Verzweiflung über den Verlust des letzten Geldes. Ich konnte jetzt überhaupt keine Zigaretten mehr kaufen, um wenigstens ein paar Rubel zu verdienen. Wir hatten jetzt gar kein Geld mehr, auch nichts zu essen. Wir hatten auch nichts mehr, was wir auf dem Basar möglicherweise für ein paar Rubel verkaufen konnten.

Für uns begann nun das finsterste Kapitel in Königsberg.

Unsere dunkelste Zeit

Wie sollte es jetzt weitergehen?

Die Soldaten mit ihren Lastwagen kamen nicht mehr in die Gluckstraße. Es gab keine Gelegenheit mehr zum Betteln. Von dem, was wir auf den Abfallhaufen fanden, konnten wir unmöglich existieren. Selbst die Deutschen, die einen Arbeitsplatz hatten und arbeiten konnten, lebten schlecht. Doch wer nicht arbeiten konnte, war zum Verhungern verurteilt.

Wir besannen uns auf meine vor einem Jahr gestrickten, langen Strümpfe. Von irgendwoher hatten wir einige Strickteile organisiert. Es waren lauter Fetzen, die sich zum Anziehen nicht mehr eigneten. Wir versuchten sie aufzuribbeln. Manche Teile waren maschinengestrickt. Deren Wolle war naturgemäß ohnehin schon sehr dünn. Hinzu kam, daß sie teilweise verschlissen waren oder schon unter der Witterung gelitten hatten. Während des Aufräufelns riß fortwährend das Garn. Es waren lauter kleine Enden, die wir erhielten. Um neue Strümpfe zu stricken, reichte die gewonnene Wolle nicht aus. Die verschiedenen Farben langten knapp für zwei Paar kleinere Söckchen. Die strickte meine Mutter. Aus den anderen Resten konnte man bei äußerster Sparsamkeit allenfalls Handschuhe anfertigen.

So strickte ich die ersten Fausthandschuhe meines Lebens, solche wie sie mir meine Großmutter in ihren letzten Jahren einmal geschenkt hatte: schlicht hellgrau. Einzelne Maschen auf dem Handrücken wurden in bestimmten Abständen als Muster mit einem roten Faden als Punkte nachgestickt. Die vorhandenen Wollreste paßten in den Farben zufällig dazu. Ja, die wollte ich auf dem Basar verkaufen.

Natürlich kaufte man mir solche Handschuhe ab. Sie sahen gut aus, obwohl das Garn auf der Innenseite dicht an dicht geknotet war. Doch die Mühe und Liebe, die ich in diese Handschuhe investiert hatte, zahlten sich nicht aus. Das Geld, das ich für sie erhielt, reichte vielleicht gerade für zwei Gläser Getreide. Noch ein Paar Faust- und schließlich sogar ein Paar Fingerhandschuhe, ganz vorschriftsmäßig mit versetzten Maschen an den einzelnen Fingern, konnte ich aus den Wollresten stricken. Dann besaßen wir auch nichts mehr zum Aufribbeln.

Schon auf dem Weg zum Markt heftete ich mir die Handschuhe mit einer Sicherheitsnadel auf den Mantel vor die Brust. Das war in jener Zeit so üblich geworden. Wer etwas verkaufen wollte, trug es bereits sichtbar durch die Stadt. Bereits unterwegs begegnete mir eine Russin, die an den Fingerhandschuhen sehr interessiert war. Sie hatte jedoch kein Geld zum Bezahlen und bat mich, in ihre Unterkunft mitzugehen. Dort bot sie mir ein größeres Stück Brot an. Das war der Preis für die schwierige Arbeit. Wir waren zu ausgehungert, um beim Anblick von etwas Eßbarem eine vernünftige Relation zwischen Arbeit und Entgelt zu bedenken.

Die russischen Frauen liebten grellbunte Stoffe. Alle Fetzen, die wir auftreiben konnten, wurden für den Verkauf aufbereitet. Sie wurden so weit es ging gesäubert. Ein Bügeleisen besaßen wir damals nicht. Zerknüllte Teile wurden angefeuchtet und so lange an der Türkante hin und her gerieben, bis sie einigermaßen glatt waren. Auch diese bunten Flicken steckte ich mir mit einer Sicherheitsnadel am Mantel fest. So flatterten sie beim Gehen und erregten vielleicht etwas mehr Aufmerksamkeit, als wenn ich sie zusammmengelegt in der Hand hielt. Etwa drei bis fünf Rubel pro Stück konnte man dafür verlangen. Die reichten jedoch noch nicht, um ein Wasserglas Körner zu kaufen. Aber auch die Russen unterschieden zwischen nützlichen und unnützen Dingen. Die Stoffetzen fanden selten Käufer, obgleich sie oft interessiert begutachtet wurden.

Meine Mutter war trotz ihrer Beschwerden ebenfalls täglich unterwegs. Immer noch hoffte sie, eine ihrem gesundheitlichen Zustand entsprechende Arbeit zu finden. Dabei suchte sie dann gleichzeitig alle ihr bekannten und erreichbaren Abfallhaufen auf. Auch andere Deutsche taten das. So konnte es passieren, daß sie von ihrem Rundgang nicht einmal ein paar Kartoffelschalen mitbrachte.

Jetzt im Winter machte der Frost zusätzlich die wenigen Abfälle häufig restlos ungenießbar. Andererseits mußten wir es als glücklichen Zufall betrachten, wenn die Russen manchmal sogar ganze Kartoffeln wegwarfen, die ihnen während der Aufbewahrung erfroren waren. Sie schmeckten zwar unangenehm süßlich und waren zäh, doch man hatte mehr Masse als bei Kartoffelschalen. Auch erfrorene, glasige Kohlreste oder vereiste, grüne, eingelegte Tomaten waren für uns schon etwas ganz Besonderes in dieser kalten Jahreszeit.

Und der Winter 1946/47 war äußerst streng. Deshalb mußten wir auch gegen die Kälte ankämpfen. Manchmal gefror uns über Nacht das Wasser im Eimer. Das Brennholz war allgemein knapp geworden in der Stadt. Wir konnten nicht mehr aus dem vollen schöpfen wie ein Jahr zuvor. Noch vorhandenes Holz war in den Ruinen meistens fest eingebaut. Es bedurfte großer Kraftanstrengungen, Tür- oder Fensterrahmen herauszuschlagen. Solche Kräfte besaßen weder meine Mutter noch ich. So ergriffen wir auf unseren Streifzügen durch die Stadt jeden Knüppel, jede Latte und nahmen sie auch über weite Wege mit nach Hause.

Noch etwas machte uns das Leben zur Hölle. Wir konnten in der Kälte weder uns noch unsere Behausung genügend sauberhalten. Wir wuschen uns in einer kleinen, braunen Emailschüssel. Außer der Badewanne im demolierten Bad gab es kein größeres Waschgefäß. Im Sommer, wenn es warm und der Mauerdurchbruch zugestellt war, wurden wir Kinder darin manchmal abgewaschen. Zum Baden gab es zu wenig Wasser, warmes schon gar nicht. Ob die Erwachsenen diese Wanne auch benutzt haben, weiß ich nicht. Der Raum war nicht abzuschließen. Jedermann konnte ihn jederzeit betreten. Jetzt im Winter bei der Kälte war er überhaupt nicht zu gebrauchen. Die Zähne konnten wir wegen fehlender Zahnbürsten und Zahnpasta gar nicht putzen.

Wenn es kalt war, krochen wir unter das einzige Federbett, das wir besaßen. Es hatte keinen Bezug. Seit August 1945 schliefen wir unter diesem Bett mit dem roten Inlett und konnten es nicht waschen. An manchen Stellen glänzte es speckig schwarz.

Weil das Waschen der Kleidung ganz allgemein ein großes Problem war, trugen wir sie viel zu lange, ohne sie reinigen zu können. So blieb es nicht aus, daß wir verschmutzten und verlausten. Täglich kämpften wir gegen die Kleiderläuse an. Über den Zeitpunkt, seit wann wir uns mit dem Ungeziefer abplagten, bin ich mir nicht ganz sicher. Es müßte etwa Herbst 1946 gewesen sein, als wir sie bei uns entdeckten. Das tägliche Absuchen der Kleidung nach Läusen ist mir erst aus der Zeit gegenwärtig, als es uns immer schlechter erging, als Hunger und Kälte uns total beherrschten.

Eine Entlausungsaktion wie im Sommer 1945 gab es 1946 nicht, zumindest erfuhren wir nichts davon. Wir saßen mit hungrigem Magen in unserer schwer beheizbaren, verrußten Behausung und bemühten uns, dem Ungeziefer auf unsere Art, mit unseren Mitteln beizukommen. Meistens, wenn im Lauf des Nachmittags ein paar Sonnenstrahlen von Südwesten her unseren Raum erhellten, entledigten wir uns unserer Kleidungsstücke, eines nach dem anderen. Jedes Teil wurde akribisch abgesucht. Doch die Nissen konnte man unmöglich alle beseitigen. Darum wiederholte sich diese Prozedur fast täglich. An

Kopfläuse kann ich mich zu diesem Zeitpunkt nicht erinnern, auch nicht, daß meine Mutter unser Haar dagegen behandelt hat.

Dennoch: Das war noch nicht alles. In unserer Behausung gab es auch Wanzen. Sie plagten uns zwar nicht so unmittelbar wie die Läuse, aber sie waren ebenso ekelerregend, eigentlich noch schlimmer. In unserem kleinen Raum konnte man wegen der Enge die Möbel nicht spürbar verrücken. Wenn wir aber den Reisekorb von der Wand wegzogen, krabbelten die Biester in der Nähe der Fußleiste umher und auch an der Wand hoch. Auch sie konnten wir nur beseitigen, indem wir sie zerdrückten. Wir besaßen keine Reinigungsmittel, um sie zu bekämpfen oder ihnen wenigstens mit gründlicher Sauberkeit begegnen zu können.

Wir hörten nie etwas von gesundheitlicher Betreuung, von einer Gemeindeschwester oder Bezirkspflegerin, die beispielsweise den Deutschen in dem ihr zugeteilten Bezirk half, die Verlausung zu bekämpfen, oder die die Todesfälle registrieren mußte.[6]

Ich sah auch nie eine deutsche Zeitung. Wir waren auf der ständigen Suche nach etwas Eßbarem. Wir hatten überhaupt keine Verbindung zur Außenwelt. Uns schien, wir waren vergessen.

Irgendwann um diese Zeit stieß meine Mutter auf einem ihrer Rundgänge, dort wo die Vogelweide auf die Hufenallee mündet, auf eine Kolonne mit Kindern. Sie gingen sehr diszipliniert in Zweier- oder Dreierreihen, waren einheitlich, sauber und ordentlich gekleidet. Sie sahen nicht wohlgenährt, aber auch nicht verhungert aus. Unter ihnen befand sich Liselotte Finselberger. Meine Mutter sprach sie an. Sie erfuhr von ihr, daß Frau Finselberger inzwischen verstorben war. Liselotte hatte in einem Waisenhaus (vgl. S. 19, Anm. 8) Unterschlupf gefunden. Warum die Gruppe sich ausgerechnet auf der Hufenallee aufhielt, erzählte sie mir nicht.

Erst im Herbst 1993 konnte ich in Erfahrung bringen, daß Liselotte im Waisenhaus Maraunenhof untergekommen war und damals täglich von dort aus die Johanna-Ambrosius-Schule in der Luisenallee besuchte.

Diese Begegnung mit Liselotte Finselberger ließ in meiner Mutter einen fatalen Entschluß reifen. Seitdem sie erfahren hatte, daß elternlose Kinder in einem Waisenhaus untergebracht werden konnten, hielt sie es für das Beste, wenn sie stürbe und ich dann in so einer Anstalt aufgenommen werden würde. In ver-

---

[6] Siehe Irmgard Rohde-Fischer, Weite Wege nach Königsberg, Frankfurt (Main) (R.G. Fischer) 1990, S. 29, 31f.

zweifelten Augenblicken malte sie mir immer öfter aus, wie gut es mir dann ergehen würde. Dieser Gedanke ließ sie nicht mehr los.

Unsere Situation war inzwischen äußerst trostlos und elend geworden. Bei meiner Mutter machten sich die ersten sichtbaren Anfänge des Verhungerns bemerkbar. Ihr Gesicht schwemmte auf. Unter den Augen bildeten sich wäßrige Halbringe. Es war ein ungeheurer Gegensatz zur ausgemergelten Gestalt. Auch die Füße und Unterschenkel schwollen an. Über Schmerzen klagte sie nicht. „Das Wasser kommt", so nannte man das damals. Andere sprachen von Hungerödemen. Trotz allem zog sie immer noch ihre Kreise, um etwas Eßbares zu suchen.

Mein Weg führte auch jetzt noch ständig auf den Basar. Ich hoffte jedesmal, etwas von dem schäbigen Rest, den wir auftreiben konnten, zu Rubeln machen zu können. Manchmal klappte es sogar.

Während ich eines Tages dort von Verkaufstisch zu Verkaufstisch ging, um mich an den Angeboten wenigstens sattzusehen, blickte ich unvermittelt in die Gesichter einer Cousine meiner Mutter, Tante Malchen, und deren Tochter Rosi. Sie ist ein knappes Jahr älter als ich. Die beiden verkauften auf dem Markt geräucherte Fische. Von ihnen erfuhr ich, daß der Familie die Flucht 1945 auch nicht geglückt war. Sie wohnten seit dem Sommer 1945 wieder auf ihrem Hof in Rinderort, Kreis Labiau, jetzt allerdings zu mehreren Familien. Zwei ältere Töchter, Eva und Elsa, damals 18 und 16 Jahre alt, fuhren Nacht für Nacht mit deutschen Fischern aufs Haff. Sie fischten im Auftrag der sowjetischen Militärverwaltung. Je nach Größe des Fangs erhielten sie als Entlohnung eine entsprechende Menge Fische. Diese wurden dann von der Familie geräuchert und auf dem Basar in Königsberg verkauft.

Ich war im Augenblick dieser plötzlichen Begegnung wohl nicht reaktionsschnell genug gewesen, um mich für meine Mutter und mich nach den Lebensverhältnissen am Haff zu erkundigen. Wir sprachen nur über unser aller Ergehen in den letzten Jahren. Die beiden schenkten mir ein oder zwei Fische. Ich verabschiedete mich und lief nach Hause, um meiner Mutter über die Verwandten zu berichten.

Abschied

An unserer Situation änderte sich auch Anfang 1947 nichts. Es glich fast einem Lotteriespiel, ob wir jeden Tag etwas zu essen bekamen oder uns am Abend mit leerem Magen wieder schlafen legen mußten.

Die Hungerödeme stiegen bei meiner Mutter von den Beinen weiter zum Körper hoch. Damals sagte man: „Wenn das Wasser das Herz erreicht hat, dann ist es vorbei.“ Wir waren sehr verzagt und weinten viel. Die Gebete gaben uns keinen Trost mehr.

In so einem verzweifelten Augenblick versuchte meine Mutter mich dann doch wieder aufzurichten. Ihre Worte höre ich noch heute: „Hanneli, mein Liebling, wenn erst die Brennesseln wachsen werden, dann wird es uns wieder besser gehen.“

Doch ihre Zuversicht schwand, ehe wir Brennesseln sammeln konnten. Ihr Lebenswille war gebrochen. In einem Brief, am 24. April 1947, hat sie ihre letzten Gedanken für die Familie festgehalten. Es sollte ein Brief werden, in dem sie mit ihrem Leben abschloß und von allen ihren Lieben Abschied nahm. Sie schrieb ihn mit einem Kopierstift auf einem leeren Formular mit kyrillischer Schrift.

Es fällt mir nicht leicht, ihn hier abzudrucken. Doch er steht stellvertretend für diejenigen Königsberger, die damals ein ähnliches Schicksal erlitten und kein Zeugnis darüber ablegen konnten.

Königsberg, den 24. April 1947

Ein paar Zeilen

an meine lieben Verwandten, sei es unser lieber Pappa, mein Brüderlein, Ihr Lieben in Domnau, Annchen Blumenthal hier, Ihr lb. Dorschen in Hannover, Ruhnaus, von denen wir auch nichts mehr hörten, die lb. Bendicks. Vielleicht ist es Hannelichen vergönnt, u. wolle es Gott geben, daß sie am Leben bleibt u. noch einmal einen oder den anderen von Euch wiedersieht.

Mir ist es nicht mehr vergönnt. Ich bin so furchtbar schwach geworden, von allem Hungern schon so geschwollen, daß ich bald sterben werde. Der Monat April mit seinen vielen Gedenktagen: Freudentage: am 1. meines lb. Vaters Geburtstag, 12. Tante Lieschens, 22. Großmutter, 26.Tante Mariechen, 10. meiner lb. Muttchens Sterbetag, vielleicht wird er auch mein Sterbemonat. Die Kräfte lassen von Tag zu Tag nach. Das Sitzen u. Schreiben fällt mir schwer. Ich schreibe auf einer Notenunterlage: Musikalische Edelsteine. Ach, was für Freude u. glückliche Stunden u. Sonnenschein haben mir die Noten in meinem Leben bereitet. Die herrliche deutsche Musik!

Wie gern hätte ich noch mal mein eigenes bescheidenes Heim gehabt in unserm lb. Vaterland, u. sei es nur eine Wohnküche, in der ich kochen u. satt werden

Königsberg, den 24. April 1947

Ein paar Zeilen
an meinen lieben [illegible], [illegible] unser lieber Peppo
mein Brüderlein [illegible] in [illegible] [illegible]
[illegible] Hannover [illegible]
[illegible] nicht mehr hören [illegible] lb. Bruder [illegible]
[illegible] vergönnt u. wollte es Gott geben,
daß sie am Leben bleibt u. noch einmal [illegible]
[illegible] Andern [illegible]
Mir ist es nicht mehr vergönnt. Ich bin [illegible]
[illegible] schwach geworden von allem Hungern, [illegible]
[illegible] geschrieben, daß [illegible]
Monat April mit seinen vielen Geburtstags-
Freudentagen: am 4. mein lb. Vaters Geburtstag, [illegible]
Tante [illegible] 22. Großmutter 26. Tante [illegible]
10. [illegible] lb. Mutter [illegible] Sterbetag [illegible]
[illegible] Sterbemonat. [illegible]
[illegible] von 7 Tagen Tag nach. Das Sitzen u.
Schreiben fällt mir schwer. Ich schreibe auf einem
Notenbuch [illegible]
was für Freude u. glückliche Stunden u. [illegible]
[illegible] haben mir die Noten in meinem
Leben bereitet, die herrliche deutsche Musik
[illegible] gern hätte ich noch einmal [illegible]
[illegible]
[illegible]
[illegible]
[illegible] Kuchen [illegible] Fladen dazu. Du
aber gute Peppo, magst Du noch leben?
Wir werden es wohl nicht mehr wiedersehn. [illegible]
Dank [illegible]

[illegible] [illegible] [illegible] Dein [illegible] gut [illegible]
[illegible] [illegible] [illegible] hatte [illegible]
[illegible] [illegible]

Ihr lieben [illegible] [illegible] gerne hatte [illegible]
[illegible] [illegible] [illegible] [illegible]
[illegible] [illegible] [illegible]
[illegible] [illegible] [illegible] Heimat [illegible]
[illegible] [illegible] [illegible] [illegible]
[illegible] guten [illegible] [illegible] möge
[illegible] [illegible] [illegible] Hause [illegible]
[illegible] [illegible] [illegible] [illegible] hat er
[illegible] [illegible] [illegible] [illegible]
[illegible] [illegible] [illegible]
Möge Gott mein Kind, meinen Gemahl
nicht verlassen u. [illegible] guten [illegible]
[illegible] [illegible] [illegible] [illegible]
[illegible] [illegible] [illegible] [illegible]
[illegible]
[illegible] [illegible] [illegible] [illegible] Lotte [illegible]
[illegible] [illegible] [illegible] [illegible] [illegible]
[illegible] [illegible] [illegible] [illegible] [illegible]
[illegible] [illegible] [illegible] [illegible]

ОПИСЬ

Фактических остатков ______, оказавшихся в наличии на ______ 194 г.

Снятие остатков произведено ______ 194 г. до начала торговли, после торговли (ненужное зачеркнуть) ч. ______ мин., до ______ час. ______ мин. После ______ час. ______ мин.

снятия остатков торговля ______ (да, нет) производилась.

Снятие остатков произведено на основании ______

по причинам ______ состав комиссии от дирекции торга т. ______

Директор магазина т. ______ зам. директора тов. ______

счетный работник тов. ______

Наличие товаро-материальных ценностей

Ном. п. п.	Наименование ценностей	Количество			Един. измерения	Цена	Сумма	Примечание
		Мест	Брутто	Нетто или колич. штук				

Сумма (прописью) ______

Опись закончена порядковым № ______

Общий итог по описи в натуральных показателях (прописью) ______

Представитель от дирекции торга ______ Директор ______

Зам. директора магазина ______ Счетный работник ______

könnte mit meinen Lieben! Und mein Klavier darin. Du, lieber guter Pappa, magst Du noch leben? Wir werden uns nicht mehr wiedersehen. Habe Dank, Eugchen, für alles. Wenn Du wüßtest, wie wir hungern müssen. Den Hungertod sterben zu müssen, das hätte ich nicht gedacht, das ist furchtbar.

Ihr lieben Domnauer, wie gern hätte ich Euch noch mal gesehen, die goldigen Kinderlein, Dich lb. Lenchen u. meinen geliebten Bruder Kurt.[7] *Und Mehlsack, meine geliebte Heimat mit den geliebten Gräbern u. unseren lieben Schulzen, die alten guten Bekannten. Wo mögen sie alle sein? Käthchen Thönes in Osterode, lebst Du noch? O, dieser Krieg, wie hat er uns alle vernichtet u. um unser glückliches Familienleben gebracht!*

Möge Gott mein Kind, meine liebe Hanneli, nicht verlassen u. einen guten Menschen in den Weg geben, der sich ihrer annimmt, bis sie vielleicht im Waisenhaus untergebracht ist.

Auf Wiedersehen droben im Himmel!

Eure tieftraurige Lotte Schwokowski

Liebes Malchen [siehe S. 154 ff.] *aus Rinderort, wie leid tut es mir, daß ich Dich niemals sprechen konnte! Du Gute hättest uns vielleicht helfen können. Ob die lb. Mettkeimer u. Blumsteiner u. Deine lb. Kinder noch alle leben? Grüße an alle!*

Wir schluchzten beide, als sie mir das Schriftstück mit vielen Erklärungen und Ermahnungen gab. Sie sprach wieder vom Waisenhaus und schärfte mir ein, nie mit einem Russen mitzugehen. Ich war wie betäubt. All die vielen Ratschläge – ich hörte sie gar nicht mehr. Ich wollte nicht wahrhaben, was sie mir erzählte. Ich konnte bisher alles ertragen, aber nicht jetzt den Gedanken, daß sie für immer von mir gehen würde.

Das Unbegreifliche, Endgültige

Danach wurde meine Mutter immer schwächer. Sie ging kaum noch aus dem Haus, konnte sich schließlich nur mit großer Mühe aufrecht halten und blieb im Bett liegen. Ich marschierte weiterhin täglich zum Basar und wollte meine erbärmlichen bunten Flicken verkaufen. Manchmal hatte ich Glück und wurde einige los. Dann brachte ich ein paar Körner nach Hause und bereitete uns eine

---

[7] Der Bruder Kurt Romeike wurde Ende 1949 aus russischer Gefangenschaft entlassen, seiner Familie (Lenchen und den Kindern) gelang noch im Januar 1945 die Flucht aus Domnau, s. S. 67. D.H.

Schlunzsuppe zu. Es gab aber auch Tage, an denen ich mit leeren Händen zurückkam.

Auch am 11. Mai 1947 war ich auf dem Markt gewesen. Ich brachte etwas Getreide mit nach Hause. Als ich unser Zimmer betrat, lag meine Mutter mit geschlossenen Augen und geöffnetem Mund auf dem Bett. Sie bemerkte mich nicht. Mich durchfuhr ein gewaltiger Schreck, und ich rief spontan laut heraus: „ O Gott, ist sie schon tot?“ Dieser Aufschrei ließ sie wieder zu sich kommen. Sie rührte sich und antwortete: „Nein, Hannelichen, sie ist noch nicht tot.“

Obwohl ich den Eindruck hatte, daß sie diesen Satz wie in Trance, von weit her, sprach, konnten wir uns kurze Zeit später ganz normal miteinander unterhalten. Nach anfänglichem Widerwillen freute sie sich über die Körnersuppe, die wir dann zusammen aus dem Blechnapf löffelten. Anschließend suchten wir beide unsere Kleidung nach Läusen ab. Der Tag ging dem Ende entgegen.

Der neue, der 12. Mai 1947, begann wie all die letzten zuvor. Meine Mutter blieb im Bett. Mein Weg führte auf den Basar. Als ich an diesem Tag nach Hause kam, war sie nicht mehr ansprechbar. Entspannt und ruhig lag sie in diesem jämmerlichen Bett mit dem roten, dreckigen Inlett.

Ich holte Frau Skottke. Sie schaute nach ihr und nahm mich danach mit hinüber zu sich in ihr Zimmer. Dort verbrachte ich dann auch die Nacht auf einem Lager auf dem Fußboden. Meine Mutter lag drüben allein in dem elenden Loch. Ich konnte diesem Tod, der auch mein Leben berührte, nicht ins Antlitz sehen. Ich fürchtete mich vor dem Unbegreiflichen, Endgültigen. Ich konnte nicht einmal mehr weinen. Ich wimmerte vor mich hin.

Am nächsten Morgen ging Frau Skottke mit mir wieder zu ihr hinüber. Meine Mutter lag so da, wie wir sie am Abend verlassen hatten. Während wir vor dem Bett standen, hauchte sie mit einem tiefen Seufzer ihr Leben aus. Es war der 13. Mai 1947. Sie war nur 47 Jahre alt geworden.

Im Laufe des Tages trugen Frau Skottke und Frau Zander aus dem vorderen Zimmer meine Mutter auf die Diele. Sie verschafften sich einen Platz zwischen den Bierfässern und nähten sie dort in einen Sack ein. Danach brachten sie sie hinaus in das frische Maiengrün, dorthin, wo ein Straßenabschnitt der Vogelweide an den Tiergarten grenzte.

Am folgenden Morgen schaute ich noch einmal nach ihr. Ich setzte mich ins Gras und starrte auf den Sack, der unter einigen Zweigen kaum zu sehen war. Es war wohl eine Zwiesprache auf kindliche Weise. Dort lag sie, bis die „Totengräber“ sie abholten. Es waren zwei Männer mit einem hohen, zweirädrigen Karren, die die Straßen abfuhren, die Verstorbenen einsammelten und in die Massengräber brachten.

Wohin es mich dann getrieben hat, weiß ich nicht mehr. Als ich wieder ins Haus kam, sagten mir die Nachbarn: „Deine Mutter ist abgeholt worden. Sie wird auf dem Neuen Luisenfriedhof beerdigt, in einem Massengrab. Merke dir den Namen!“ Der Name des Friedhofs war für mich damals eine Vokabel, mehr nicht. Ich hatte keine Ahnung, wo er sich befand. Nun wußte ich nicht einmal, wo meine Mutter ihre letzte Ruhestatt finden würde.

Benommen, nicht fähig, einen klaren Gedanken zu fassen, irrte ich umher. Auf der Vogelweide gab es damals an der Hauswand zwischen dem Haus Gluckstraße 3 und dem Nachbarhaus mit der Heißmangel ein Regenwasserabfallrohr, das vom Dach bis in den Boden reichte. Ich sehe mich noch heute in meinem inzwischen sehr knapp gewordenen Gardinen-Kleid dieses Rohr umarmen und endlich weinen. Zu diesem Zeitpunkt war ich zwölfeinhalb Jahre alt.

Zu mir kam damals übrigens keine Bezirkspflegerin, niemand, um den Tod meiner Mutter zu registrieren und einen Totenschein auszustellen.

Allein

Rinderort

Ich habe die Begebenheiten aus den Jahren 1945 – 1947 ziemlich genau in Erinnerung, doch vieles, was nach dem Tod meiner Mutter passierte, verbirgt sich bei mir wie hinter einem Schleier. Es gab kein Ziel, ich ließ mich treiben und alles, was auf mich zukam, mit mir geschehen. So erkläre ich mir, daß mir viele Ereignisse aus der folgenden Zeit nicht mehr so gegenwärtig sind.

Weil ich nun allein dastand, bemühten sich die Nachbarn herauszufinden, ob ich noch irgendwo Verwandte hatte. Mir war zu dem Zeitpunkt nur die Tante aus Rinderort, Kreis Labiau, bekannt. Sie hatte ich ja einmal zufällig auf dem Basar in Königsberg getroffen. Von allen anderen Verwandten hatten wir nichts mehr gehört. Sollte jetzt der letzte Wunsch meiner Mutter, Gott möge mir einen guten Menschen in den Weg geben, der sich meiner annimmt, in Erfüllung gehen?

Oben im Hochparterre des Hauses Gluckstraße 3 wohnte eine Nachbarin, die Kontakt zu einer Deutschen in Königsberg-Kalthof hatte. Diese wiederum handelte mit Fischen, die sie sich am Kurischen Haff besorgte. Sie kannte Rinderort und auch meine Tante, und sie nahm mich mit dorthin. Wir fuhren mit einem

Bus bis Labiau. Die restlichen sechs, sieben Kilometer bis Rinderort gingen wir zu Fuß. Leider habe ich den Namen dieser guten Frau vergessen.

Wie meine Tante reagierte, als sie mich bei ihr abliefern wollte, daran kann ich mich nicht mehr erinnern. Ich durfte jedenfalls in Rinderort bleiben. Ich bin meiner Tante heute noch zutiefst dankbar dafür.

Sie selbst hatte vier Töchter, die im Jahr 1947 11, 13, 16 und 18 Jahre alt waren. Außerdem lebte zu jenem Zeitpunkt schon ein Waisenkind in dieser großen Familie. Es war das jüngste, etwa fünf-, sechsjährige Mädchen einer verstorbenen Verwandten aus Moritten, Kreis Labiau, Agathe Zimmerling. Seine beiden älteren Geschwister, Renate (etwa in meinem Alter) und Alfred (ca. zwei Jahre älter als ich) versorgten sich auf dem elterlichen Anwesen allein. Ihre Mutter war 1946 gestorben. Vom Vater gab es keine Nachricht.

Auch den Mann meiner Tante, Onkel Fritz, hatten die Kriegswirren weit weg verschlagen. 1947 hatte sie aber schon in Ostpreußen die Nachricht erhalten, daß er sich in Saßnitz/Rügen befinde. Die alte Mutter dieses Onkels gehörte ebenfalls noch zu dieser großen Familie.[8]

In diese Gemeinschaft wurde nun auch ich aufgenommen. Mich bedrückte hier der Überlebenskampf nicht mehr in dem Maß wie während der letzten Monate in Königsberg. Deshalb ist die Erinnerung an den Hunger in dieser Zeit in den Hintergrund getreten. Andere Erlebnisse haben sich tiefer in das Bewußtsein eingegraben.

An Rinderort hatte ich leuchtende Erinnerungen aus glücklichen Zeiten. Vor 1945 verbrachte ich dort wundervolle, erlebnisreiche Ferientage. Als Einzelkind fühlte ich mich in der Gesellschaft der vier Mädchen besonders wohl. Zu dem Hof gehörten Landwirtschaft, Fischerei und eine Gastwirtschaft. Für ein Stadtkind waren die Möglichkeiten, die sich dort zum Spielen anboten – Heuboden, die Tiere, Kutschfahrten und Kahnfahrten im Haff -, etwas ganz Besonderes und unübertrefflich.

Eines meiner damaligen Kinderbücher hieß „Deutschland ist schön". Nach dem Lesen des Buches klappte ich es mit einem tiefen Seufzer zu und kommentierte es als vielleicht Sieben- oder Achtjährige mit den Worten: „Ja, Deutschland ist schön, aber Rinderort ist noch viel schöner." Dieser Ausspruch machte in unserer Verwandtschaft die Runde, und alle Erwachsenen amüsierten sich über ihn.

---

[8] Die Tante gelangte mit den 4 Töchtern und der Großmutter im Oktober 1948 in die SBZ. Die drei Waisen Agathe, Renate und Alfred Zimmerling kamen ebenfalls 1948 mit einem Kindertransport in die SBZ, erst vor kurzem konnte ich die Anschrift ausfindig machen. H.M.

Alle diese Erinnerungen aus unbeschwerten Kindertagen hatten halfen mir jetzt, da ich allein war, über die schlimmsten Augenblicke hinweg, auch wenn sich nun,1947, so vieles verändert hatte.

Die beiden ältesten 16 und 18 Jahre alten Mädchen fuhren jetzt Nacht für Nacht mit deutschen Fischern auf das Haff hinaus zum Fischen. Auf dem Nachbargrundstück, zu dem auch der Rinderorter Leuchtturm gehörte, hatte sich sowjetisches Militär einquartiert und ein Fischerei-Kommando eingerichtet. In der dazugehörigen Bucht gab es eine Hafenmole, an der die großen Kurenkähne anlegen konnten. Die deutschen Fischer mußten jetzt für die Soldaten arbeiten. Als Entlohnung erhielten sie Naturalien, pro Monat und Arbeitskraft 14 Pfund Mehl, in unregelmäßigen Abständen etwas Fett oder auch Fleisch.

Von jedem Fang, den sie an Land brachten, durften sie je nach Ergebnis eine gewisse Anzahl Fische behalten. Oft zweigten sie jedoch von dem Fang, bevor die Russen ihn kontrollierten, etliche in Säcken verpackte Fische ab. Meistens waren es die größten und wertvollsten. Sie versteckten sie, bevor sie im Hafen anlegten, hinter der Mole zwischen Schilf und Findlingen, die es dort massenweise gab. Die Säcke mußten dann im Laufe des Tages in unbeobachteten Augenblicken oder auch bei Nacht und Nebel von dort weggeholt werden. Das war sehr aufregend, denn man durfte sich nicht erwischen lassen. Ich eignete mich überhaupt nicht dazu. Ich hatte schreckliche Angst, geschnappt zu werden. Fische, die wir nicht zum eigenen Verzehr benötigten, wurden geräuchert und verkauft. Natürlich nahm man dazu die besten, denn man erhielt für sie das meiste Geld.

Das Räuchern der Fische lernte auch ich in jenen Monaten. Barsche, Zander, Makrelen, Plötze, Hechte, Brassen und noch einige andere Fischarten wurden entschuppt, von den Eingeweiden befreit, gesalzen und anschließend geräuchert. Als Räucherofen dienten alte Benzinfässer. Deckel und Boden hatte man entfernt, so daß der Mantel des Fasses übrigblieb. Unten am Boden gab es ein vom Rand aus quadratisch geschnittenes Loch für die Feuerung. Die Fische wurden nach Art und Größe sortiert. Ein Stück stabiler Draht diente als Spieß. Auf ihn steckte man die Fische in der Regel durch die Augen drauf – etwa wie Perlen an der Kette. Die so aufgezogenen Fische wurden Reihe für Reihe in die Tonne gehängt. Sie durften sich nicht berühren. Denn überallhin mußten die Hitze des Feuers und der Rauch gelangen können.

Unten im Feuerungsloch prasselte dann das angezündete Brennholz. Es mußte, solange die Fische garten, mit kräftiger Flamme brennen. Danach begann der Räuchervorgang. Wir Kinder sammelten dafür jede Menge Holz und Tannenzapfen, die ostpreußischen Zischkes. Auch Sägespäne und Sägemehl mußten wir dazu organisieren. Dieses Brennmaterial wurde dann auf die Glut gelegt. Es ließ das Feuer nur noch schwelen, und dicker Qualm entwickelte sich. Die Tonne mit den Fischen wurde dann mit Säcken abgedeckt, damit der Rauch nicht gleich nach oben entweichen konnte. Nach etwa vier Stunden waren die Fische fertig. Sie leuchteten appetitlich goldgelb, ließen uns das Wasser im Mund zusammenlaufen und schmeckten vortrefflich.

Die geräucherten Fische waren damals der Rettungsanker, der der Bevölkerung am Haff das Überleben sicherte. Man konnte sie verkaufen und für die Rubel andere lebensnotwendige Dinge erwerben. Da es in der Umgebung des Haffs genügend Fische gab und sie dort deshalb keinen großen Absatz fanden, fuhr man mit ihnen nach Königsberg auf den Basar. Die etwa sieben Kilometer bis Labiau bewältigten wir mit den Taschen und Körben voller Fische zu Fuß. Dort fanden sich an bestimmten Treffpunkten morgens die Fischerfrauen aus den umliegenden Haffdörfern ein. Die sowjetischen Soldaten wußten dies schon. Alle diejenigen, die dienstlich in Königsberg zu tun und einen Lastwagen zur Verfügung hatten, verdienten sich gern zusätzlich ein paar Rubel und nahmen auf der Ladefläche bei Wind und Wetter die Frauen und Kinder mit nach Königsberg. Pro Person erhielt ein Soldat für die etwa 45 km lange Beförderungsstrecke 20 – 30 Rubel. Für einen großen Fisch konnte man auf dem Markt etwa ebenso viel Geld verlangen. Am Nachmittag ging es dann auf die gleiche Weise wieder nach Hause.

Auch der hauseigene Bauerngarten trug zur Ernährung bei. Ob überhaupt in jener Zeit Sämereien zu beziehen waren, habe ich nicht mitbekommen. Viele Saaten wurden selbst gezogen, habe ich mir später sagen lassen. Etliche Ernteergebnisse beschränkten sich auf mehrjährige Pflanzen. Doch die Saatkartoffeln steckten im Mai, als ich nach Rinderort kam, noch nicht in der Erde. Großmutter saß mit einigen von uns Kindern zusammen vor dem Haus und vermehrte diese schon naturgemäß äußerst kleinen Knollen auf eine Weise, die man sich heute nicht mehr vorstellen kann. Sie schnitt die kleinen Dinger auseinander, und zwar so, daß jedes Schnittstück ein Keimauge hatte. So konnte man aus einer Kartoffel mehrere Stauden züchten. Leider konnten wir die Kartoffeln im Herbst 1947 nicht mehr ernten. Die Russen vertrieben uns Ende des Sommers aus Rinderort.

Als die Blaubeeren reiften, lebten wir jedoch noch in Rinderort. In einem Waldgebiet östlich der Deime, es mag der kleine Erlenwald oder der Pfeiler Forst gewesen sein, gab es ein großes Blaubeergebiet. Um dorthin zu gelangen, mußten wir etliche Stunden laufen, zunächst die ca. sieben Kilometer bis Labiau und dann mindestens noch einmal so weit, bis wir den Wald erreichten. Der Wald war recht dunkel. Es gab dort keine Wege. Einmal hatten wir sogar Mühe, den Waldrand wieder zu erreichen. Obwohl wir uns stets zu mehreren Kindern dort aufhielten und in der Ferne hin und wieder auch andere Pflücker erspähten, war es doch ziemlich unheimlich dort. Da das Pflücken eine mühsame Angelegenheit war, dauerte es von morgens bis zum späten Nachmittag, um die Gefäße zu füllen.

Der Rückweg nach Rinderort warf aber noch ganz andere Probleme auf. Die Russen scheuten die Mühsal des Blaubeerpflückens. Deshalb lauerten zivile Jugendliche den mit gefüllten Gefäßen zurückkehrenden Sammlern irgendwo auf der Landstraße nach Labiau auf. Sie stellten sich den Deutschen in den Weg und nahmen ihnen die Kannen mit den Beeren weg. Wir mußten also ständig auf der Hut sein. Sofern wir von weitem eine Gestalt erblickten, schlugen wir uns seitwärts in die Büsche und nahmen weite Umwege über abgelegene Felder in Kauf. Wenn es möglich war, schlossen wir uns zu einer größeren Gruppe zusammen, um dann gemeinsam den Heimweg anzutreten. Wir achteten darauf, möglichst in der Mitte des Pulks zu gehen. Die vorderen Sammler wie auch die hinteren schienen uns besonders gefährdet. Wenn wir Labiau erreicht und die Brücke über die Deime passiert hatten, war die gefährlichste Strecke überstanden. Dann nahm uns zumeist niemand mehr etwas weg. Wir brachten alle Beeren nach Hause.

Hindenburg

Es muß etwa September 1947 gewesen sein, als aus der Sowjetunion Zivilrussen am Haff eintrafen. Ihnen wurden die nicht zerstörten Anwesen in den Haffdörfern um Rinderort herum zugewiesen. Alle hier wohnenden Deutschen mußten die Häuser räumen. Auch das russische Militär zog fort. Es suchte sich ebenso wie die deutschen Fischer einen neuen Standort. Die Wahl – oder war es Befehl – fiel auf Hindenburg, auch im Kreis Labiau gelegen. Der Ort liegt in der Nähe des südlichen Ostrandes des Haffs, also östlich der Deime. Die Soldaten betrieben hier weiterhin mit Hilfe der deutschen Fischer die Fischerei.

Nun hieß es Abschied nehmen von Rinderort. Für den Umzug durften die Fischer ihre Kurenkähne benutzen. Auf ihnen konnte man etliches an Hausrat verstauen und mitnehmen. Das war das einzig Erfreuliche an diesem Hinauswurf. Die Fahrt mit dem Kahn führte entlang der südlichen Haffküste in die Deime-Mündung. Da auf dem Fluß bei einem so großen Schiff keine Segel gesetzt werden konnten, mußte man treideln. Diese Arbeit übernahm meine zierliche Tante. Die beiden großen Mädchen, Eva und Elsa, arbeiteten höchstwahrscheinlich. Sie waren bei dem Umzug nicht dabei. Vielleicht waren sie auch schon vorgelaufen, um eine neue Bleibe auszukundschaften. Wir jüngeren Kinder liefen mit der Großmutter auf dem Kahn umher.

In Labiau hat die Deime eine Verbindung zum Großen Friedrichsgraben, einem Kanal, der in Richtung Tilsit führt. Auf ihm ging es dann weiter bis nach Hindenburg, das direkt an dieser Wasserstraße liegt. Auch hier mußte getreidelt werden. Plötzlich hieß es an einem kleinen Holzsteg: „Anhalten!“ Wir legten an und erklommen die Böschung. Gleich auf der anderen Seite des Wegs befand sich ein kleineres Siedlungshaus mit Stall, Schuppen und einem Garten. Es sollte unser neues Domizil werden. Wir luden den mitgebrachten Hausrat ab und brachten ihn ins Haus. Der Kurenkahn mußte wieder zurück aufs Haff. Auch andere Fischer, die für die Soldaten arbeiteten, gelangten auf diese Weise hierher.

Die Bedingungen waren für die Fischerei hier äußerst ungünstig. Die meisten Häuser und Gehöfte dieses Ortes erstreckten sich entlang des Großen Friedrichsgrabens. Zwischen der Siedlung und dem Haff lag ein Waldgebiet. Bis zum Wasser mußte man etwa zwei Kilometer weit laufen. Schlimmer noch waren für die Fischer die Gegebenheiten direkt am Haff. Hier gab es nur eine Flachküste. Die Kurenkähne ankerten deshalb ziemlich weit draußen auf dem Wasser. Der ganze Fischfang einer Nacht mußte in kleine Boote umgeladen werden. Nur mit ihnen konnten die Fischer das flache Ufer erreichen. Verstecke für eine Sonderration fangfrischer Fische gab es hier nicht. Manchmal glückte es, im Wald einen Sack voll zu verstauen oder aber im Wasser zu verankern.

Dann machte sich meine Tante in der folgenden Nacht bei völliger Dunkelheit mit uns Kindern auf den Weg, um die Fische zu holen. Sie zog an einem breiten Gurt über der Brust einen ziemlich großen, zweirädrigen Karren hinter sich her, um den Sack nicht kilometerweit schleppen zu müssen. Wir Kinder verteilten uns rund um das Gefährt. Eine Kinderschar gab Frauen jetzt, Ende 1947, doch schon eine relativ große Sicherheit vor Übergriffen der Russen.

Dennoch hatten wir bei solchen Unternehmungen allesamt Angst und verhielten uns mäuschenstill. Doch die Räder des Wagens knirschten auf dem steinigen und sandigen Weg. Manchmal bellte von irgendwo her ein Hund. Dann mußten wir stehenbleiben, uns ruhig verhalten, abwarten, lauschen. Im Wald schluckte der weiche Boden die lautesten Geräusche der Räder. Wegen der Unebenheiten klapperten hier aber meistens die auf dem Karren liegenden Bretter. Wie waren wir froh, wenn wir wieder wohlbehalten zu Hause ankamen!

Das Räuchern der Fische geschah auf die gleiche Weise wie in Rinderort, denn die provisorischen Räucheröfen hatten wir beim Umzug auf dem Kurenkahn mitgenommen.

Mindestens einmal in der Woche ging es jetzt von Hindenburg aus nach Königsberg auf den Markt. Schon früh morgens brachen wir auf nach Labiau. Es war noch dunkel und schon frostig kalt. Der etwa sechs bis sieben Kilometer lange Weg bis dorthin führte neben dem Friedrichsgraben her. Bei klarem Wetter funkelte über uns der Sternenhimmel. Auf diesen Touren war mir im Herbst 1947 erstmals das Sternbild des Orions bewußt geworden. Auch heute noch habe ich stets den Weg von Hindenburg nach Labiau vor Augen, wenn ich dieses Sternbild erblicke.

Westlich des Friedrichsgrabens waren nun in etlichen kleinen Siedlungshäusern die deutschen Fischer untergekommen. Seine andere Seite war bedeutend weniger besiedelt. Die vereinzelten Gehöfte duckten sich dort tief in die Landschaft. Auf jener Seite lebten 1947 schon Zivilrussen. Wir hatten keine Kontakte zu ihnen. Der Graben erwies sich als natürliche Grenze.

An manchen Abenden trafen sich jenseits des Kanals etliche Russen, Sie kamen auf einem Gehöft zusammen, das der unsrigen Behausung schräg gegenüber lag. Von uns aus konnte man nur die Silhouetten der dazugehörenden Häuser erkennen. Sie hoben sich gegen den Himmel des untergehenden Tages ab. Wir hörten, wie die Bewohner drüben mit wunderbaren Stimmen ihre Lieder sangen, und es legte sich trotz aller Not ein wohltuender Frieden über die Landschaft.

Hin und wieder konnte meine Tante Brot backen. In jenen Hungerjahren war uns jedes Stückchen Brot recht, auch wenn es russisches war, naß, klitschig und tranig. Das selbstgebackene schmeckte uns jedoch wie Kuchen. Ganz besonders beeindruckte mich die Art, wie sie es anschnitt. Sie hielt den großen Laib Brot im Arm vor dem Oberkörper. Er reichte ihr von der Brust bis auf den Bauch. Bevor sie das erstemal das Messer ansetzte, um ein Stück abzuschneiden, drehte sie den Laib herum und ritzte auf die Unterseite mit dem Messer ein Kreuz ein. Dieser alte bäuerliche Brauch erlangte jetzt in der Zeit der Not besondere Bedeutung.

Litauen

Die Nahrungsbeschaffung war auch hier am Haff für unsere große Familie sehr schwierig. Zum Herbst 1947 wurde die Lage äußerst kritisch. Die offizielle Ration von Fischen, die die beiden Cousinen für ihre Arbeit erhielten, reichte für den Lebensunterhalt aller nicht aus, die „Naturalien-Zuteilung“ natürlich auch nicht. Abzweigen von fangfrischen Fischen war hier in Hindenburg, wie schon erwähnt, fast unmöglich geworden. Die Ernte aus dem Rinderorter Bauerngarten fehlte. Woher sollte meine Tante für acht Menschen etwas zu essen bekommen? Die vorhandenen Lebensmittel reichten trotz sorgfältigster Einteilung nicht aus. Daher suchte sie nach weiteren Möglichkeiten zum Überleben.

Uns war zu Ohren gekommen, daß sich viele Deutsche nach Litauen aufmachten, um dort zu arbeiten oder zu betteln. Die litauischen Bauern sollten uns Deutschen gegenüber recht freundlich gesonnen sein. Vielleicht würde es auch uns gelingen – so die Überlegung -, dort etwas Eßbares zu organisieren. Eva und Elsa, die beiden großen Mädchen, waren die Ernährer der Familie. Sie mußten fischen und kamen dafür nicht in Frage. Agathe und Anni waren noch sehr jung. Am besten eigneten sich also für diese Aufgabe meine neun Monate ältere Cousine Rosi und ich.

Bekannte wohnten im Fischerdorf Gilge. Sie fuhren hin und wieder von dort aus an der Haffküste entlang nach Ruß oder Heydekrug auf den litauischen Markt. Es wurde verabredet, daß Rosi und ich einmal mitfahren sollten. Wir wollten uns dort nach freundlichen Litauern umsehen und möglichst eine Arbeit bei ihnen finden oder wenigstens etwas zu essen bekommen.

So machten wir uns eines Tages auf den Weg, wir beiden Mädchen und eine etwa fünfzigjährige Nachbarin. Wir gingen am Friedrichsgraben entlang nach Norden, überquerten auf einem kleinen Fährkahn den Nemonienstrom und gelangten durch Birkenalleen nach Gilge. Dort übernachteten wir bei den Bekannten und stachen am folgenden Morgen in See mit einem vielleicht fünf Meter langen Kahn. Über die Gilge ging es hinaus aufs Haff weiter in nördlicher Richtung bis zur Mündung der Ruß.

Das Wetter war stürmisch, das Wasser rauh. Für mich war es die erste größere Bootsfahrt in meinem Leben. Es dauerte nicht lange, bis mir speiübel wurde. Die einzige Möglichkeit, die Fahrt zu überstehen, war schließlich, mich lang auf die Planken zu legen und nur in den Himmel zu schauen, um gar nicht das Auf und Ab des Kahns beobachten zu müssen. In einer Bucht am Ufer der Ruß ankerten wir, außer uns eine Menge dieser kleinen Kähne. Der Markt befand sich ganz in der Nähe. Es herrschte dort ein emsiges Treiben. Doch aus einer Arbeitsstelle oder einer Bleibe bei freundlichen Litauern wurde nichts. Am selben Tag noch traten wir die Rückreise nach Gilge an.

Aber das Unternehmen Litauen gaben wir so schnell nicht auf. Zu der Zeit, im Frühherbst 1947, verkehrte auf dem Friedrichsgraben ein kleiner Passagierdampfer von Labiau nach Tilsit und zurück. Nur wenige Tage später machten wir uns auf nach Labiau und fuhren von dort aus mit dem Dampfer bis Tilsit. Von der Anlegestelle am Kai gelangten wir nach wenigen Metern gleich über die provisorisch reparierte Luisenbrücke auf litauisches Gebiet. Die Grenzposten an der Brücke verhielten sich uns Kindern gegenüber recht großzügig. Wir versuchten dennoch, ihnen möglichst auszuweichen. Eine Weile lang beobachteten wir sie. Einige Soldaten hielten sich in einem Schuppen neben der Brücke auf, andere hatten auf einem Floß oder Boot unterhalb der Brücke zu tun. Diesen Augenblick nutzten wir aus, um hinüberzulaufen.

Als Ziel hatten wir uns Tauroggen vorgenommen. Mutig marschierten wir auf der einzigen größeren Landstraße los. Unterwegs überholte uns ein Pferdefuhrwerk. Es hielt an. Ein väterlicher Litauer lud uns ein, mitzufahren. Schließlich fanden wir uns auf einem kleinen Markt in der Nähe von Pogegen(?) wieder. Hier parkten etliche Gespanne. Unser freundliche Kutscher traf dort einen Bekannten. Er unterhielt sich längere Zeit mit ihm, während wir zwei Mädchen auf dem Kutschbock ausharrten. Schließlich traten die beiden zu uns heran. Der zweite Mann meinte dann, er wolle auch ein deutsches Kind mitnehmen und zeigte dabei auf mich. Schlagartig krampfte sich in mir alles zusammen. Rosi und ich hatten uns vorgenommen, immer zusammenzubleiben. Und nun dies! Wir sahen uns ratlos an. Sollten wir uns dagegen sträuben? Wir wagten nicht zu widersprechen. Hilfesuchend stieg ich schließlich vom Wagen und begab mich zögernd in die Obhut dieses eigentlich auch recht netten Litauers. Auf diese Weise wurden Rosi und ich gegen unseren Willen getrennt.

Die Fahrt mit dem Einspänner dauerte vielleicht ein, zwei Stunden. Dann waren wir am Ziel. Der Bauernhof, auf dem wir Halt machten, war nicht sehr groß. Die Hausfrau begrüßte uns auf dem Hof. An ihrer Reaktion bemerkte ich sogleich, daß sie über einen Familienzuwachs wie mich nicht gerade begeistert war. Ich bekam jedoch ein Abendessen und durfte auch im Haus der Familie übernachten. Am nächsten Morgen aber machte man mir klar, daß auf dem Hof kein zusätzliches Kind gebraucht werde. Sie vermittelten mich jedoch an einen Nachbarn. Er wohnte einige Gehöfte weiter entfernt.

Der neue Hof schien etwas größer als der erste zu sein. Hier gab es mindestens drei Pferde, etliche Kühe und Schweine und natürlich Kleinvieh. Die Familie war jünger als die vom Tag zuvor. Zwei kleine Kinder liefen im Haus umher. Ein deutscher Junge, etwas älter als ich, lebte auch hier. Er hütete tagsüber die Rinder auf der Weide. Mit ihm mußte ich ein Zimmer teilen. Wir schliefen beide in dem sehr karg eingerichteten Raum auf Holzpritschen. Kalt war es unter der dünnen Decke. Zusätzlich legte ich meinen Mantel darüber, um mich zu wärmen.

Eine richtige Aufgabe hatte man für mich hier aber auch nicht. Man schickte mich mal hier und mal dort hin, um etwas zu erledigen. Ich durfte Kartoffeln schälen, fegen, wischen, den Hof säubern, ein paarmal auf die Kinder aufpassen. Einmal nahm mich die Bäuerin mit auf die Weide, um mir zu zeigen, wie man Kühe melkt. Doch dabei stellte ich mich wohl sehr ungeschickt an. Die Kuh lief mir fort. Auf eine weitere Unterweisung verzichtete dann die Frau.

Trotz der Anwesenheit des deutschen Jungen, der allerdings den ganzen Tag über weit weg irgendwo auf der Weide war, fühlte ich mich fremd auf diesem Hof. Ich konnte nicht heimisch werden. Mit meiner städtischen Herkunft war ich den Aufgaben hier kaum gewachsen. Dennoch, die Familie war freundlich zu mir. Ich bekam zu essen, was in jener Zeit am meisten zählte. Auf dem Bauernhof lernte ich Salzkartoffeln mit dicker Milch und Schmand kennen. Dieses Gericht gab es häufig, und es schmeckte jedesmal köstlich.

Eines Tages, Bauer und Bäuerin hatten auf dem Hof zu tun, erblickte ich in der Küche unter dem Sofa eine große Schale mit eingeweichter Wäsche. Ich wollte mich nützlich machen, zog sie hervor und wusch sie sauber. Doch darüber war die Hausfrau gar nicht erfreut. Das war wohl der Anlaß gewesen, mich nach Hause zu schicken. Ich bekam einen Rucksack voll Kartoffeln, etwas Brot und Speck und durfte mich auf den Heimweg machen. Über viele Feldwege gelangte ich wieder auf die Landstraße, die nach Tilsit führte. Auf dem langen Weg brachte mich der übervolle Rucksack fast aus dem Gleichgewicht. Er zog mich nach hinten hinüber, wenn ich mich nicht zum Ausgleich nach vorn beugte.

Den Dampfer nach Labiau konnte ich an diesem Tag jedoch nicht mehr erreichen. In der Nähe des Kais gab es ein größeres Gebäude, das u. a. eine Art Bahnhof für den Schiffsverkehr beherbergte. Dort mußte man die Fahrkarten kaufen und konnte sich auch in einem Warteraum bis zur Abfahrt des Dampfers aufhalten, ja sogar übernachten. Um mir die Zeit zu vertreiben, begab ich mich bis zum Abend mit Sack und Pack in die Stadt. Auf einem großen, fast leeren Platz mit Kopfsteinpflaster stand ein Denkmal. Zu seinen Füßen ließ ich mich auf einer Stufe nieder. Ohne Rosi fühlte ich mich hier sehr verloren.

Dieser Abstecher nach Litauen dauerte etwa zwei bis drei Wochen.

Schon vor unserem Aufbruch dorthin hatte meine Tante mit Rosi und mir verabredet, daß jedesmal, wenn das Schiff in Hindenburg vor dem Haus vorbeifuhr, jemand aus der Familie sich am Ufer des Kanals aufhalten werde. Wir sollten uns dann vom Dampfer aus bemerkbar machen und signalisieren, wenn wir schwer zu schleppen hatten. Dann wollte sie uns nach Labiau entgegenkommen, um tragen zu helfen.

Das klappte auch gut. Wie groß war aber die Enttäuschung, als Tante Malchen mich ohne Rosi erblickte. Niemand hatte von ihr eine Nachricht erhalten. Meine Tante machte mir keine Vorwürfe, doch ich sah es ihr an, wie sie sich quälte, daß ausgerechnet ihre Tochter nicht nach Hause gekommen war. Mich plagte ein schlechtes Gewissen.

Einige Tage später schickte sie mich ein zweites Mal allein auf den Weg nach Litauen. Ob sie hoffte, daß ich Rosi irgendwo finden würde? Auf dem Schiff freundete ich mich mit einigen anderen Deutschen an, so daß ich auf der Straße nach Tauroggen nicht ganz allein daherzog. Doch bis in die Stadt kam ich wieder nicht.

Es war die Zeit der Kartoffelernte. Nach etwa sechs bis acht Kilometern sprach uns auf der Straße ein Bauer an, ob wir ihm bei der Ernte helfen wollten. Natürlich wollten wir das! Der Hof mit seinen Feldern lag nicht weit entfernt von der Landstraße. Mit der Pflugschar warf der Bauer die Kartoffelreihen auf. In den hochgepflügten Erdschollen lagen die Kartoffelstauden. Wir hockten oder knieten in der Furche, kippten mit den Händen die Erdschollen zurück, so daß sie auseinanderbrachen. Dann konnten wir die Knollen aus dem Erdreich klauben und in Eimer oder Körbe werfen. Die wurden dann auf einem Pferdewagen entleert.

Vier oder fünf Tage lang dauerte die Kartoffelernte. Des Nachts schliefen wir auf Stroh in der Scheune oder in einem Stall. Als Lohn für unsere Arbeit durften wir uns dann wieder unsere Rucksäcke voll Kartoffeln packen. Außerdem erhielten wir etwas Brot als Wegzehrung. Wo sollte ich nun mit dem schweren Rucksack bleiben? Ich konnte damit doch nicht von Gehöft zu Gehöft weiterziehen! Ich kehrte um.

Als ich nach etwa einer Woche wieder in Hindenburg eintraf, gab es von Rosi immer noch keine Nachricht. Ein drittes Mal schickte mich Tante Malchen jedoch nicht wieder fort. Auch in den folgenden Wochen hörten wir nichts von Rosi. Uns alle bedrückte das sehr.

In diesem Herbst erkrankte die Großmutter. Sie wurde von Fieberanfällen geschüttelt, und lange Zeit besserte sich ihr Zustand nicht. Es war kein Arzt zu erreichen. Man sprach von Malaria. Schon mehrmals war diese Krankheit in der Umgegend aufgetreten. Wir Kinder sollten Omas Nähe meiden, um uns nicht anzustecken. Alle hatten Glück, niemand aus der Hausgemeinschaft infizierte sich. Die Großmutter gesundete nach qualvollen Wochen ohne Medikamente und ohne ärztliche Hilfe.

Es ging auf die Weihnachtszeit 1947 zu. Draußen war es bitterkalt, der Schnee verzauberte die Landschaft und täuschte das Bild einer friedlichen Idylle vor. Aber das Leben in dieser eisigen Kälte wurde noch schwieriger. Der Friedrichsgraben war zugefroren, so daß kein Schiff mehr verkehrte. An so einem eisigen

Tag öffnete sich unvermittelt die Haustür, und Rosi stand auf einmal dick vermummt in der Küche. Brach da ein Jubel los, Weinen und Lachen. Wir alle waren befreit von der schrecklichen Ungewißheit über ihr Schicksal.

Woher kam sie nun so plötzlich?

Nach unserer Trennung auf dem Marktplatz in Pogegen (?) fuhr sie mit dem Bauern zu seiner Familie. Sie wurde wie eine Tochter aufgenommen und fühlte sich dort sichtlich wohl. Deshalb machte sie sich erst jetzt bei winterlichen Temperaturen zurück auf den Weg nach Hindenburg. Vielleicht trieb sie auch die bevorstehende Weihnachtszeit nach Hause, die Sehnsucht nach ihren Angehörigen. Als sie jedoch mit Kartoffeln und Lebensmitteln bepackt in Tilsit ankam, um den Dampfer nach Labiau zu erreichen, war eine Weiterreise nicht mehr möglich. Das Schiff lag eingefroren im Eis fest. Doch Rosi war ein praktisch veranlagtes Mädchen und wußte Rat. Sie verkaufte in der Stadt ihre Kartoffeln, um die schwere Last loszuwerden. Danach machte sie sich zu Fuß auf den Weg nach Hindenburg.

Jetzt war für uns Weihnachten.

Waisenhaus Königsberg-Kalthof

Während der letzten Dezembertage 1947 erging in den Haffdörfern ein Aufruf: Alle elternlosen Kinder aus dem Umkreis von Labiau sollten sich in der Stadt einfinden. Zu diesen Kindern gehörten auch Agathe Zimmerling und ich. Agathes Geschwister Alfred und Renate hatten in Moritten ebenfalls Bescheid erhalten.

An einem bestimmten Sammelpunkt im Ort kam eine stattliche Zahl von Waisen zusammen. Dort bestiegen wir einen Militärlastwagen. Die ganze Ladefläche füllte sich. Wir hockten oder standen dicht gedrängt. In ein Kinderheim – djetski dom – sollten wir gebracht werden. Ob uns damals schon der Zielort angegeben wurde, weiß ich nicht mehr. Ich glaube, wir hatten gar keine Vorstellung davon, wohin man uns bringen würde. Meine Tante Malchen und die Cousinen Elsa und Rosi hatten uns bis Labiau begleitet. Es gab einen tränenreichen Abschied. Dann fuhr der Wagen los.

Unsere Reise endete in Königsberg-Kalthof. Direkt an der Labiauer Straße, in der Nähe der Rennparkallee, standen zwei oder drei bewohnbare, etwa zweigeschossige Mehrfamilienhäuser. Die Hauseingänge mit den Treppenhäusern befanden sich an ihrer Rückseite auf dem Hof. Am nordöstlichen Giebel dieser Häuser vorbei gab es von der Straße aus eine Zufahrt dahin. Der gepflasterte oder asphaltierte Hof wurde an zwei Seiten im rechten Winkel von einer ziemlich hoch aufgeschütteten Böschung mit dichtem Buschwerk begrenzt. Gleich hinter dem Gebüsch an der Zufahrtsseite bog eine nicht sehr breite Straße von der Labiauer Straße nach Westen oder Nordwesten ab und führte zu einem Siedlungsgebiet. Es könnte entweder die Tannenhofsiedlung südlich der Rennparkallee oder die Siedlung Borkendorf nördlich von ihr gewesen sein.

In diesen Wohnhäusern an der Hauptstraße lebten schon vornehmlich russische Waisen. Uns deutsche Kinder brachte man nun auch hier unter. Wenn ich mich recht erinnere, waren in den Wohnungen auf der rechten Seite des Treppenhauses die Russen einquartiert worden und auf der linken Seite wir Deutsche. Das Kinderheim stand unter russischer (Militär-) Leitung. Auch das Personal war russisch. Uns betreute „tjotja Gala“, Tante Gala.

Die Wohnungstüren zum Treppenhaus sowie die einzelnen Zimmertüren konnte man nicht verschließen. Deshalb war es den sowjetischen Kindern möglich, jederzeit in unseren Schlafräumen zu erscheinen. Das taten sie mit Vorliebe, auch des Nachts. Sie hatten ihre Freude daran, uns zu tyrannisieren. Sie quälten und prügelten uns und nahmen uns von unseren wenigen Habseligkeiten alles fort, was ihnen ins Auge stach und gefiel. Nichts war vor ihnen sicher.

Die russischen Betreuer unternahmen nichts dagegen und hatten wohl auch kein großes Interesse, sich um solche Dinge zu kümmern. Nachts war, soviel ich weiß, niemand von ihnen anwesend oder zumindest nicht zu erreichen gewesen. Möglicherweise war das schlechte Verhältnis unter den Kindern schließlich der Grund dafür, daß man uns Deutsche schon Anfang Februar 1948 nach Pr. Eylau verlegte.

Folgende Begebenheit mag vielleicht verdeutlichen, in welcher Not wir uns befanden.

Meine Tante hatte mir für den Winter 1947/48, kurz bevor ich ins Waisenhaus kam, unter großen Entbehrungen ein Paar neue Lederschuhe gekauft. Es waren für russische Verhältnisse damals sehr schicke, knöchelhohe, schwarze Schnürschuhe mit Ziernähten. Sie machten mich nach dem Notbehelf der letzten Jahre sehr stolz und glücklich. Diese Schuhe, ein Packen Familienfotos und der Abschiedsbrief meiner Mutter gehörten zu dem Wertvollsten, was ich noch besaß. Die Fotos und den Brief versteckte ich immer unter meinem Kopfkissen. Doch wo sollten des Nachts die Schuhe bleiben?

So entschloß ich mich schweren Herzens, die Schuhe und auch die Fotos der Frau zu geben, die mich im Mai 1947 nach dem Tod meiner Mutter zu meiner Tante nach Rinderort mitgenommen hatte und nicht weit entfernt von diesem

Kinderhaus wohnte. Ich hatte wohl damals eine Nacht bei ihr verbracht und kannte deshalb ihre Adresse.

Nun ging ich höchstwahrscheinlich davon aus, daß sie immer noch hin und wieder Kontakt zu den Haffdörfern hatte. Sie versprach auch, mir meinen Wunsch zu erfüllen und die Sachen nach Rinderort zu bringen. Ich glaubte, die Fotos bei meiner Tante besser aufgehoben zu wissen als in diesem Kinderhaus. Und ehe mir die Schuhe hier gestohlen wurden, sollte sie lieber meine jüngere Cousine tragen. Ich begnügte mich dann im Januar bei Eis und Schnee mit einem Paar viel zu kleinen Holzsandalen, die noch aus den letzten Kriegsjahren stammten.

Es ist sicher müßig zu erwähnen, daß weder Schuhe noch Bilder jemals wieder auftauchten. Von dem Abschiedsbrief meiner Mutter konnte ich mich jedoch damals nicht trennen. Er ist heute das einzige Andenken an Sie, das ich gerettet habe.

Von den vier oder fünf Wochen, die ich im Januar 1948 im Kinderhaus in Königsberg-Kalthof verbrachte, ist mir eigentlich nur in Erinnerung geblieben, daß wir deutsche Kinder in ständiger Angst vor den russischen Waisen lebten und daß wir – jeder gegen jeden – versuchten, uns irgendwie durchzuboxen und nicht unterkriegen zu lassen. Ich kann mich an keine Begebenheit erinnern, die uns damals auch nur ein klein wenig Freude bereitet hat. Es gab keinen Schulunterricht und m. E. keine Unternehmung, die wir in einer Gruppe durchführten. Wir Kinder beschäftigten uns auf irgendeine Weise allein oder streiften durch die Umgebung von Kalthof. Ob letzteres ohne Aufsicht überhaupt gestattet war, weiß ich nicht. Es bestand jedenfalls dazu die Möglichkeit, wie es mein Erlebnis mit den Schuhen und Fotos beweist.

Mindestens ein weiteres Mal hatten einige Kinder von uns Gelegenheit, sich außerhalb des Grundstücks selbständig zu machen. Drei deutsche Mädchen und ich – russische Kinder waren nie dazu eingeteilt worden – hatten jeden Vormittag Küchendienst, d. h. wir mußten eine Wanne voll Kartoffeln schälen und anfallende Putzarbeiten verrichten. Diese Arbeit fand im Keller des Hauses statt.

Aus irgendeinem Grund entfernte ich mich eines Tages von der Küchenarbeit und ging hinauf in unseren Schlafraum. Dort oben herrschte unter den übrigen Kindern große Aufregung. Es hieß, der Friseur sei mit einer Schermaschine gekommen und schneide allen Kindern die Haare ab, Glatze!

Irgend jemand hatte das in der unteren Etage des Nachbarhauses beobachtet. Es werde keine Ausnahme gemacht, alle Kinder – russische und deutsche – müßten sich der Prozedur unterziehen. Ob es sich um eine vorbeugende Maßnahme handelte oder ob irgendwo Läuse aufgetaucht waren, konnten wir nicht erfahren. Wir Mädchen waren natürlich geschockt. Zu dem Zeitpunkt hatten wir keine Läuse!

Sofort lief ich mit der Nachricht in den Keller zu den anderen Küchenmädchen. Blitzschnell schoß mir ein Gedanke durch den Kopf: Nicht weit entfernt wohnte doch die Frau, der ich Schuhe und Fotos für meine Tante gegeben hatte. Sollten wir dorthin verschwinden? Obwohl ich immer sehr ängstlich und deshalb stets folgsam war, kam mir diese Idee zu verlockend vor. Doch die anderen drei Mädchen getrauten sich nicht, noch nicht. Es dauerte dann jedoch nicht mehr lange, bis sich die Unruhe aus den oberen Räumen auch im Keller bemerkbar machte. Wir vier Mädchen wurden ebenfalls immer stärker von ihr ergriffen. Mein Vorschlag nahm festere Formen an, und die anderen drei wollten schließlich mitmachen.

In einem unbewachten Augenblick ließen wir die Schälmesser in die Wanne zwischen die Kartoffeln fallen und stahlen uns ohne Mäntel hinaus auf den Hof und weiter auf die Labiauer Straße. Hier konnte man uns nicht mehr so genau beobachten. Wir bogen dann sofort in die schon beschriebene Straße hinter den Büschen ein und strebten der Behausung dieser Frau zu. Ja, wir rannten, und ich erinnere mich noch genau, wie ich mit meinen alten Holzkläppern im Schneematsch immer wieder ausrutschte und deshalb schlecht vorwärts kam. Außerdem setzte er sich in der Kerbe der Sohle fest. Sie erhielt dadurch eine sehr ungünstige Form, die mich zusätzlich beim Laufen hinderte.

Da standen wir nun vor ihrer Tür. Als sie hörte, was mit uns geschehen sollte, ließ sie uns zu sich herein. Wir vier saßen in einer Art Veranda und wußten nicht weiter. Wir hatten uns überhaupt keine Gedanken darüber gemacht, wie sich das Ganze weiterentwickeln sollte. Die Frau konnte uns ja nicht behalten. Außerdem wurde uns jetzt erst richtig bewußt, was wir angestellt hatten, und wir bekamen Angst vor unserer eigenen Courage. Wo sollten wir bloß bleiben? Wer sollte sich unser annehmen? Konnten wir es wagen, wieder in das Kinderhaus zurückzugehen? Was würde mit uns dann geschehen? Nun waren wir doch ziemlich betroffen und ratlos. Der Vormittag war schon lange vergangen. Mit guten, uns einleuchtenden Worten hatte uns jene Frau schließlich überredet und überzeugt, das Heim wieder aufzusuchen. So machten wir uns gegen Nachmittag zurück auf den Weg.

Als wir auf dem Hof erschienen und uns einige Kinder entdeckten, gab es sogleich ein großes Trara. Uns schossen vor Angst die Tränen in die Augen, und wir betraten schluchzend das Treppenhaus. Oh, welch ein Anblick! So weit wir die Treppe hinaufschauen konnten, standen da alle Kinder des Hauses dicht gedrängt mit lauter kahlen, weißen Köpfen. Durch die Friseur-Aktion und auch wegen unseres Verschwindens hatte sich das Mittagessen verzögert. Unseretwegen sei eine große Suche gestartet worden, sagte man uns später.

Ausgerechnet in dem Augenblick, als wir vier Mädchen zur Haustür hineinkamen, wurden die Kinder endlich zum Essen in den Keller hinuntergeleitet. Urplötzlich waren auch ein paar russische Betreuer um uns herum. Wir vier heulten jämmerlich, weil wir nicht wußten, was jetzt mit uns geschehen würde, aber auch wegen des schockierenden Anblicks, den diese kahlen, weißen Köpfe uns boten. Auch Agathe Zimmerling war unter diesen Kindern.

Dann aber mußten wir den Betreuern Rede und Antwort stehen, und wir erwarteten ein Gewitter, das auf uns herabprasseln würde. Doch es geschah ein Wunder. Sie taten uns nichts. Sie waren heilfroh, daß wir wiedergekommen waren und ihnen damit Schwierigkeiten mit Vorgesetzten erspart blieben. Sie dachten gar nicht daran, uns zu bestrafen. Der Friseur mit seiner Schermaschine war bereits fort. Nach einer Beratung versprach uns dann die Leitung, die Haare behalten zu dürfen, wenn bei uns keine Läuse gefunden werden sollten.

Dem Datum nach müßte sich die folgende Begebenheit auch in Kalthof abgespielt haben. Sie fällt aber so aus dem Rahmen, daß ich sie rein gefühlsmäßig eher dem Kinderhaus in Pr. Eylau zuschreiben würde, in das wir Anfang Februar 1948 verlegt wurden. Uns besuchte nämlich zwischen dem 5. und 7. Januar 1948 „Väterchen Frost“, der sowjetische Ersatzweihnachtsmann, zur russischen Weihnacht und beschenkte uns sogar.

Die Feier fand in einem Raum ziemlich weit oben in einem der Häuser statt. Doch an weitere Einzelheiten, z. B. wie die Feier ablief, kann ich mich nicht erinnern, nicht einmal daran, womit man uns beschenkte. Als einzige Figur ist mir nur das „Väterchen Frost“ inmitten vieler Kinder im Gedächtnis geblieben. Und ich meine, es gab in dem Raum sogar einen geschmückten Tannenbaum.

Waisenhaus Pr. Eylau

Ende Januar, Anfang Februar 1948 wurden alle deutschen Kinder aus dem Kalthofer Heim auf einem Lastwagen nach Pr. Eylau gebracht. Uns wurde damals gar nicht bewußt, daß man uns ebenso gut ins Innere Rußlands hätte transportieren können. Ich glaube nicht, daß wir informiert wurden, wohin man uns verfrachten wollte.

Nun, wir gelangten nach Pr. Eylau. In den letzten Jahren bemühte ich mich herauszufinden, wo genau man uns dort untergebracht hatte. Mit Hilfe von Landsleuten, mit alten Stadtplänen und Postkarten konnte ich das Heim lokalisieren und eindeutig identifizieren. Es handelte sich um zwei Mehrfamilienhäuser der An- und Verkaufsgenossenschaft in der Königsberger Straße 21-23. Die Häuser standen bei unserer Ankunft leer.

Wir deutschen Kinder aus Königsberg-Kalthof – etwa 30 – waren zunächst die einzigen, die hier Quartier bezogen. Einige Tage später kamen dann noch etwa zehn 14, 15jährige Jungen zu uns. Sie kamen aus dem Kriegsgefangenenlager Pr. Eylau.

Seit wann sie dort festgehalten wurden, ist mir nicht bekannt. Besonders jetzt in der Erinnerung fällt mir auf, daß sie sehr vernünftig, praktisch veranlagt und handwerklich geschickt waren. Von diesen Eigenschaften sollten alle Kinder später bei unserer Abreise „ins Reich" auf dem Königsberger Güterbahnhof noch profitieren. Ich glaube, einige der Jungen gingen den beiden russischen Offizieren, die für die Leitung dieses Kinderhauses verantwortlich waren, bei praktischen Arbeiten zur Hand. Uns Mädchen betreute eine der Ehefrauen dieser Soldaten.

Das Haus hatte man schon für eine größere Anzahl Kinder eingerichtet. Die ehemaligen Wohnräume waren dicht an dicht mit Holzbettgestellen ausgestattet. Der Mädchenschlafraum, in dem ich untergekommen war, faßte etwa sechs Betten. In einer Ecke des Zimmers hatte noch ein großer, grüner Kachelofen Platz. An zwei Seiten führte um ihn herum eine Ofenbank. Wir hatten es hier mollig warm. Alle Mädchen schliefen in der ersten, die Jungen in der zweiten Etage.

Im oberen Stockwerk muß es außerdem einen großen Raum gegeben haben, in dem wir uns alle um einen Riesentisch versammeln konnten. Die Betreuer hier waren bemüht, uns zu beschäftigen. Wir lernten u. a. die sowjetische Nationalhymne auf deutsch. Der Text begann ungefähr so:

Von Rußland, dem großen, auf ewig verbündet
steht machtvoll der Volksrepubliken Bastion.
Es lebe, vom Willen der Völker gegründet,
die einig und mächtige Sowjetunion.
Ruhm sei und Lobgesang dir, teures Vaterland,
Freundschaft der Völker hast fest du gefügt...

Diese Zeilen fallen mir nach 48 Jahren spontan wieder ein. Drei könnten noch fehlen. Der Schluß ist vergessen.

Auch einige Gesellschaftsspiele sind mir verschwommen in Erinnerung. Einer der Offiziere tanzte uns in diesem Raum sogar einmal Krakowiak vor. Die Atmosphäre hier im Haus war mit der in Königsberg-Kalthof nicht zu vergleichen.

Der Eßraum lag im Erdgeschoß. Auch er war ziemlich groß. Ich glaube, alle etwa 40 Kinder konnten während einer Mahlzeit darin sitzen. Ebenfalls im Parterre gab es eine große Küche mit einem gemauerten Herd für Kohle- oder Holzfeuerung. Und Holzdielen hatte sie! Dieser Raum ist mir deshalb noch so gut in Erinnerung geblieben, weil ich hier wieder zum Küchendienst eingeteilt worden war. Unsere russische Köchin schöpfte beispielsweise mit einer Kasserolle aus einem auf dem Herd eingelassenen Wasserkessel heißes Wasser und goß es über die Dielen, bis der ganze Fußboden unter Wasser stand. Wir Küchenmädchen mußten dann Brett für Brett schrubben, danach das Wasser mit einem Lappen wieder aufnehmen und den Boden trockenwischen.

Von dieser Küche aus konnte man durch eine zweite Tür über eine kleine Steintreppe direkt auf den Hof gelangen. Auf der gegenüberliegenden Seite befanden sich Remisen und Vorratsräume. Dort waren Kartoffeln, grüne Tomaten und kleinere Mengen von anderem Gemüse eingelagert. Wegen dieser Vorräte konnten wir annehmen, daß das Haus vor unserem Einzug bewohnt gewesen sein mußte.

Erst vor einigen Jahren erfuhr ich von einer anderen Gruppe deutscher Waisenkinder, die tatsächlich bis zum November 1947 in diesem Haus gelebt hatte. Sie durfte schon zu diesem frühen Zeitpunkt Richtung Westen ausreisen. Die Kinder müssen jedoch zumindest zeitweise schlechtere Lebensbedingungen als wir vorgefunden haben. Das belegen private Aufzeichnungen von Frau Frieda Schulz, geborene Venohr aus Topprienen, Kreis Pr. Eylau, die mit ihrem Mann bis November 1947 in Pr. Eylau lebte. Sie beschrieb unter anderem das Leben dieser Kinder, das sie dort beobachten konnte[9]:

„Es herrschten schlimme Zustände in Pr. Eylau, die Not war riesengroß. Das Brot war so schlecht, daß man es kaum essen konnte. Da kam ein russischer Offizier hinter diese schlimmen Zustände, der sorgte dann, daß es besser wurde. Auch nach dem Kinderheim, das im Gebäude der früheren An- und Verkaufsgenossenschaft war, hatte er gefragt. Da wurde dann auch gründlich aufgeräumt. Es kam unter eine andere Aufsicht, der Kommandant selbst ging zweimal in der Woche besichtigen. Das Heim bekam eine Küche und gute Lebensmittel. Die

---

[9] Auszug aus den 1950 abgefaßten handschriftlichen „Aufzeichnungen von Frieda Schulz über ihre Leidenszeit in Pr. Eylau vom 11.2.1945 - 22.11.1947", die der Sohn, Horst Schulz, freundlicherweise zur Verfügung gestellt hat. D.H.

armen Kinder sahen danach wie Menschen aus, waren nicht mehr elende, verlauste Gestalten. Man konnte sie gar nicht ansehen.

Sie sollen ganz gut Lebensmittel bekommen haben, aber das Personal machte aus dem Mehl Schnaps, die Schlauben bekamen die Kinder zur Suppe. Fabricius (ein mir bekannter Bauer aus Dorf Schwadten und später Tharau) war auf dem Hof Holz klein machen, der hat bei uns geweint. Die armen Geschöpfe haben sich heimlich die gefrorenen Kartoffelschalen vom Dung geholt und gleich gegessen. Die Kleinen sind mit vollen Nachttöpfen rausgekommen, sind gestolpert und haben sich begossen und verunreinigt. Das Personal kümmerte sich nicht darum. Des Nachts mußten sie ohne Licht aufstehen. Die Näherin machte statt für die Kinder nur für das Personal Wäsche und Kleider.

Im frühen Frühjahr 1946 war mein Mann mit einem Trupp Frauen im Park hinter dem Kreisjugendhaus (Landwirtschaftsschule) gegenüber dem Kinderheim, um ihn einigermaßen in Ordnung zu bringen. Sie haben die Bombentrichter zugeworfen. Eines Mittags kam er ganz erschüttert heim und sagte, Jungen aus dem Heim sind gekommen und haben die Regenwürmer gesucht und gleich gegessen. Er nahm vom Mittagessen ein paar Kartoffeln und Brotkrusten für die Kinder mit.

Nach der Inspektion hatte die Not im Heim ein Ende. Frl. Kroß und Frau Müller nähten in der Landsberger Straße für das Kinderheim, danach gingen die Kinder gut gekleidet, hatten auch Wintermäntel und Schuhe. Ehe wir 1947 (November 47) raus kamen, wurden sie ganz neu mit Wäsche und Kleidung ausgestattet und kamen so zehn Tage früher heraus als wir in Begleitung der Pflegerin."

Auch wir Waisen aus Kalthof wurden hier neu eingekleidet, zumindest zum Teil. Noch heute sehe ich uns in den beigefarbenen und hellbraunen Flauschmänteln zur Schule laufen. Einige Mäntel hatten sogar dunkel abgesetzte Pelzkragen.

Zur Schule gingen wir auf der Königsberger Straße in Richtung Norden und bogen dann rechts ab. Ein Raum der ehemaligen Mittelschule könnte uns da für den Unterricht zur Verfügung gestanden haben. Obwohl alle Kinder unterschiedlichen Jahrgängen angehörten, wurden wir gemeinsam in einem Raum unterrichtet. Unterwiesen wurden wir nur in der russischen Sprache. Alle anderen Fächer wurden nicht erteilt.

Unsere Lehrerin, eine Russin, sprach gut Deutsch. Sie hieß Emma Jakowlewna. Ihren Namen fand ich in meinem einzigen Schulheft aus jener Zeit mit den wenigen Aufzeichnungen, die wir damals im Unterricht festhielten. Wir arbeiteten ohne Schulbücher. Doch genossen wir den Schulunterricht höchstens zwei oder drei Wochen lang. Als unter den Heimkindern ein Scharlachfall auftrat, wurde er sofort eingestellt.

Hier in Pr. Eylau besaßen wir im Gegensatz zu Königsberg-Kalthof Schreibzeug, auch für ganz private Zwecke. Sicher hing dies mit dem Schulbesuch zusammen. Allerdings hatten wir in unserem Zimmer keinen Tisch, an dem wir schreiben konnten. Deshalb legten wir über den Gang zwischen zwei Betten ein Brett. Wenn wir davor auf dem Fußboden knieten, hatten wir in etwa die richtige Höhe zum Schreiben.

Etliche Kinder griffen, nachdem es keinen Schulunterricht mehr gab, weiterhin zu Papier und Stift, um sich zu beschäftigen. Den Anstoß dazu gab eigentlich Fredi oder Ferdi. Er gehörte zu den Jungen, die aus dem Gefangenenlager zu uns gekommen waren. Ihnen hatte man dort nicht die Haare geschoren. Sie erfreuten sich im Gegensatz zu den Königsberger Waisen an ihren vollen Haarschöpfen. Diese Tatsache und auch, daß sie etwas älter als wir waren, verschafften ihnen Respekt.

Fredi/Ferdi war musikalisch und besaß einen enormen Liederschatz. Sein Repertoire reichte vom Volkslied über den Schlager bis zur Moritatenballade wie z. B. „Sabinchen war ein Frauenzimmer“. Er kannte die Texte von der ersten bis zur letzten Strophe. Gern hielt er sich in unserem Schlafraum auf. Vielleicht war es bei uns am warmen Kachelofen besonders gemütlich. Jedenfalls war er mit Begeisterung dabei, uns seine Lieder beizubringen. Er stieg dazu auf die Ofenbank, stellte sich mit dem Rücken zum Ofen, breitete seine Arme ein wenig zur Seite aus und preßte die Handflächen gegen die warmen Kacheln. In dieser Haltung sang er uns voller Inbrunst seine Lieder vor.

Wir Mädchen – nicht nur aus unserem Schlafraum – nahmen in einem Halbkreis um den Ofen herum auf dem Holzfußboden Platz, hingen an seinen Lippen und waren mit Eifer dabei, uns Melodien und Texte einzuprägen. Solche „Musikstunden“ gab es des öfteren, und wir lernten eine Menge Lieder kennen.

Außer den herkömmlichen, die man in allen Musikbüchern finden kann, brachte Fredi/Ferdi auch einige besondere Texte aus dem Pr. Eylauer Gefangenenlager mit. Sie wurden nach bekannten Melodien gesungen. Kunstwerke waren sie nicht. Der Text war wichtig. Wie ich erst später erfuhr, kannte man diese Lieder in vielen Lagern und auch in anderen Waisenhäusern. Die Texte variieren etwas. Das lag sicher daran, daß sie in Ermangelung von Schreibzeug oft mündlich weitergegeben wurden. Da wir hier in Pr. Eylau Schreibzeug besaßen, konnte ich mir die Texte in ein Schulheft aufschreiben. Ich besitze es heute noch.

Aus dem Schulheft von Hannelore Schwokowski

Они учатся вместе. Sie lernen zusammen.
Они играют вместе. Sie spielen zusammen.
Один раз мальчики были в роще.
Einmal waren die Jungens im Gestrüpp.

Береги свои вещи

Сами вещи не растут.
Вещи сделать – нужен труд.
Карандаши, тетрадь, перо,
парты, доски, стол, окно,
книжку, сумку – береги,
не ломай, не мни, не рви.

Октябрята.

Мы весёлые ребята,
наше имя – октябрята.
Мы не любим лишних слов.
Будь готов! – Всегда готов.
Друг за другом станем рядом
и одним большим отрядом

Это детский дом.
Das ist ein Kinderheim.

У этого дома есть сад и огород.
Neben diesem Haus ist ein Garten und ein Gemüsegarten.
За садом есть пасека.
Hinter dem Garten ist ein Bienenfeld.
В этом доме два этажа.
In diesem Haus sind zwei Etagen.
На первом этаже живут малыши.
In der ersten Etage wohnen die Kleinen.
На втором этаже живут дети постарше.
In der zweiten Etage wohnen die ältesten Kinder.
Есть в доме радио. Im Haus ist Radio.
Зимой дети ходили в школу.
Im Winter gehen die Kinder in die Schule.
Летом они работали в поле, на огороде, на пасеке, в саду.
Im Sommer arbeiten sie auf dem Feld, im Gemüsegarten, auf dem Bienenfeld und im Garten.
Дружно живут в этом доме.
Freundlich leben die Kinder in diesem Haus.

Folgende Lieder lernte ich kennen:

In unsr're Heimat kamen die Russen.
Sie brachten uns die große Not,
verschleppten Vater, Mutter und Geschwister
und schlugen viele Menschen tot.

Am Waldessaume, da stand ein Hüttlein,
da ging die Mutter ein und aus.
Jetzt aber schauen Russen durch das Fenster -
dies Hüttlein war mein Elternhaus.

Sie schändeten die deutschen Frauen,
verschonten nicht die jüngste Maid.
Des Nachts, da kamen sie durch uns're Fenster
und stahlen uns das letzte Kleid.

Dort, im Lande, wo die schöne Ostsee liegt,
wo es keine Sonn- und Feiertage gibt,
stehn die Preußen alle sorgenschwer und bleich,
|: nur die eine Frage:
Wann geht's heim ins Reich? :|

Von der Ruhr und and`ren Seuchen heimgesucht,
von den Russen ausgeplündert und verflucht,
zähneknirschend und die Ohren steif,
|: denkt ein jeder Landser:
Wann geht's heim ins Reich? : |

Und das schönste Fest die deutsche Weihnacht war.
Unser gedacht das Reich und auch Amerika.
Doch die Töpf` und Teller blieben alle leer:
|: Über ihre Spenden
fiel der Russe her. : |

Ein paar Jahre sind vergangen nicht nach uns'rem Sinn:
Frühling ist's, und fest sitzt noch der Russe drin.
Tränen rollen und die Augen rot geweint:
|: Lieber Herrgott, höre!
Wann geht's heim ins Reich? : |

Auch ein Gedicht über die Glatze begeisterte die Kinder in Pr. Eylau. Wie es entstand oder ob es auch aus dem Gefangenenlager stammte, kann ich nicht sagen.

Tritt bei uns jemand durch die Tür,
kriegt er einen Schreck zumeist:
„Was, lauter Jungen liegen hier,
wo es doch Frauenstation heißt?"

Und braust ein kühler Wind daher,
daß zittert Ries´und Zwerg´,
dann steh´n die Stoppeln, schau doch her,
uns allen samt zu Berg.

Und soll es jetzt so üblich sein,
es ist die letzte Mode doch;
drum stimmet in den Ruf mit ein:
„Die Glatze lebe hoch!"

Doch das macht unsre Glatze nur,
die wir jetzt alle tragen.
Von Jungen ist ja keine Spur,
du brauchst nicht Angst zu haben.

So haben wir es jetzt bequem,
das ist ein Vorteil auch,
wenn man beim Waschen und Aufsteh´n
nur Staub zu wischen braucht.

Im Vergleich zu Königsberg-Kalthof kam uns das Leben hier in Pr. Eylau fast paradiesisch vor. Die Atmosphäre in diesem Haus war beruhigend. Es gab niemanden mehr, der uns drangsalierte. Wir mußten nicht frieren. Mit unseren Anliegen konnten wir uns an die Betreuer wenden.

Das Essen war zu Beginn unseres Aufenthalts dort – etwa im gesamten Februar 1948 – recht gut, wenn es auch nie zum Sattsein reichte. Es gab beispielsweise hin und wieder Buchweizenbrei (Kascha), was in jener Zeit für uns eine Delikatesse war. Doch dann waren die Vorräte an Nahrungsmitteln wohl bald aufgebraucht, und Nachschub stellte sich nicht ein. Ungefähr ab März 1948 wurden die Mahlzeiten spärlicher und karger. Das damals geflügelte Wort „Morgens gibt es Kohl, mittags Kumst und abends Kapusta"[10] machte auch bei uns die Runde.

Wir Kinder wurden angewiesen, die schlechten Früchte der in den Vorratsräumen eingelagerten Kartoffeln, eingelegten grünen Tomaten und was sonst noch vorhanden war, auszusortieren. Dabei knieten wir auf dem Fußboden. Entweder war es Beton oder bloßes Erdreich. Der Raum war dunkel, die Tür mußte geöffnet bleiben, um Licht hereinzulassen. Es war darin lausekalt. Wehe, es wurde jemand erwischt, der sich bei der Arbeit etwas zu essen unter die Kleidung steckte! Dafür wurde uns Strafe angedroht. Ich kann mich jedoch nicht entsinnen, daß so etwas öfter passierte.

[10] Kumst = ostpr. Kohl, Kapusta = russ. Kohl. D.H.

Nach und nach gab es immer weniger zu essen. Die Köchin mußte die letzten Vorräte so einteilen, daß wir gegen Ende März 1948 wenigstens noch eine Mahlzeit am Tag bekamen. Der 28. März 1948 war ein Ostersonntag. Noch heute sehe ich etliche Kinder von uns um die Mittagszeit bei Sonnenschein und tauendem Schnee zwischen Toreinfahrt und Hauseingang an die Wand gelehnt stehen. Wir hielten nach einem Lastwagen Ausschau, der Lebensmittel für die Mittagsmahlzeit bringen sollte. Ob wir an dem Tag noch etwas zu essen bekamen, weiß ich nicht mehr. Doch hier in Pr. Eylau war mir die zum Schluß sehr dürftige Versorgung mit Lebensmitteln nicht so bewußt geworden. Lag es daran, weil wir uns in diesem Haus recht wohl fühlten?

Ich kann mich an keine ernsthaften Streitigkeiten unter uns Kindern erinnern. Wir hatten keine Angst vor den russischen Betreuern. Wir fühlten uns wie ernstzunehmende Menschen behandelt. Besonders die Beziehung zu der uns Mädchen betreuenden Frau des zweiten Offiziers wurde mit der Zeit recht persönlich. Das Ehepaar hatte einen fünfjährigen Sohn und wohnte in einer Siedlung östlich der Bahngleise.

Einige Mädchen von uns besuchten sie hin und wieder in ihrer Wohnung. Wir wurden nicht ausgenutzt, brauchten nicht irgendwelche Arbeiten zu verrichten. Wir spielten mit dem kleinen Jungen und bekamen sogar Tee zu trinken. Im März 1948 starb dann plötzlich das Kind. Es wurde auf dem Eßtisch aufgebahrt. Auch wir Kinder durften kommen und von ihm Abschied nehmen. Wir alle standen betroffen um den Tisch herum und fühlten uns mit der Familie verbunden.

Etwa zehn Wochen verbrachten wir hier in Pr. Eylau.

Ausreise „ins Reich“

Um den 9./10. April 1948 herum mußten wir wieder aufbrechen. Diesmal sollte es „ins Reich“ gehen. Zunächst aber brachte man uns nach Seligenfeld, südöstlich von Königsberg. Der Transport wurde mit Lastwagen vorgenommen. Die Örtlichkeit, in der wir unterkamen, ähnelte einem Gartenrestaurant. Der Raum, der unserer Gruppe zugewiesen wurde, war groß. Er hatte eine lange Fensterfront. Dicht an dicht standen darin Tische und Stühle. Hier verbrachten wir zwei Nächte.

Eine andere Gruppe stammte hier aus Seligenfeld. Die Kinder traten in diesem Haus sehr selbstbewußt auf. Möglicherweise diente es ihnen schon länger als Unterkunft, und sie betrachteten uns als Eindringlinge. Zu ihnen gehörten große, körperlich besonders kräftige und sehr flegelhafte Jungen. Sie flößten uns mit ihrem Benehmen Angst ein. So etwas war zumindest für uns Mädchen aus Pr. Eylau eine ganz neue Erfahrung. Wie alle Jungen trugen sie die russischen wattierten Mützen, die Uschanki, schoben sie jedoch wie die Soldaten in den Nakken und hatten auch sonstige Manieren und Verhaltensweisen von ihnen übernommen.

Außerdem fand sich hier noch eine dritte Gruppe aus einem Waisenhaus in Darkehmen ein. Seligenfeld war somit der Sammelpunkt für viele Waisenkinder. In diesem Haus erhielten wir die Verpflegung für die Fahrt. Viel konnte es nicht gewesen sein, denn Kinder, die nicht hauszuhalten verstanden, hatten schon bald alles aufgegessen.

Da wir auch des Nachts auf den Stühlen saßen, war hier an Schlaf kaum zu denken. Zusätzlich herrschte unter den Kindern ein ständiges Kommen und Gehen zur Toilette.

Am Vormittag des dritten Tages wurden dann alle drei Gruppen ohne Umwege zum Königsberger Güterbahnhof bis an die Gleise herangefahren. Von dem Güterzug, der dort stand, konnten wir die Spitze nicht erkennen, so unüberschaubar lang war er. In ihm warteten schon viele Zivilisten aus der Stadt oder dem Umland von Königsberg.

Russische Posten nahmen uns in Empfang. Jeweils 50 Kinder verlud man streng nach Listen in einen Waggon. Weil unsere Pr. Eylauer Gruppe nur aus 42 oder 43 Kindern bestand, wurden uns noch sieben oder acht Kinder aus Darkehmen oder Seligenfeld zugeteilt. Wir waren froh, daß unsere Gruppe nicht getrennt wurde, daß wir alle zusammenbleiben durften. Uns erfaßte Mitleid mit den Kindern, die aus ihrem Umfeld herausgerissen wurden.

Links und rechts von den Schiebetüren befanden sich quer über die Breite des Wagens in halber Höhe Holzplanken. Darauf und darunter richteten wir uns ein. Es gab weder Decken noch Stroh. Nach der Verladung wurden die Schiebetüren mit einem Riegel von außen verschlossen und verplombt.

So stand der Transportzug, bis er vollständig zusammengestellt war, etwa drei Tage lang. Niemand konnte aus dem Waggon hinausklettern, um eine Toilette aufzusuchen. Wir mußten uns den Gang dahin verkneifen. Viele von uns lagen vor Krämpfen zusammengekrümmt auf den Planken.

Als die Not unerträglich wurde, kamen uns schließlich die praktischen Fähigkeiten der Jungen aus dem Gefangenenlager zugute. Gegen Abend des ersten Tages schlugen sie auf irgendeine Weise ein Loch in den Bretterboden des Waggons. Mädchen und Jungen hielten dann bei Benutzung dieser „Toilette“ ihre Mäntel drum herum.

Zwei- oder dreimal, während wir noch auf dem Güterbahnhof in den verplombten Wagen standen, wurden die Schiebetüren geöffnet. Man holte uns auf den Bahnsteig, um uns durchzuzählen. Nach Aufruf anhand einer Liste durften wir dann wieder einsteigen.

Während so einer Zählaktion entdeckten die Jungen unter unserem Waggon einen Sperriegel, der Einfluß auf das Schließen der Schiebetüren hatte. Einen günstigen Moment nutzten sie aus, um ihn zu betätigen. Die russischen Posten, die den Zug rund um die Uhr bewachten, mühten sich daraufhin vergeblich, die Türen wieder zuzuschieben. Trotz aller Kraftanstrengung gelang es ihnen nicht, sie zu schließen, sie schnellten immer wieder zurück. So mußten sie einen Spalt breit offenbleiben und konnten nicht mehr verriegelt und verplombt werden. Wenn die Posten außer Reichweite waren, sprangen ein paar Jungen aus unserem Wagen hinaus, öffneten Plomben und Riegel der Nachbarwaggons und erlösten so die anderen Kinder von ihrer Pein.

Am 14. April 1948 setzte sich der schier endlose Transportzug gegen Nachmittag endlich in Bewegung. Daß es ein Abschied für immer sein sollte, wußten wir damals nicht. Wir strebten dem unbekannten Neuen entgegen, von dem ich keine Vorstellung hatte. Ich war noch nie „im Reich“ gewesen.

„Ach, Mutti, hättest du doch durchgehalten! Nun muß ich ohne dich in dieses neue Leben fahren. Dein Platz wird für immer in Königsberg irgendwo auf dem Neuen Luisenfriedhof sein.“ Inmitten der vielen Kinder, denen es nicht anders als mir erging, verdrängte ich solche Gedanken wieder schnell.

An der russisch-polnischen Grenze in Pr. Eylau gab es den ersten längeren Aufenthalt. Vor dem offenen Türspalt unseres Waggons stand sofort ein Posten und achtete darauf, daß niemand ein- noch ausstieg. Auf dieser Seite des Zuges gab es keinen Bahnsteig. Wir blickten in ein Wiesengelände. Die andere Seite des Wagens hatte entweder keine Türen oder aber sie waren verschlossen. Doch durch die hoch angesetzten, vergitterten, kleinen Fenster konnten wir einen Bahnsteig erkennen. Dort standen Zivilisten aus der Stadt. Sie durften uns trotz der Bewachung durch die schmalen Luken Wasser zum Trinken reichen. Noch heute wird mir dabei warm ums Herz: Fremde Menschen bekundeten Mitleid, und eine vage Hoffnung auf eine bessere Zeit begann bei allen von uns zu keimen – nach all dem unendlichen, heute fast unvorstellbaren Leiden und Sterben...

Auf der polnischen Seite der Grenze entfernte man die Plomben an allen Waggons. Die Türen blieben offen. Von Pr. Eylau aus – es wurde schon Abend – rollte der Zug gemächlich weiter. Es gab etliche Aufenthalte, zumeist auf freier Strecke. Wir konnten die Waggons verlassen. An eine Bewachung kann ich mich hier nicht erinnern. Auch die einzelnen Städte, die wir passierten, sind mir nicht mehr gegenwärtig.

In jedem Fall aber mußten wir die Weichsel überqueren, von der ich im letzten Kriegsjahr so viel gehört hatte. Es war erstaunlich, wie sich in den Kinderköpfen die Namen der Kriegsschauplätze aus den Wehrmachtsberichten eingeprägt hatten: Der Fluß spielte dabei eine Zeitlang auch eine große Rolle. Es war von Kämpfen „am Weichselbogen“ die Rede gewesen.

Jetzt, auf unserer Reise gen Westen, mußten wir ihn überqueren, und ich hatte mir fest vorgenommen, ihn mir genau anzuschauen. Doch als wir in das Weichselgebiet kamen, lag tiefe Nacht darüber. Das monotone Rattern des Zuges hatte müde gemacht. Wir schliefen erschöpft und fest. Erst auf der Brücke schreckte uns ein helles, blechernes Geräusch, fast wie ein Klappern, hoch. Als ich mich aufgerappelt hatte, sah ich in der Finsternis nur noch ganz kurz tief unter uns eine ruhige, graue, bleierne Fläche. Das also war`s schon gewesen. Die Dunkelheit der Nacht hatte dem Fluß all das Grauen genommen, das sich vom Krieg her in meinem Kopf festgesetzt hatte.

In Küstrin, auf der polnischen Seite der Grenze zur russischen Zone, wurden vor dem Grenzübertritt die Türen wieder verschlossen und verplombt. Als der Zug in Pasewalk einlief, erwarteten uns auf dem Bahnsteig Schwestern des Roten Kreuzes. Aus großen, dampfenden Kesseln verteilten sie dann warme Suppe an uns.

Wir waren „im Reich“ angelangt, da, wo wieder alles gut werden sollte. Aber wie sollte es weitergehen? Würde ich hier meinen Vater wiedersehen? Lebte er überhaupt noch? Und meine Verwandten? Sie alle wohnten vor 1945 in Ostpreußen. Würde ich je jemanden wiederfinden? Ich fühlte mich erleichtert, unter Deutschen zu sein, aber doch irgendwie verlassen, einsam. Es war nur gut, daß der Trubel der vielen Kinder um mich herum dieses Gefühl schnell wieder verdrängte.

Der Transport wurde dann aufgeteilt. Zumindest die Waisenkinder brachte man in das Quarantäne-Lager Eggesin. Wir hatten den 19. April 1948. Die Reise bis hierher hatte fünf Tage gedauert.

Von diesem Lager habe ich gar keine Vorstellung mehr. Das einzige, was mir in Erinnerung geblieben ist, ist ein weitläufiges Gelände, das von einem mindestens zwei Meter hohen Drahtzaun umgeben war. Über diesen Zaun kletterte nämlich während unseres Aufenthalts dort der große Bruder von Ursula Dahms – von außen nach innen. Er kam aus Bremen-Lilienthal und wollte seine

Schwester am liebsten sofort mitnehmen. Ob es ihm gelang, kann ich heute nicht mehr sagen.

Ursula war die erste von uns Kindern, die so früh schon, ein paar Tage nach der Ankunft hier in Eggesin, Verbindung zu ihren Angehörigen bekommen hatte. Wir bestaunten sie und ihren Bruder, denn von uns anderen wußte zu diesem Zeitpunkt noch niemand, ob einer jemals Angehörige wiederfinden würde.

Erste Schritte in ein neues Leben

Nach der Quarantänezeit brachte man uns am 12. Mai 1948 in das Kinderheim Wiek/Rügen. Dort normalisierte sich allmählich unser neues Leben. Wir hatten einen geregelten Tagesablauf und genossen endlich wieder Schulunterricht.

Hier auf Rügen erfuhr ich etwa im Juni 1948 über das Rote Kreuz von meinem Vater. Er war kurz zuvor aus sowjetischer Gefangenschaft nach Niedersachsen entlassen worden. In der Nähe von Rinteln/Weser hielt sich zu der Zeit schon meine Tante aus Domnau, die Frau des Bruders meiner Mutter, mit ihren drei Kindern auf. Zu ihr hatte er schon während der Gefangenschaft Kontakt herstellen können.

Was war es für ein beglückendes Gefühl zu wissen, daß mein Vater noch lebte! Nun war ich nicht mehr allein, auch wenn er weit fort war. Irgendwann würde ich schon zu ihm gelangen, ihn wiedersehen, und auch meine Verwandten aus Domnau. Ich besaß wieder Angehörige.

Kurz nach der Währungsreform im Juni 1948 bekam ich das erste Mal Post von ihm. Dem Brief lagen 20 DM bei, die er von seinem „40-DM-Kopfgeld“ abgezweigt hatte. Falls es eine Möglichkeit gab, in die britische Zone zu gelangen, sollte mir das Geld dazu eine Hilfe sein. Doch so eine Gelegenheit gab es im Juni noch nicht.

Am 19. August 1948 wurde dann in Wiek ein Transport mit Kindern zusammengestellt, deren Angehörige in Westdeutschland lebten, denn inzwischen hatten etliche Kinder über die Suchdienste Verwandte wiedergefunden. Die Fahrt fand mit dem Zug statt. Aus irgendwelchen Gründen mußten wir sie in Ludwigslust für ein paar Tage unterbrechen. Am 24. August 1948 gelangten wir dann in das Flüchtlingslager Friedland bei Göttingen, das auch heute noch ein Begriff ist.

Schon einige Wochen zuvor benachrichtigte die Heimleitung in Wiek meinen Vater über diesen Kindertransport. Von Friedland aus wurde er dann telegraphisch über meine Ankunft informiert. Am 26. August 1948 holte er mich aus dem Lager ab. Wir fuhren auf einen Bauernhof bei Rinteln/Weser. Ein neues Leben begann. –

Ach Mutti, wärst du doch auch hier!

Landeskinderheim
WIEK auf Rügen
Fernruf: Altenkirchen 33

Wiek, 1.8.1948.

B e s c h e i n i g u n g.

Wir bestätigen hiermit, dass Hannelore Schwokowski, geb. 30.9.1934 in Königsberg in unserem Kinderheim betreut wird und jederzeit vom Vater abgeholt werden kann. Das Kind kam im April d.J. mit einem Transport aus Ostpreussen.

Landeskinderheim Wiek/Rg.

Bescheinigung des Kinderheims in Wiek vom 1.8.1948.

Landkreis
Grafschaft Schaumburg
Der Oberkreisdirektor
Kreisflüchtlingsamt
- VI 6 -

Rinteln, den 14. 7. 1948.

Dem Kinde Hannelore Schwokowski, geb. am 30.9.1934, wird die Zuzugsgenehmigung nach V o l k s e n Nr. 32 erteilt, da der am 25. Juni 1948 aus russ. Kriegsgefangenschaft heimgekehrte Vater, Herr Eugen Sch., bereits dort wohnt.

Kreis Grafschaft Schaumburg
Rinteln

I. A.

Zuzugsgenehmigung Rinteln vom 14. 7. 1948.

Deutsches Rotes Kreuz
Kreisverband Grafschaft Schaumburg
Rinteln

Betr.: Klein-Kindertransport russ./brit. Zone.

Wie uns heute der Landesverband in Hannover mitteilt, wird Ihr Kind Hannelore lt. Angabe der Arbeitsgemeinschaft der freien Wohlfahrtsverbände-Kinderrückführung, Hamburg, am 25.8.48 im Lager Friedland eintreffen. Wir geben Ihnen vorsorglich von der Ankunft Kenntnis, näheres ist nicht bekannt; es wird gebeten, von einer Abholung aus Friedland abzusehen.

Deutsches Rotes Kreuz Kreisverband Grafschaft Schaumburg

Der Geschäftsführer:

DRK - vorläufige Nachricht 1948.

* 065 Telegramm **Deutsche Post**

au 2665 FRIEDLANDLEINE 23 24 1730 =

Aufgenommen Tag: Monat: Jahr: Zeit: 24 ... Übermittelt Tag: 24.8 Zeit:

von: durch: an: durch:

Bw. 18

Amt

LT = EUGEN SCHWOKOWSKI VOLKSEN 32 BEI RINTEELN =

KIND HANNELORE EINGETROFFEN SOFORT ABHOLEN

KIND ERHAELT FREIFAHRT MELDEN BARACKE BAU 1.

DURCHGANGSLAGER LEHMANN STELLV. LAGERLEITER + SCHWOKOWSKI +

Für 32 BAU 1. +

200 000 5. 48/431 C 187 DIN A 5 (K)

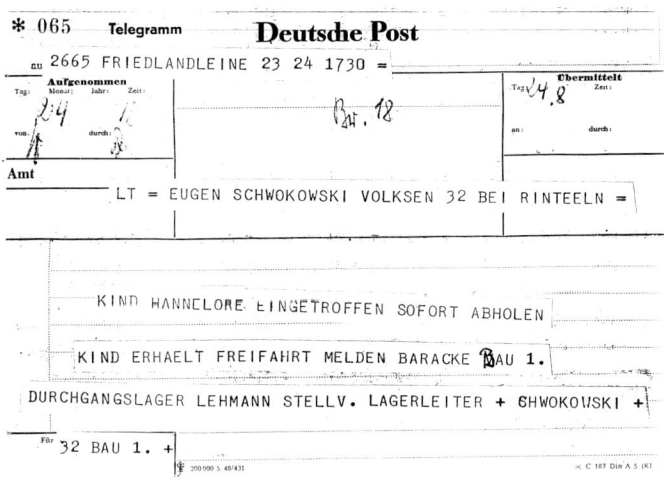

Telegramm aus dem Durchgangslager Friedland 24.8.1948.

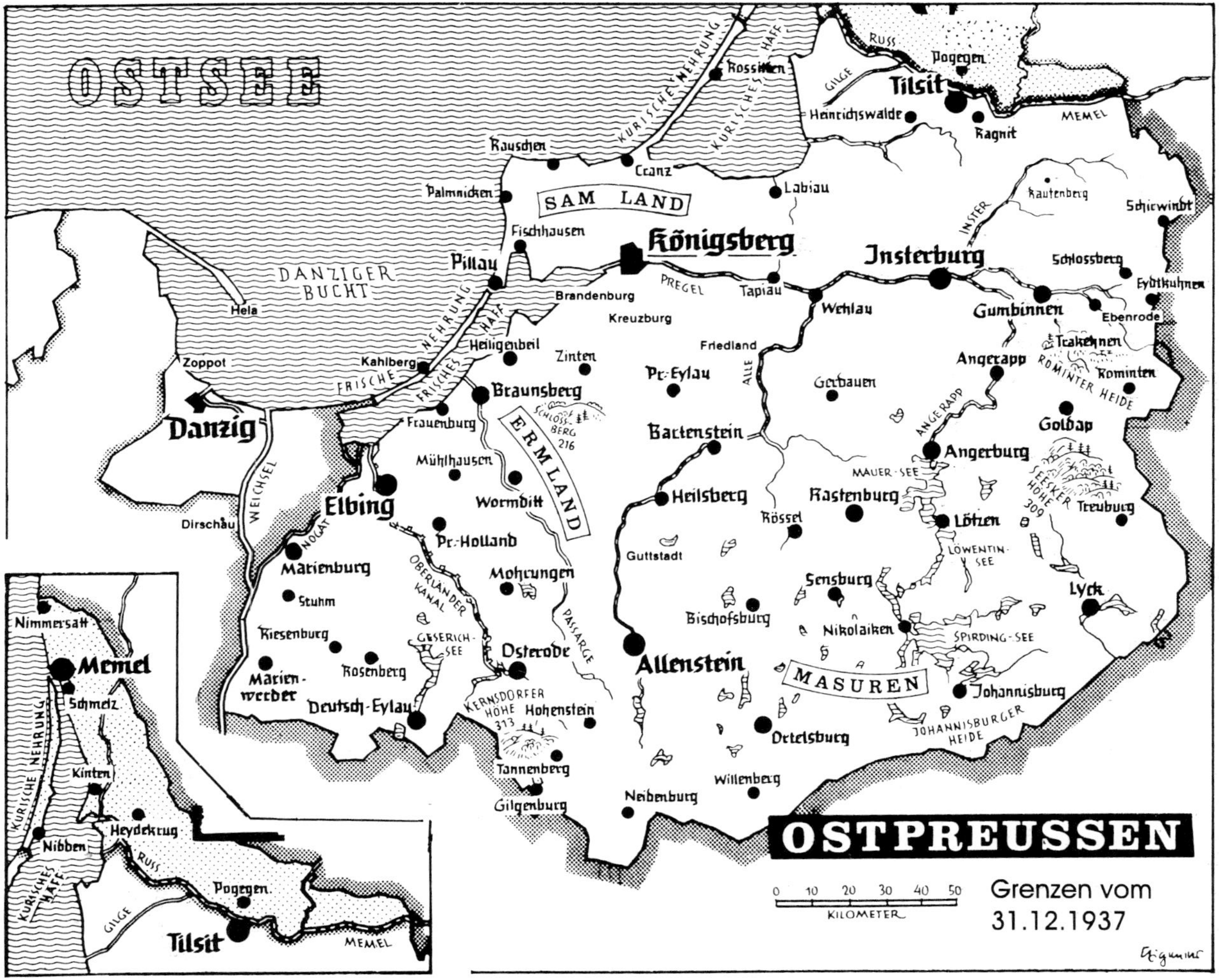
OSTSEE
DANZIGER BUCHT
Hela
Zoppot
Danzig
Dirschau
WEICHSEL
NOGAT
Kahlberg
FRISCHE NEHRUNG
FRISCHES HAFF
Pillau
Palmnicken
Rauschen
Cranz
KURISCHE NEHRUNG
KURISCHES HAFF
Rossitten
Fischhausen
SAM LAND
Königsberg
Brandenburg
Kreuzburg
PREGEL
Tapiau
Labiau
Heinrichswalde
Tilsit
Ragnit
Pogegen
RUSS
GILGE
MEMEL
INSTER
Kautenberg
Schirwindt
Insterburg
Schlossberg
Eydtkuhnen
Gumbinnen
Ebenrode
Trakehnen
ROMINTER HEIDE
Rominten
Wehlau
Friedland
ALLE
Pr.-Eylau
Gerdauen
Angerapp
ANGERAPP
Goldap
Angerburg
MAUER-SEE
SEESKER HÖHE 309
Treuburg
Lötzen
LÖWENTIN-SEE
Lyck
Heiligenbeil
Zinten
Braunsberg
Frauenburg
SCHLOSS-BERG 216
ERMLAND
Bartenstein
Heilsberg
Rastenburg
Rössel
Mühlhausen
Wormditt
Elbing
Pr.-Holland
OBERLÄNDER KANAL
Marienburg
Stuhm
Mohrungen
Guttstadt
Sensburg
Bischofsburg
Nikolaiken
SPIRDING-SEE
Riesenburg
Rosenberg
Marien-werder
GESERICH-SEE
Osterode
PASSARGE
Allenstein
MASUREN
Johannisburg
Deutsch-Eylau
KERNSDORFER HÖHE 313
Hohenstein
Ortelsburg
JOHANNISBURGER HEIDE
Tannenberg
Gilgenburg
Neidenburg
Willenberg
Nimmersatt
Memel
Schmelz
Kinten
Heydekrug
Nibben
OSTPREUSSEN
0 10 20 30 40 50
KILOMETER
Grenzen vom
31.12.1937

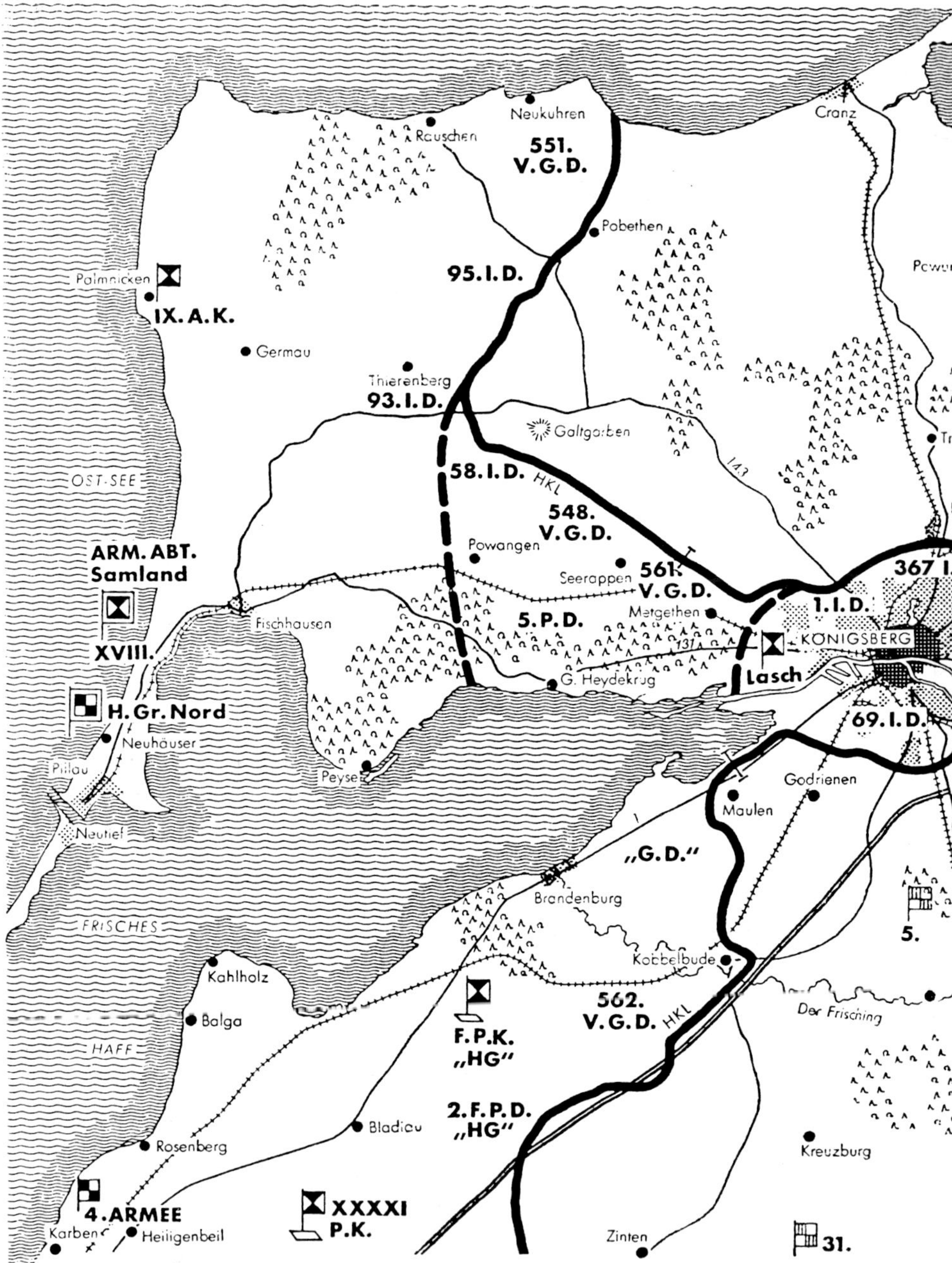
Neukuhren
Rauschen
551.
V.G.D.
Cranz
Pobethen
95.I.D.
Palmnicken
IX.A.K.
Germau
Thierenberg
93.I.D.
Galtgarben
58.I.D.
HKL
548.
V.G.D.
OST-SEE
ARM.ABT.
Samland
Powangen
Seerappen
561.
V.G.D.
367 I.
1.I.D.
Fischhausen
5.P.D.
Metgethen
KÖNIGSBERG
XVIII.
131
G. Heydekrug
Lasch
H.Gr.Nord
Neuhäuser
69.I.D.
Pillau
Peyse
Godrienen
Maulen
Neutief
„G.D."
Brandenburg
5.
FRISCHES
Kobbelbude
Kahlholz
562.
V.G.D.
HKL
Der Frisching
Balga
F.P.K.
„HG"
HAFF
2.F.P.D.
„HG"
Bladiau
Rosenberg
Kreuzburg
4.ARMEE
XXXXI
P.K.
Karben
Heiligenbeil
Zinten
31.

KARTE 4: LAGE JANUAR BIS APRIL 1945

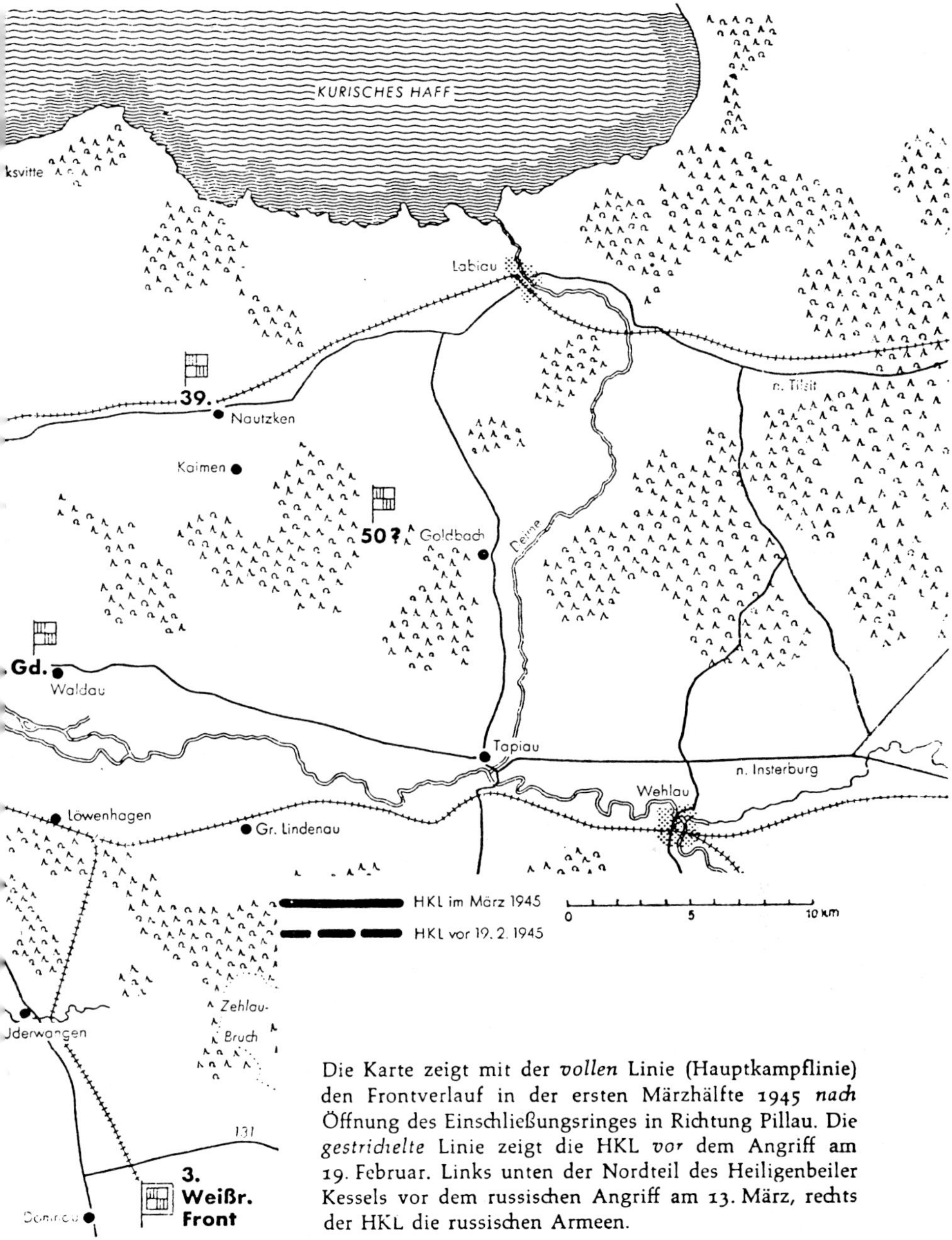

Die Karte zeigt mit der *vollen* Linie (Hauptkampflinie) den Frontverlauf in der ersten Märzhälfte 1945 *nach* Öffnung des Einschließungsringes in Richtung Pillau. Die *gestrichelte* Linie zeigt die HKL *vor* dem Angriff am 19. Februar. Links unten der Nordteil des Heiligenbeiler Kessels vor dem russischen Angriff am 13. März, rechts der HKL die russischen Armeen.

Aus: Otto Lasch, So fiel Königsberg, Stuttgart 1994, S. 62-63.